1492

Jacques Attali

1492

plural

Título original: *1492*
Traducción: María Ángeles Ibáñez

Primera edición: abril de 1992

© Librairie Arthème Fayard - 1991.
© de la presente edición: Plural de Ediciones, S.A. - 1992.
P. Lluís Companys, 15, 3.º, 1.ª
08003 - Barcelona
Tel.: 268 16 00 - Fax: 268 40 23

ISBN: 84-8045-003-7
Depósito legal: B-14.370-1992

Quedan rigurosamente prohibidas, sin la autorización escrita de los titulares del «Copyright», bajo las sanciones establecidas en las leyes, la reproducción parcial o total de esta obra por cualquier medio o procedimiento, comprendidos la reprografía y el tratamiento informático y la distribución de ejemplares de ella mediante alquiler o préstamo público.

Fotocomposición: Fotodim Fis, S.L.
        Plaza de Barcelona, 6, 1.º, 1.ª - 08190 Sant Cugat del Vallès

Impresión: Nova-Gràfik, S.A.
        Puigcerdà, 127 - 08019 Barcelona

Impreso en España
Printed in Spain

ADVERTENCIA

Hasta el 4 de octubre de 1582, todas las fechas corresponden al calendario juliano; al 4 le sigue el 15 de octubre, primer día del calendario gregoriano.

En tiempos muy antiguos existía un gigante guerrero, triunfante, dominador. Un día, fatigado, se detuvo. Aturdido, torturado, fue dado por muerto, encadenado como estaba por múltiples amos.

Luego se atenuaron sus sufrimientos y la vigilancia de sus guardianes se debilitó. Empujado por la nueva energía de su fe, tan antigua, y de su razón, tan recientemente hallada, rompió sus cadenas. Y cuando de lejos se sintió amenazado por una pesada sombra, le gritó que siguiera su camino. Y, ante su sorpresa, la sombra obedeció.

Entonces el gigante fraguó un plan: recuperar sus fuerzas sin apresurarse; romper después sus oxidadas cadenas de un solo tajo, vigoroso, franco. Y partir hacia la conquista del mundo.

Tal como lo pensó, lo hizo. Como hombre de razón, como bárbaro vengador.

El gigante era Europa: encadenada por múltiples amos cuando cayó el Imperio Romano de Occidente, permaneció adormecida durante casi un milenio. Luego, en un momento de azar y de necesidad, apartó a cuantos la rodeaban y se lanzó a la conquista del universo, masacrando a los pueblos que encontraba, apropiándose de sus riquezas, robándoles su nombre, su pasado, su historia.

El año 1492 es ese momento. Ese año, tres carabelas hallaban un continente; se hundía el último reino islámico de Europa, los judíos eran expulsados de España; un Borgia alcanzaba el papado; desaparecían Lorenzo el Magnífico, Piero della Francesca, Casimiro IV, rey de Polonia, Alí Ber, rey de Songhai; Bretaña se convertía en francesa, Borgoña se eclipsaba; Inglaterra renunciaba al continente para volverse hacia las colonias; desembarcaban en Europa el chocolate, el tabaco, el maíz, la patata; llegaban a América la caña de azúcar, el caballo y la viruela; Martín Behaim construía en Nuremberg la primera esfera terrestre; en Ferrara se publicaba el primer plan de urbanismo; se acuñaba en Génova la primera lira; el profesor Antonio de Nebrija publicaba en Salamanca la primera gramática en lengua vulgar; en Génova aparecía la sífilis; en el Vaticano se intentaba quizá la primera transfusión sanguínea; en Italia, se imprimía por primera vez el tratado de armonía musical de Boecio; en Maguncia, Middleburg profetizaba la reforma, anunciando a Lutero; en España, se representaba la primera obra de teatro en un escenario cubierto.

1492

Ese año, Amberes comenzaba a sustituir a Venecia como corazón de la economía-mundo; Europa volvía la vista hacia el Atlántico, olvidando el Este y su pasado oriental, el Mediterráneo y su componente islámico. Soñaba con ser romana, no jerosolimitana. Del marrano emergía el intelectual moderno. Comenzaban a forjarse el racionalismo y el protestantismo; se inventaba la democracia y la clase obrera. Se proyectaba un hombre nuevo. La Historia comenzaba a escribirse, contada por los nuevos amos para su mayor gloria, enmascarando su barbarie, envanecidos por su pasión por la Razón, la audacia de sus descubrimientos, su gusto por la verdad, sus sueños de monumentos y de música.

Pero, al mismo tiempo, aquellos soñadores de Historia necesitaban limpiar su empresa de nociones como el etnocentrismo, el colonialismo, pues no podían coexistir con la pureza de su pasado, con su idea del Hombre nuevo del porvenir. Y, para hacerse aceptar por sus conquistas, inventaron un concepto inédito, fascinante y devastador, en cuyo nombre y durante siglos iban a producirse innumerables matanzas: el *progreso.*

He querido contar aquí esta *catástrofe*, como dirían ciertos matemáticos; esta *bifurcación*, como dirían los físicos; esta *cita*, como podría decir, más sencillamente y sin duda con más acierto, cualquier mortal común.

Es algo más que una simple coincidencia de evoluciones múltiples, algo más que «una historia de locos contada por un borracho»: es el *punto de convergencia necesario* de una infinidad de turbulencias articuladas entre sí según complejos mecanismos. Para comprenderlas, no podemos contentarnos con uno de esos largos análisis de la Historia, a la vez tan seductores y tan frustantes, que hemos visto florecer tan asiduamente; hay que bucear en los detalles de acontecimientos de la más diversa naturaleza que, tomados en conjunto, constituyen un *momento*, una *fecha*; hay que descubrir ahí las rupturas, las aceleraciones, las subjetividades que van a modelar inmediatamente después la memoria de los hombres.

Conmemorar se ha convertido en un rito inquietante. Hoy mismo se inventa tanto más el pasado cuanto más escapa el porvenir a toda imaginación. Es muy probable que conmemoremos el quinto centenario de 1492 entroncándolo, reescribiéndolo y limitándolo a aquello que pretendan revalorizar quienes financian la fiesta.

Por el contrario, me gustaría que estas conmemoraciones nos ayudaran a comprender que casi todo lo que hoy es importante —tanto en el Bien como en el Mal— se decidió en aquel momento; que las cinco figuras emblemáticas —el Mercader, el Artista, el Descubridor, el Matemático, el Diplomático— y los cinco valores capitales de hoy —la Democracia, el Mercado, la Tolerancia, el Progreso, el Arte— no tendrían su sentido moderno si 1492 se hubiese desarrollado de otro modo.

Y, sobre todo, si aquel año hubiera sido narrado de otro modo.

Quisiera, en fin, que tuviéramos el valor de lamentar el mal que en aquel entonces los hombres hicieron a los hombres, de pedir perdón a las víctimas, de concederles, por fin, su verdadero lugar en la memoria del mundo.

Para que el día de mañana no vengan nuevas barbaries a alimentar de nuevo, y a muy otra escala, los torrentes de lodo de la amnesia humana.

PRIMERA PARTE

Inventar Europa

Al alba de 1492, Europa se encuentra al borde de un formidable resurgimiento religioso, demográfico, cultural, económico y político. Este resurgimiento conducirá a contradicciones tan abrumadoras que sólo la violencia va a permitir romperlas, confiriendo a los europeos del siglo XVI el máximo poder: el de contar a las generaciones futuras la Historia de su tiempo.

La Europa occidental iba a convertirse en lo que yo llamaría un Continente-Historia, espacio geopolítico dotado de una fuerza ideológica, económica y política suficiente como para decidir la Historia del mundo e imponer a los demás su propia versión.

Sin embargo, nada por aquel tiempo lo dejaba adivinar: al final del siglo XV y aunque se hubiera podido disponer de los medios de información de hoy en día, cualquier observador hubiese subrayado, ante todo, la potencia de China, abrumando desde mil años atrás a los otros continentes con su población, su marina, su ejército, su ciencia, sus riquezas y su tecnología. Es verdad que el observador hubiera advertido que, progresivamente, se iba cerrando al resto del mundo, paralizada por su gigantismo y su protocolo. Habría descrito África y América como continentes muy poblados donde se formaban imperios de esplendores inmensos: inca y azteca, Mali y Songhai parecían dispuestos a durar todavía milenios. A sus ojos, Europa era sólo un pequeño rincón del universo, arrasado por la peste, fragmentado en decenas de ciudades y naciones rivales, amenazadas por sus vecinos, dudando entre el miedo y el placer, el carnaval y la cuaresma, la fe y la razón.

Pero también habría podido percibir, al acecho, a algunos aventureros insolentes determinados a trastornar el orden del mundo, asumiendo riesgos, inventando, creando, intercambiando objetos e ideas en los intersticios del miedo y de la fuerza, ávidos de gloria y de riquezas, libres conquistadores de una mezcla de territorios y de sueños.

1. EL TRIUNFO DE LA VIDA

NACER

Trescientos millones de seres humanos poblaban la Tierra en aquel tiempo. Más de la mitad vivía en Asia, casi una cuarta parte en el continente americano, y sólo una quinta parte en Europa.[26] Pero estas cifras son hoy en día aún muy inciertas: ningún poder en ninguna parte organizaba censos sistemáticos, y la mayoría de la gente de cualquier país ignoraba su fecha de nacimiento y a veces hasta el número de sus hijos. Incluso el mejor documento de este género, el catastro florentino de 1427, proporciona sólo informaciones muy aproximadas.[16]

Según estas rudimentarias evaluaciones, parece que la evolución secular de la población de los distintos continentes fue asombrosamente paralela. En todas partes aumentó o disminuyó simultáneamente. Del año 1000 al 1300, crecimiento; descenso de 1300 a 1450, y recuperación hasta finales del siglo XV. «Como si la humanidad entera estuviese aprisionada en un destino cósmico primordial en relación al cual el resto de su historia fuese una verdad secundaria», escribe Fernand Braudel.[12]

Así, la población china aumentó desde ciento treinta millones hacia el año 1000 hasta doscientos millones hacia 1300, para caer en sus dos tercios hacia 1450 con la invasión mongola. Paralelamente, la de Europa se dobló: pasó de cuarenta millones hacia el año 1000 a ochenta millones a finales del siglo XIII, y se redujo a la mitad entre la Gran Peste de 1348 y 1450. Por todas partes las consecuencias económicas y culturales de estas terribles hecatombes fueron inmensas. La mortalidad infantil era elevada: en todo el mundo, uno de cada cuatro recién nacidos moría antes de alcanzar su primer año de vida. En Europa, como lo demuestran los registros parroquiales, se generalizó la práctica de bautizar a los niños en el momento de nacer. Durante todo el siglo XIV el hambre fue terrible; se han documentado casos de antropofagia hasta 1436.

Cada país conocía las mismas desastrosas evoluciones. La población francesa —que hacia 1300 se aproximaba a los veinte millones de habitantes— cayó a una decena de millones en la época de Carlos VII. En el siglo XIV había desaparecido al menos una décima parte de los pueblos franceses. Lo mismo ocurría en Alemania, donde en el siglo XV aún podían contemplarse las ruinas de numerosos pueblos abandonados y tierras que permanecían sin cultivar desde hacía lustros.[74]

Después hubo una inversión: la segunda mitad del siglo XV marcó en todo el mundo un período de auge demográfico que puso fin a la «espiral de la muerte».[74] En China, en África, en América, en Europa, las poblaciones comenzaron de nuevo a crecer. Europa alcanzaba cerca de sesenta millones de habitantes en 1490, contra los apenas cuarenta millones de mediados de siglo.

Las explicaciones de esta inversión rápida y universal son múltiples: cierto crecimiento económico, dulcificación del clima, paz relativa, establecimiento de sistemas políticos más estables, retroceso de las epidemias y sus penurias, una precoz nupcialidad, una fecundidad más elevada. Éstas son las razones más comúnmente aducidas por los demógrafos.[13]

En Europa, en todo caso, las epidemias se iban espaciando y las oleadas sucesivas de la peste se mostraban cada vez menos rigurosas. La lepra dejó de ser normal y la duración de la vida se alargó, aunque apenas disminuyese la mortalidad infantil.[74] Volvieron a poblarse ciudades hasta entonces desiertas. La vida volvió a ser valiosa. Incluso la tortura comenzó a perder vigencia en algunos países, especialmente en el norte de Europa. El individuo se percibía como algo precioso, puesto que su trabajo tenía un precio. Se protegía más al hijo, aunque fuese bastardo. En ciertos medios, la familia comenzó a sentirse responsable de la educación de su progenie.

Por los mismos motivos que la población europea se dobló entre 1440 y 1560, la de cada país del continente experimentó un notable impulso. En 1492 vivían en Francia alrededor de diecisiete millones de individuos, diez en Alemania, ocho en España, siete en Italia, cuatro en Gran Bretaña y menos de dos en Holanda.[13] La densidad oscilaba entre los quince habitantes por kilómetro cuadrado de España y los treinta y siete de Holanda.[13] Francia era, con mucho, la nación más poblada, aunque no fuera la más poderosa ni la más urbanizada.

En 1490 sólo tres ciudades de Europa superaban los ciento cincuenta mil habitantes: París, Nápoles y Estambul. Otras dos alcanzaban los cien mil: Venecia y Milán. Cinco —Córdoba, Génova, Granada, Florencia y Sevilla— sobrepasaban los sesenta mil. Menos de veinte —Amberes, Augsburgo, Barcelona, Bolonia, Brescia, Brujas, Bruselas, Colonia, Cremona, Gante, Lisboa, Londres, Lyon, Palermo, Roma, Ruán, Toulouse, Viena— tenían algo más de cuarenta mil. En total, veintiocho ciudades europeas, quince de ellas puertos, contaban con más de cuarenta mil habitantes en 1490. Un siglo más tarde, serán cuarenta y dos. Algunas de ellas conocieron un desarrollo particularmente rápido: Lyon pasó de veinte mil habitantes bajo Luis XI a cincuenta mil hacia finales del siglo XV; Amberes, de dieciocho mil en 1374 a cuarenta mil en 1490.

Este crecimiento de las ciudades era difícil de administrar. El hacinamiento urbano ha sido desde siempre factor de violencia, de epidemias y de muerte. Los barrios desbordaron las murallas hacia las tierras de cultivo. La higiene era deplorable. Los «retretes», situados en el hueco de las escaleras, se vaciaban en letrinas raramente saneadas. Se bebían las aguas del mismo río en el que se vertían las aguas residuales. Se desconfiaba del nómada, del extranjero, del marginado, del enfermo, del mendigo; sólo se les toleraba marcados, individualizados: la *rota* designó a las prostitutas y a los locos; la carraca, a los leprosos; los mantos constelados de conchas, a los peregrinos; la rueda, a los judíos.[16]

Este formidable impulso urbano estimuló la construcción de nuevas ciudades, nuevos palacios, nuevos barrios. Comenzaron a mejorar los pavimentos de las calles y la evacuación de las aguas. Se deliberaba sobre los primeros planos de urbanismo; hacia 1490, Averlino, Alberti, Filareti y Vinci diseñaban los planos de ciudades ideales. Los castillos vecinos se transformaron en palacios urbanos; los caminos de ronda, en paseos públicos; las aspilleras se convirtieron en ventanas gracias al progreso de la industria del vidrio. En la segunda mitad del siglo se construyeron mil y un monumentos para significar la nueva pujanza de las ciudades. Pietro Barbo, el obispo veneciano que llegará a ser el papa Pablo II, levantó el palacio de los Dux con la iglesia de San Marcos. Bramante construyó en Milán el ábside de Santa María de las Gracias y la sacristía de San Satiro y, en Roma, el *tempietto* de San Pedro y el claustro de Santa María de la Paz. Pievoranti trabajó para los Sforza en Roma, Ferrara y Milán; estuvo incluso en el Kremlin, donde murió en 1486. En Roma se elevaron decenas de cúpulas. Hacia 1490, Inocencio VIII mandó construir la villa de Belvedere, primera villa extramuros con una capilla totalmente decorada por Mantegna. Se concibió la fachada de Rimini como un arco triunfal, comenzó la construcción del arco de la entrada del Castelnuovo de Nápoles. Se terminó el altar del Santo en Padua y la tercera puerta del Baptisterio de Florencia. Aquí construyó Brunelleschi el palacio Pitti, la iglesia de Santa María de las Flores, la capilla de los Pazzi y la iglesia del Espíritu Santo. Según Benedetto Dei, agente de los Médicis, en 1472 y en Florencia «pueden contarse ciento ocho iglesias admirablemente dispuestas, veintitrés palacios destinados a la administración, tres mil seiscientas granjas y villas *extramuros* y, en el interior de las murallas, cincuenta plazas bien ordenadas».[16]

VIVIR

Con el crecimiento, la manera de vivir comenzó a refinarse, aunque los hábitos en la mesa permaneciesen aún cercanos a los de siglos pasados.⁵³ En los medios rurales, sobre todo, se comía directamente en el plato y con los dedos, o se utilizaba un trozo de pan partido en dos. En las casas de mercaderes y príncipes, se vertían los guisos en escudillas de cerámica. Era normal que dos personas compartiesen la misma, y el anfitrión cuidaba de que cada uno de sus invitados tuviera «dama o doncella en su escudilla».¹²⁷ Todos los comensales bebían en el mismo cántaro o copón. En las mesas de los ricos comenzó a usarse el trinchante para cortar la carne, y cuando los pedazos estaban demasiado calientes, se pinchaban con el cuchillo, que cada cual usaba individualmente. También los ricos fueron los primeros en usar cucharas, provistas de un mango que representaba una pata de ciervo o el hocico de un león o de un dragón. Comenzaron a aparecer los primeros tenedores, de dos dientes, que se usaban para servir y cuyo mango solía ser de plata.¹²⁷ Durante la comida circulaban cuencos y aguamaniles para enjuagarse los dedos; era costumbre usar las puntas de los manteles para secarse la boca y los dedos. La servilleta, cuando la había, se colocaba sobre el hombro; en el siglo XVI, con la moda de la gorguera, se anudará en torno al cuello.

En todas las capas sociales el vestido diferenciaba cada vez más los sexos. El deseo de ostentación alejó el pudor. Los hombres cambiaron vestidos y togas por medias, túnicas y cuellos, y más tarde por gorgueras. Las nuevas telas de lino generalizaron el uso de la camisa. Las costumbres femeninas se hicieron cada vez más liberales y distintas, los vestidos comenzaron a entallarse y la pasión por las bellas telas se extendió. Los pesados paños dejaron paso a las sedas, de Damasco o de Venecia, al terciopelo, a la seda brocada de oro, atuendos que se realzaban con cinturones de plata y de piedras preciosas. Las nuevas modas provocaron un formidable auge de la industria textil, motor del desarrollo general de la economía.

La higiene individual continuaba siendo extremadamente somera. El pañuelo figuró por primera vez en un inventario en diciembre de 1491, con motivo de las bodas³¹ de Ana de Bretaña y Carlos VIII. Los baños públicos eran frecuentes, especialmente en la Europa del norte. En 1492 existían once en Ulm, doce en Nuremberg, quince en Francfurt.¹⁶ El cepillo de dientes, con cerdas y mango de madera, que ya se fabricaba en China en 1490, no se introducirá en Europa hasta medio siglo después.

AMAR

No hay duda de que nunca hubo más libertad sexual en Europa, desde el advenimiento del cristianismo, que durante el breve período que va de 1460 a 1492. La prostitución era admitida, abierta, fomentada e incluso organizada por los poderes municipales. El amor no se encontraba aún bajo el control del cura o de la policía. Es verdad que el matrimonio seguía siendo el único horizonte para las mujeres y que la Iglesia, al condenar el aborto y el infanticidio, consideraba siempre la procreación como el fin primordial de la unión entre los esposos.[128] Pero aún no disponía de dominio completo sobre el matrimonio.[128] Según la teología tradicional, debía reconocer su validez sin exigir el consentimiento de los padres ni la presencia de testigos; ni siquiera la intervención de un sacerdote. Sólo los novios podían decidir su propia suerte. El matrimonio era a la vez un sacramento y una simple ceremonia civil por la que los esposos declaraban públicamente contratar un «pacto de matrimonio»,[128] *verba de futuro*.[128] Cuando la autoridad eclesiástica estaba asociada a la ceremonia —caso cada vez más frecuente—, daba su bendición a los contrayentes con un *verba de praesenti*.[128] Por tanto, los esponsales constituían esencialmente un intercambio de gestos, de objetos simbólicos y de palabras de compromiso entre los propios contrayentes.[128] En 1483, en compromisos matrimoniales de la región de Champagne, los esposos se ofrecían bebidas e intercambiaban un beso «como palabra de matrimonio».[128] «Estáis unidos el uno al otro, y por ello, levanto mi copa», dice el padre a la joven desposada.[128] En Troyes, cuando un hombre ofrecía una pera «como palabra de matrimonio» a una doncella durante las fiestas de los músicos, las mujeres presentes le decían: «Éste es tu marido».[128]

Con la desaparición casi total del uso de documentos escritos durante la Edad Media, la palabra cobró fuerza de eternidad. Incluso para la Iglesia estos matrimonios no podían romperse más que por causas muy concretas: consanguinidad, adulterio de la mujer, impotencia, lepra.[128] Hasta la Iglesia terminó por admitir que el amor humano puede justificar por sí mismo una unión, con independencia de la obligación de procrear. Aceptó asimismo que el matrimonio constituía una necesidad social, una relación de asistencia y de afecto.[128] Autorizó la unión entre personas mayores para que pudieran «asistirse el uno al otro en su vejez».[128] Sin duda lo hacía porque no podía oponerse. Pero al mismo tiempo procuró que el matrimonio se fuera impregnando de sentido religioso a través de las mujeres. Gabriela de Borbón, esposa del mariscal De la Trémoille, nos ofrece la lista de las virtudes de la esposa: «Devota y llena de espíritu religioso, sobria, casta, grave sin arrogancia, callada, magnánima sin orgullo y que no ignore las letras vulgares ... sin querer penetrar en los secretos de la teología, gusta de la moral y de la contemplación».[130]

Simultáneamente y por las mismas razones cobró nuevo ímpetu una literatura amorosa formada por relatos y poemas sobre la belleza y el amor. En Italia, después de Petrarca y Boccaccio, Bembo, Policiano, Boyardo, el Ariosto —por no citar más que a los que vivían en 1492— fueron los creadores de la literatura amorosa en lengua toscana. El lirismo de Bembo dio nacimiento al fresco poético amoroso y el *Orlando innomorato* de Boyardo renovará la tendencia llegada con los *Reali di Francia*, inspirada en los cantares de gesta y que veinte años después culminará en el celebérrimo *Orlando furioso* del Ariosto. En Francia, tras la desaparición de François Villon, hacia 1463, el poeta y sus escritos amorosos entraron en la leyenda; sus dos florestas, *Les Lois* y el *Testament*, publicadas por vez primera por Pierre Levet en 1489, conocieron nueve reimpresiones antes de 1500. En 1490, Jean Marot, padre de Clément, escribió asimismo bellos poemas de amor.

Educar

Al igual que el matrimonio, la familia empezó a consolidarse. Se fijaron los patronímicos, los hijos fueron aceptados con más agrado y las familias, más nucleadas en Europa del norte y más amplias en la Europa mediterránea, se volvieron más estables. Todas las clases sociales comenzaron a tomar conciencia de que la educación formaba parte de los deberes de los padres.

En el campo y entre las clases populares de Europa del norte, la educación significaba confiar a los hijos a terceros en calidad de aprendices. Comentando esta práctica de la colocación en Inglaterra, un observador italiano escribía: «Creo que lo hacen porque se preocupan de su propia comodidad y se ven mejor servidos por extraños de como lo serían por sus propios hijos».[128] La colocación de adolescentes aparecía como la escuela del individualismo, pues «los jóvenes se obligaban a encontrar en el desarraigo de la vida familiar la prueba de adaptación y de frustración afectiva necesaria para fortalecerles frente a la vida».[128]

Los ricos enviaban a su progenie a estudiar fuera de la casa familiar. La escolarización participaba de la misma tendencia a transferir a otros la formación de los hijos.[130] En los primeros colegios, los maestros tenían como deber principal la educación moral y religiosa de sus alumnos. A principios del siglo XV, Guillaume d'Estouteville, arzobispo de Ruán y reformador de los estatutos de la universidad, escribía en el reglamento de la escuela de Nuestra Señora de París que el objetivo es «transmitir conocimientos, cierto, pero también formar los espíritus y enseñar la virtud, corregir y encaminar a los alumnos; y una disciplina así planteada sólo puede ejercerse en el marco de un empleo del tiempo claramente definido».[130] La violencia de la época no perdonó a las *public schools* ni a los colegios, y algunos gobiernos dictaron leyes contra el abuso: tal y como prescribía un texto parisiense, el maestro no debía ir más allá de lo permitido a un padre de familia.[130]

En la Europa del sur la familia vivía más replegada sobre sí misma. La colocación de los jóvenes como servidores era menos frecuente. En las clases acomodadas, las mujeres se ocupaban por sí mismas de la educación de sus hijos.[130] Además, muchas mujeres sabían ya leer. Un jurista italiano, citado por Jean Delumeau, escribió: «Jamás hubiera creído que las damas de Florencia estuvieran tan al corriente de la filosofía moral y natural, de la lógica y de la retórica».[38]

CUIDAR

La infancia estaba marcada por la enfermedad y la muerte. En Europa, como en todas partes, la esperanza *media* de vida apenas superaba los treinta y cinco años, lo cual no era obstáculo para que los más robustos y mejor alimentados alcanzasen una edad respetable. Por añadidura, la Peste Negra había aniquilado a la mitad del continente un siglo atrás, dislocando las estructuras de la sociedad y designando al pobre como el enemigo. En el pensamiento de las elites, la lucha contra la enfermedad equivalía a contener al pobre, a aislarlo en un hospital.[4]

No existía nada capaz de curar o prevenir cualquier enfermedad contagiosa. Los únicos terapeutas aceptados por el poder son el sacerdote, que ofrecía consuelo y vendía indulgencias, y el policía, que encerraba a los contagiosos y a los vagabundos. El médico era sólo un barbero; era impotente para preservar a la sociedad de aquellas devastadoras enfermedades que se transmitían misteriosamente. Sangraban y administraban purgas sin mayores éxitos en su haber. Aunque en 1130 un concilio prohibió a los monasterios el ejercicio de toda actividad médica, éstos protegieron, estudiaron y transmitieron a las generaciones futuras los antiguos conocimientos en la materia.[4] En sus jardines botánicos se experimentaba y analizaba el efecto de plantas diversas, venenos y remedios. Estudiosos y laicos volvieron a descubrir a su vez toda la medicina hipocrática. Estos médicos, en su mayor parte judíos, aprendieron de los árabes la manera de calmar algunas fiebres por medio de hierbas, a cauterizar las hemorragias, a combatir los trastornos intestinales. Después de que se creara en París la primera facultad de medicina en el siglo XII, muchas otras se establecieron en Montpellier, Salamanca, Oxford, Florencia, sin que por ello se realizaran verdaderos progresos terapéuticos.

1492

En 1490, y a pesar de su irrisoria competencia, un puñado de médicos acompañaban a los príncipes, a los que aconsejaban y tranquilizaban. Bolonia se enorgullecía de los méritos de Alejandro Chillini; Nápoles, de los de Angiolo Cato, médico de Luis de Orleans y de Carlos VIII; París, de Antonio Cittadini, autor de un *Tractatus de Febre* publicado en 1491, de Galeotto Marcio y de Gorcino, médicos de Carlos VIII; Roma, de los méritos del español Gaspar Torella, médico de Alejandro Borgia, y Viena, en fin, de los de Jerónimo Balding, que tenía a su cuidado a Maximiliano de Austria.[121]

La relación del pueblo con el sufrimiento no había cambiado desde que el cristianismo le otorgase su sentido místico; abandonado a los más antiguos saberes, el campesino confiaba más en el brujo y el curandero que en el sacerdote y el policía.[4] Europa entera veneraba y temía a la vez al hechicero. Con horror se repetían sombrías historias acerca de viejas capaces de transformarse en lechuzas para chupar la sangre de los niños, o de brujos devoradores de cadáveres.[16] Ni el poder político ni la Iglesia apreciaban demasiado a estos insaciables rivales que recordaban el pasado pagano de Europa. Por todas partes eran peseguidos y condenados. Por la bula del 5 de diciembre de 1484, el papa de la época, Inocencio VIII, menos de tres meses después de su elección, solicitó a los dominicos Jacob Sprenger y Heinrich Krämer que efectuasen en Alemania una encuesta sobre los brujos, otorgándoles poderes generales para investigar incluso en las iglesias[16] conocidas por su oposición a la autoridad de la Santa Sede. He aquí un texto revelador acerca de la credulidad de los mejores espíritus de aquel tiempo:

«Los brujos, por medio de encantamientos, hechizos, conjuros y otras infames supersticiones y condenables procedimientos mágicos, debilitan, ahogan y matan la progenie de los seres humanos, las crías de animales, las cosechas de la tierra, los sarmientos de la vid y los frutos de los árboles, y no solamente a su progenie, sino a los mismos seres humanos, a las mujeres, a las bestias grandes y pequeñas, a los animales de todas las especies; las viñas, los vergeles, los campos, los pastos, los cereales, los granos y las legumbres ... Impiden a los hombres fecundar a las mujeres, a las mujeres concebir y a los esposos cumplir con su legítimo deber conyugal.»[16]

¿Creía realmente el papa en sus escritos o sólo pretendía hacerse aceptar por el pueblo admitiendo sus creencias? Es difícil de decir. En cualquier caso, dos años después, en 1486, ambos dominicos publicaban los resultados de su encuesta en un libro, el *Malleus maleficarum*, en el que afirmaban con total seriedad haber obtenido la prueba irrefutable de las evoluciones aéreas de los brujos y de la existencia de los *sabbat*.[16] Explicaban asimismo cómo reconocer una bruja por sus gestos y su aspecto. Este libro, primera tentativa de exposición sistemática del pacto con el demonio,[16] que se reimprimió nueve veces antes de finales del siglo, terminará por encender millares de hogueras. Define bien el espíritu de una Europa tan sedienta de pureza como de culpa, a la búsqueda de enemigos a los que expulsar: el *brujo* —a la espera del *judío*, el *musulmán* y el *indígena*— se convirtió así en la figura emblemática del enemigo, tal y como aquella Europa apenas cristiana tenía que inventar para existir, y poder luego expulsarlo, y así purificarse y desembarazarse de su propio pasado.

Morir

Toda sociedad se organiza alrededor del sentido que sabe dar a la Muerte. Omnipresente, inesperada, intolerable, era la compañera cotidiana de los hombres. En Europa, como en todas partes, sólo lo Sagrado podía conferirle sentido. En el nuevo orden a punto de emerger, el del mercader, dominará las nuevas fuerzas de expresión —literatura, pintura, escultura, música—, se publicarán enormes cantidades de libros sobre el *Ars moriandi*, se pintarán los infiernos, se esculpirán estatuas yacentes y se compondrán réquiems, pero su sentido, a fines del siglo XV, permanecerá esencialmente religioso. La Iglesia organizó el ritual que la acompaña e inventó el Juicio Final que la sanciona, con su sutil acompañamiento de castigos y recompensas, de Infierno y de Purgatorio.

La eternidad se obtenía con las ofrendas a la Iglesia, que definía el arte de bien morir y fijaba las tarifas de las penitencias para el perdón de los pecados. En principio, la conmutación de las penas con donativos en metálico estaba reservada a los príncipes, pero se volvió progresivamente accesible para cuantos dispusieran de medios para permitírselo.

Pero, al mismo tiempo, la burguesía comenzaba a entrever un porvenir distinto: se hizo consciente de que debía transmitir sus riquezas a sus hijos y no a la Iglesia. Las ofrendas se transformaron en herencias; las fundaciones, en testamentos. Cuando el dinero abandonó a la Iglesia, la fe comenzó a vacilar.

2. EL DECLIVE DE LA FE

CREER

Hacía más de diez siglos que Europa era cristiana desde Oriente hasta Occidente. Por lo menos en apariencia. Porque no se identificaba con la Cristiandad. En primer lugar, la fe cristiana se impuso porque supo recuperar las religiones paganas vistiendo a los dioses celtas y germanos, íberos y vándalos con ropajes de santos universales. En segundo lugar, porque existían otros cristianos fuera de sus límites. Después, porque aún había judíos, paganos y musulmanes por toda Europa. Finalmente, porque la Iglesia misma, en su centro romano, no constituía un modelo de fervor.

Sin embargo, las masas de Europa estaban imbuidas de una fe entusiasta, traspasada de temores místicos, supersticiones, profecías y amenazas. Los predicadores anunciaban de pueblo en pueblo sombríos desastres señalados por el paso del cometa en 1456, por el *Magnus Annus* —1484—, por el «Año del Anticristo» —1500—, o por el *Annus Aquaeus*[16] —1524—. Se rumoreaba que una conjunción austral de Júpiter y Saturno en Escorpión, anunciada para el 23 de noviembre de 1484, provocaría la llegada de un «monje que destruirá la Iglesia».[119] Después de 1484, un sacerdote holandés, profesor de astrología en Padua, Pablo de Middleburg, escribía en los *Pronostica ad Viginti Annos* que el plazo se cumpliría en 1504. En 1490, un llamado Johannes Lichtenberger publicó las *Profecías extraordinarias* o *Practica*, en las que trasladaba la llegada del «pequeño profeta» a 1524. El libro, reimpreso una y otra vez, conoció un éxito inmenso entre el público culto.[119]

Las mejores cabezas de Europa creían aún en la metamorfosis de la Naturaleza. Incluso en Florencia, corazón mismo de la liberación intelectual, los más grandes filósofos aseguraban que los acontecimientos más importantes tenían lugar necesariamente en sábado, y que era preferible no pasar por ciertas calles antes de entrar en batalla. En Flandes, el mismo Erasmo creía que «un león mágico», que siempre llevaba consigo, le protegía de los maleficios, y temía mucho los años múltiplos de siete.

Por todas partes se veneraban infinidad de reliquias, a las que se llevaban ofrendas durante los peregrinajes. Puesto que era imposible acceder a los santos lugares de Jerusalén, bajo dominio mameluco, la gente iba a recogerse ante las tumbas de los santos en Montserrat, Rocamadour, Monte Saint-Michel, Colonia, Santiago de Compostela, el Puy.[47] En Aquisgrán se rendía culto al «velo de María», expuesto cada siete años. En Colonia se visitaba la tumba de los Reyes Magos, se oraba en Canterbury junto a la tumba de Thomas Becket.[16] Europa se apropió del monoteísmo, olvidando que había llegado de Oriente.

Las técnicas de comunicación, y sobre todo la imprenta, tenían mucho que ver en todo ello. Había libros que ayudaban a los peregrinos, describiendo las rutas a seguir, precisando las etapas del trayecto, proporcionando, ya por entonces, información sobre los albergues en los que hospedarse y las maravillas arquitectónicas que visitar.[47]

Frente a esta fe confusa, la Iglesia, como institución, no era más que una potencia marginal. Es verdad que el papa siempre pretendió ser el coordinador de los monarcas cristianos; aún convocaba y presidía las escasas cumbres de las naciones católicas. Pero era sólo su rehén y no su amo. En 1417, Martín V admitía implícitamente la soberanía de los Estados al ratificar la pérdida de su poder político sobre los concilios. A partir de 1439, con su credibilidad arruinada por el episodio de Aviñón, el papado, de regreso a Roma, quiso recobrar su influencia ganando independencia militar, política y financiera. Por ello se consagró a acumular recursos, a engrandecer sus territorios, a formar su propio ejército. Con amenazas de excomunión, promesas de promoción, distribución de púrpuras e intimidación militar, el Vaticano anudó complejas alianzas con príncipes y mercaderes.[131] Desde su regreso a Roma y sobre el fundamento de una falsedad —una pretendida «donación» de Constantino—, el papado reivindicó la soberanía sobre los «Estados de la Iglesia», y un señorío más incierto aún sobre Nápoles, Sicilia, Cerdeña y Córcega. En 1440, cuando el erudito italiano Lorenzo Valla puso en duda la validez jurídica de tales pretensiones, Alfonso V de Aragón, rey de Nápoles, le animó a profundizar en su crítica; pero luego se olvidó de Valla y aceptó reconocer su dependencia formal frente al papa, a fin de no envenenar anticipadamente sus relaciones con los demás príncipes italianos.

En el espacio de cincuenta años, durante la segunda mitad del siglo XV, la reconstitución de los Estados pontificios y la extensión de los bienes raíces de la Iglesia hicieron del papado una potencia financiera y militar capaz de sostener los intereses de los príncipes y naciones que aceptaran alinearse bajo sus banderas. Se olvidaron las Cruzadas, la Iglesia de Oriente quedó abandonada, la Cristiandad se hizo romana, europea, latina. Desde ese mismo momento, el poder de la Santa Sede será también el envite de una lucha incesante entre las grandes potencias europeas. Los valores de la fe no tenían nada que ver, ni siquiera en apariencia, con esa batalla. A costa de grandes dispendios, cada una de ellas mantenía en Roma a un grupo de cardenales y religiosos, esperando obtener algún día la tiara para alguno de los suyos. La República de Venecia dominaba aún la Santa Sede, como dominaba la economía-mundo; Milán y Francia trataban de hacerse oír; los reyes de Castilla y Aragón eran cada vez más influyentes, consagrando considerables recursos financieros que, desde Roma, administraba para ellos la tentacular familia Borgia.

El primero de los Borgia, Alfonso, procedía de Zaragoza. Protegido por el cardenal aragonés Pedro de Luna —que fue papa en Aviñón con el nombre de Benedicto XIII—, llegó a secretario de Alfonso V, rey de Aragón.[29] Partidario de la reunificación de la Iglesia, Alfonso Borgia fue nombrado arzobispo de Valencia bajo el pontificado de Martín V y preceptor del hijo de Alfonso V. Más tarde fue tutor de su sobrino Rodrigo Borgia. Se instaló en Roma en 1449, año de la abdicación del antipapa Félix V. Su familia ya no abandonaría Italia. Bajo el pontificado de Nicolás V fue nombrado cardenal, conservando la archidiócesis de Valencia. Preocupado, como cualquier prelado, por situar del mejor modo a su familia en las posiciones más lucrativas de la Santa Sede, hizo a su sobrino Rodrigo, entonces de catorce años de edad, chantre de la catedral de Valencia, y supo tender tan bien sus redes que en 1455, a la muerte de Nicolás V, dos años después de la toma de Constantinopla —tenía entonces setenta y siete— fue elegido papa con el nombre de Calixto III, burlando a los árbitros en la inagotable rivalidad entre los Orsini y los Colonna. Rehabilitó a Juana de Arco y, como buen español, hizo canonizar al predicador antisemita de Valencia, Vicente Ferrer.[29] No tardó en repartir mil y una prebenda entre los miembros de su familia: Rodrigo, el más prometedor y ambicioso de sus sobrinos, fue nombrado notario apostólico y decano de la iglesia de Santa María de Játiva, en la archidiócesis de Valencia; después, legado de la marca de Ancona, vicecanciller de la Curia, general en jefe y comisario de las tropas pontificias en Italia; y, por fin, vicecanciller de la Iglesia romana y cardenal. Otro de sus sobrinos, Luis Juan, fue nombrado cardenal tan pronto como su tío alcanzó el papado. El hermano mayor de Rodrigo, Pedro Luis, llegó a gobernador del patrimonio de San Pedro y fue prefecto de Roma, el más alto cargo laico de la Iglesia.[29] En dos años, en medio de la corrupción, la amenaza y el libertinaje, la familia Borgia pasó a controlar la casi totalidad de los poderes religiosos y civiles del Vaticano.

A la muerte de Calixto III, el 6 de agosto de 1458, después de sólo tres años de reinado, el rey de Francia intentó arrancar al papado de la órbita española. Con la ayuda de Milán y Venecia, intenta la elección de Guillaume d'Estouteville, arzobispo de Ruán y titular de seis diócesis más. Pero fue derrotado en el primer turno del escrutinio por un intelectual de excepción, el sienés Enea Silvio Piccolomini, apoyado por los Reyes Católicos, el Imperio y el duque de Borgoña, de quien había sido consejero en los tiempos de su rebelión contra el papa de la época. En 1460, Piccolomini, ya Pío II, intentó, como sus predecesores, organizar una cruzada contra el turco. Pero en el congreso de Mantua sólo obtuvo de los príncipes de Europa un respaldo cortés. En vista de ello, en enero de 1461 exhortó no sin ironía al sultán a convertirse, prometiéndole a cambio el Imperio de Occidente: «Eres sin duda alguna —le escribe— el mayor soberano del mundo. Una sola cosa te falta: el bautismo. Acepta un poco de agua y podrás dominar a todos esos cobardes que lleven coronas sacras y se sientan en tronos bendecidos. Sé mi nuevo Constantino y yo seré para ti un nuevo Silvestre. Conviértete, y juntos fundaremos, con mi Roma y tu Constantinopla, que ahora te pertenece, un nuevo orden universal».[16] Es indudable que esta carta no llegó a su destinatario; en todo caso, no tuvo consecuencia alguna. Marcó el fin del sueño de la nueva unión de Roma y Bizancio, de Roma y Jerusalén.

Sin embargo, poco después Pío II consiguió reunir una pequeña flota de guerra. Pero murió en Ancona el 15 de agosto de 1464, justo antes de embarcar. Entonces la idea de cruzada desapareció del sueño europeo: nadie tenía verdaderos deseos de ir a reconquistar la Tierra Santa. Es verdad que aún se hablará mucho de ello, empezando por Colón, Isabel la Católica y Carlos VIII, pero cada uno de ellos sabía que eran sólo palabras. La Iglesia no sería ya de Oriente. Europa estaba hecha. Y su sueño era otro.

El 30 de agosto de 1464 el cardenal d'Estouteville se presentó de nuevo como candidato, y otra vez fue derrotado en el primer turno, esta vez por un amigo de Rodrigo Borgia, el cardenal veneciano Pietro Barbo, que tomó el nombre de Pablo II. La influencia de Rodrigo Borgia estaba en su apogeo. Inmensamente rico, vivía en un gran palacio entre el puente de Sant'Angelo y el Campo dei Fiori, con su amante Vannozza Cattanei y sus cuatro hijos, entre ellos César y Lucrecia. Sin embargo, tampoco consiguió imponer su candidato a la muerte de Paulo II, el 26 de julio de 1471. Apoyado por Francia y por el duque de Milán, un modesto franciscano que había llegado a general de la orden, Francesco della Rovere, fue elegido papa con el nombre de Sixto IV. En él halló Rodrigo a un maestro en intrigas y corrupción: tras recompensar a los cardenales que le habían designado, el nuevo papa elevó a la púrpura a seis de sus sobrinos. Todos llegarían a ser inmensamente ricos, al igual que los demás cardenales de su tiempo, ¿o acaso el camarlengo Ludovico Trevisano no dejó una herencia de cien mil ducados en 1465? Cada uno de ellos disponía de un palacio en Roma con sus soldados, sus músicos, sus pintores, sus bufones, sus astrólogos.[131]

Rodrigo, decano de los cardenales-diáconos, se aferraba a su poder: percibiendo el peligro, se hizo sacerdote y tuvo que pronunciar su voto de castidad. Abad de Subiaco, llegó a ser tesorero del colegio cardenalicio.[29] En 1472 hizo que Sixto IV revalidara la unión de Isabel de Castilla y Fernando de Aragón, primos hermanos, casados en 1469. En 1474 casó a su propia amante con un oficial a su servicio. La Iglesia se hundía en el descrédito. En Florencia, un joven desconocido de veintidós años, Savonarola, tomó el hábito de dominico y predicó la pobreza; dos decenios después se habrá convertido en el peor enemigo de los Borgia y de los Médicis.

El 24 de julio de 1476 Rodrigo había llegado a cardenal-obispo de Oporto y decano del Sacro Colegio. Pero Sixto IV no perdía el tiempo y aseguró su control y el de su familia sobre Italia. Primero intentó, en 1478, sustituir a los Médicis en el gobierno de Florencia por uno de sus sobrinos, pero fracasó, pese a la muerte de Juliano de Médicis. Con el pretexto de defender Venecia de la amenaza turca, en 1481 trató de reunir a todos los Estados italianos. Volvió a fracasar. Pero Roma continuó siendo el punto de encuentro de prelados y diplomáticos de todos los países, en el que los cardenales desempeñaban un creciente papel.

Mientras tanto, Rodrigo Borgia intentaba hacerse olvidar: escribía poemas y relatos, se dedicaba a la música, protegía a los humanistas, ayudaba a las bibliotecas y a las colecciones de arte.[29] Multiplicaba los encargos artísticos a Botticelli, Perugino, Ghirlandaio y Filippino Lippi para su villa de Spadalleto. En una carta de 1484 a su hermano Ludovico el Moro, que reinaba en Milán, el cardenal Ascanio Sforza dice haber visto en los departamentos romanos de Rodrigo Borgia «un aparador lleno de vasos de plata y oro, muy bien trabajados, así como platos diversos y otros vasos pequeños; todo lo cual constituía un hermoso espectáculo».[16]

Cuando Sixto IV murió, el 12 de agosto de 1484, los Della Rovere se habían convertido en una de las más poderosas familias de Roma, preparándose para proponer a su candidato, Juliano, para la sucesión de su tío. Rodrigo se sintió amenazado y decidió salirle al paso: presentó su propia candidatura. Pero fracasó ante la coalición de los partidos francés y milanés, bien decididos a cerrar el camino a España y dar jaque mate a Nápoles. Para evitar la victoria de Juliano della Rovere, que será más tarde Julio II, Rodrigo se puso de acuerdo con él para comprar el papado en beneficio de un oscuro cardenal genovés, Giovanni Battista Cibó, que tomó el nombre de Inocencio VIII. Rodrigo creyó acabada su carrera y retornó a su vida de placeres.[29]

Más que nunca, Roma era entonces un lugar de lujo, libertinaje y corrupción, ante el escándalo de las masas cristianas de Europa. La Santa Sede era un principado italiano entre los demás, absorto en tortuosas maquinaciones políticas y oscuros golpes de mano militares, ocupado en repartir las tierras de conquista entre los príncipes descubridores, en distribuir la púrpura y las diócesis, en sobornar a los príncipes, en vender tantas indulgencias como fuese posible para financiar palacios y catedrales. La fe quedaba lejos, las Cruzadas olvidadas, se preparaban nuevos cismas. Nadie había olvidado el de Juan Huss en 1378, ahogado en sangre en Bohemia. El nuevo pontífice se revelará pronto como algo más que un mero papa de transición.

Sólo tres meses después de su elección, Inocencio VIII hizo condenar a las brujas de Alemania como encarnación de los demonios y portadoras de herejías. En 1486 y por instigación suya, los inquisidores de Brescia condenaron a muerte a varios hechiceros que el gobernador de la ciudad se negó a ejecutar.

En los conventos y de la mano de un joven patricio veneciano, Ludovico Barbo, pariente de Paulo II y fundador de una comunidad de canónigos y luego abad de Santa Justina de Padua, los benedictinos restablecieron la estricta observancia de la regla y, por lo tanto, la pobreza. En Tirreno, Monte Cassino, Subialo, en el Monte de los Olivos, cerca de Siena, otros benedictinos, franciscanos y dominicos siguieron su ejemplo. Descubrieron de nuevo los escritos de san Agustín y santo Tomás de Aquino. En los Países Bajos, los «hermanos de la vida común» predicaron la austeridad; Ruysbroeck desarrolló una pedagogía del encuentro del alma con Dios; Groote y Radewin propagaron la *Devotio moderna* por distintos países.[16] En Francia, Jan Standick y Lefèvre d'Étaples, en Renania, Tomás de Kempis, desarrollaron una práctica espiritual orientada a la perfección de la vida interior. Se alumbraba un formidable deseo de purificación. Y, sin decidirlo explícitamente, la Iglesia comenzó a presionar a los príncipes de Europa para que «purificasen» el continente, desembarazándolo de los no cristianos: judíos y musulmanes.

Ironía de los tiempos: este furioso deseo de pureza cristiana culminará en 1492, año en que será elegido el más corrupto de los papas de la historia: el español de las sombras, Rodrigo Borgia.

Excluir

A fines del siglo XV el Islam, audaz conquistador de otros dos continentes, había quedado reducido en Europa a un enclave irrisorio: Granada, ciudad soberbia, colonia genovesa antes que Estado islámico, donde se intercambiaban el oro de África, las especias de Oriente y los tejidos de Flandes.

La Iglesia y los Reyes Católicos se aprestaron a liquidarla, a terminar con la dilatada historia del Islam en Europa, a «purificar» el continente cristiano de esos parásitos.

¿Parásitos? Veámoslo. Porque el Islam fue, desde su aparición, la religión dominante en ambas orillas del Mediterráneo. España e Italia la acogieron bien pronto, antes incluso de que se estableciera en ellas el cristianismo. Pero a diferencia del judaísmo, el Islam se constituyó en naciones y no en comunidades; no se insertó *en* el mundo cristiano, sino *junto* a él, o bien lo reemplazó. Después de haber intentado infructuosamente conquistar Europa del norte, se consolidó en ciudades autónomas en España y en el sur de Italia. Al cambiar el milenio, los dos tercios de la Península Ibérica estaban fraccionados en una veintena de principados islámicos.[2] A menudo eran ciudades abiertas, como Toledo y Granada, que acogían artistas y sabios musulmanes, cristianos y judíos, traductores de las grandes obras griegas y médicos ilustres.[136]

Esta presencia, a la vez tolerante y creativa, no era del gusto de Roma. Codiciosa del oro africano, la Iglesia impulsó a los príncipes al combate contra el Islam allí donde se hallara, y ante todo en España. En 1063 el papa de Canossa, Gregorio VII, otorgó generosamente sus bendiciones a quienquiera que fuera a combatir a los musulmanes. Cinco años más tarde el rey cristiano de Aragón, Sancho Ramírez, para protegerse de las ambiciones de su vecina Navarra, se declaró vasallo de la Santa Sede y, para demostrar su fe, inició la guerra de Reconquista contra el sur islámico.[2] Todo comenzó allí. Acabó en 1492.

En 1085, a la muerte de Gregorio VII, la Castilla de Alfonso VI se unió con Aragón en su lucha contra el Islam y se apoderó de Toledo, de donde huyó la elite musulmana. El papa Urbano II, desde Clermont, lanzó a los barones de Occidente al asalto de Jerusalén. Antes incluso de tomar parte en lo que los historiadores llamarían las Cruzadas, los reyes de Castilla, Navarra, Aragón y Portugal intentaron expulsar al Islam de su península, como los nuevos amos normandos de Sicilia habían echado a los musulmanes al mar. A partir de ese momento, y por espacio de dos siglos, la consideraron como una especie de Tierra Santa que liberar, olvidándose incluso de la otra, la de Oriente...

Los príncipes musulmanes no permanecieron inactivos; sus ejércitos eran poderosos y bien organizados. Así, en 1194, An-Nasir, príncipe de Granada, subió hasta Madrid y derrotó a los ejércitos de Navarra en Alarcos. Éstos contraatacaron en vano en Tortosa, al otro extremo de la península.[2] Treinta años más tarde, las tropas cristianas eran ya lo bastante fuertes como para vencer. En 1230, la Extremadura musulmana, atacada por todas partes, cayó en manos portuguesas. Córdoba, sitiada por el norte, se rindió en 1236; luego llegó el turno de Valencia y Jaén, en 1246, y de Sevilla, en 1248, a la que siguió toda Andalucía.[2] La Cristiandad ibérica había llegado ante las costas marroquíes.

1492

Las ciudades conquistadas pronto fueron marcadas con el sello de la Iglesia. Las magníficas mezquitas se transformaron en catedrales. Aunque los musulmanes fueron autorizados a quedarse sin la obligación de convertirse, los elches, cristianos convertidos al islamismo, se vieron perseguidos. España consoló a Europa del fracaso de las Cruzadas.

En 1248, sólo un reino permanecía independiente como último símbolo del Islam europeo: Granada, cuyo su soberano, Muhammad al-Ahmar, había conseguido preservar a cambio de un fuerte rescate simultáneamente pagado a Castilla, a Aragón y a los emires de Marruecos.[2] La ciudad era en aquel momento una de las más bellas del mundo: mezquitas, palacios y jardines deslumbraban a los visitantes llegados de todas partes, intelectuales flamencos, músicos alemanes, mercaderes italianos e incluso, se decía, príncipes etíopes y enviados chinos.

Entre Granada y el resto de España no existía el estado de sitio. Había tolerancia, se pasaba de un campo a otro, se producían intercambios en ambos sentidos. Sin embargo, los odios se vieron exacerbados por ocasionales destrucciones de ciudades, masacres de prisioneros, escaramuzas y conversiones forzosas. Los castillo se ganaban y se volvían a perder. Fue lo mejor que pudieron hacer los reyes cristianos: Castilla y Aragón se hallaban faltos de hombres para repoblar sus conquistas y Granada les abastecía aún de casi la mitad de sus recursos fiscales. La ciudad permaneció así, intacta y soberbia, durante otros dos siglos. Llegó a convertirse en el indefectible eje de los intercambios entre África y Europa, en el punto vital del aprovisionamiento en oro de la Cristiandad, en la encrucijada de las relaciones de españoles y genoveses con el Magreb. Gracias a ella y durante un cierto tiempo, se atemperó la intolerancia cristiana frente al Islam.

Todo cambió en 1460, cuando Portugal, que hacía progresos en África, se apropió de las fuentes del oro. Granada perdió entonces sus medios para pagar a Castilla. Se tomó la decisión —sin duda en Roma, donde Pío II acababa de suceder a Alfonso Borgia— de terminar con los últimos vestigios del Islam europeo.

La batalla contra Granada, debilitada por las querellas internas, comenzó a prepararse. El hermano del emir Muhammad se hizo proclamar rey en Málaga. Gibraltar cayó en 1462. Los reyes de Castilla, Aragón, Navarra y Portugal prepararon el asalto final. Tras su matrimonio en 1469, terminado el conflicto con Portugal y la guerra civil castellana, los dos primos españoles, Isabel de Castilla y Fernando de Aragón, que habían unido sus reinos en 1479, conscientes del poder de sus ejércitos, decidieron terminar cuanto antes. Pero las tropas granadinas aún eran poderosas. Transcurrió mucho tiempo entre escaramuzas, tanteos y mutua vigilancia. En diciembre de 1481, las tropas granadinas tomaron la iniciativa y se apoderaron del castillo de Zahara, conquistado a principios de siglo por los castellanos. En un contraataque, los ejércitos sevillanos tomaron a su vez la ciudad de Alhama, que fortificaron para resistir a los ataques musulmanes. El 9 de julio de 1482, los castellanos, al mando del propio Fernando, pusieron sitio a Loja; el 14, la ciudad, con ayuda de refuerzos llegados de Granada, derrotó a los ejércitos cristianos. Fernando e Isabel se sintieron humillados por el fracaso de Loja y decidieron lanzar una guerra total contra Granada. Comenzó entonces la última Cruzada, no para «izar la cruz de Cristo» sobre el Santo Sepulcro sino, más fácil aún, sobre el palacio de la Alhambra. Terminó al alba de 1492.

Esta última «reconquista» no fue precisamente un paseo militar. En marzo de 1483, tres mil soldados cristianos fueron vencidos en la región de Málaga y dos mil cayeron prisioneros. En abril, uno de los hijos del emir, Boabdil, personaje lleno de ambición, borroso e insignificante, intentó tomar Lucena por cuenta de su padre. Fracasó y cayó en manos de los españoles, que le pusieron en libertad contra la promesa de pasar secretamente a su servicio. En junio de 1484, los cristianos tomaron Alora y atacaron Málaga, que resistió. En enero de 1485, Fernando puso sitio de nuevo a Loja. Fue en vano. El hermano menor del emir, el Zagal, conquistó Almería, y Boabdil, su sobrino, olvidó sus promesas y atacó a los ejércitos españoles. Fue capturado una vez más, y de nuevo se alineó bajo las banderas españolas a cambio de su liberación. El 22 de mayo de 1485 los castellanos tomaron Ronda. Poco después el Zagal destituyó a su hermano el emir. En septiembre de 1485 el hijo del emir derrocado, Boabdil, fue a instalarse en Huesca y desde allí se rebeló contra su tío en marzo de 1486, antes de reconocerle como soberano a cambio de la parte oriental del reino. ¡Qué maravillosa fortaleza de espíritu! El 20 de mayo de 1486, Fernando sitiaba por tercera vez Loja, que fue defendida por el propio Boabdil. Por fin la ciudad se rindió el día 29. Fernando se vio vengado y Boabdil cayó prisionero por tercera vez. Y por tercera vez, los españoles le liberaron tras hacerle prestar un tercer juramento de vasallaje. Algo parecido al movimiento continuo... en política.

Un año más tarde, el 29 de abril de 1487, Boabdil, aprovechando una ausencia del Zagal, entró en Granada, tomó el poder y envió un mensaje a los reyes cristianos: les prometió entregar la ciudad sin combate a cambio de un feudo. Los Reyes Católicos, desconfiando de su aliado, aceptaron su propuesta sin dejar de preparar la guerra. El fin se aproximaba. Allí donde llegaban los ejércitos españoles, exterminaban a los cristianos convertidos al Islam y obligaban a los musulmanes a emigrar a África. Les facilitaban el viaje, permitiéndoles vender allí mismo sus pertenencias o llevárselas consigo. El 3 de mayo de 1487 las tropas del Zagal tomaron Vélez. Málaga, autónoma desde hacía veinte años, cayó el 18 de agosto. En junio del año siguiente, los ejércitos cristianos conquistaron Vera. Los acontecimientos se precipitaron. El 28 de noviembre de 1489 Baza capituló. El asedio de Almería comenzó el 22 de diciembre, el de Cádiz el 30.

Granada estaba rodeada. El Zagal, desmoralizado, abandonó su señorío y emigró a Marruecos. En Granada sólo quedó Boabdil el dubitativo, rodeado de irreductibles y de doscientos mil habitantes y refugiados.[97]

Conscientes de su superioridad, los Reyes Católicos calcularon entrar en la ciudad en febrero de 1490. A finales de 1489 llegaron a invitar a los dignatarios eclesiásticos a prepararse para esta ceremonia y a organizar las consiguientes festividades. El 18 de enero de 1490 escribían a los habitantes de Sevilla: «Sabed que tras muchos sufrimientos, pruebas y dispendios, place a la misericordia de Nuestro Señor poner fin a la guerra que llevamos contra el reino de Granada».[97] Pero sobreestimaron su poderío: necesitarían aún dos años para terminar con la ciudad en la que refugiados y cristianos convertidos parecían dispuestos a todo excepto a la rendición.[97] El mismo Boabdil, temeroso de sus propias tropas, decidió continuar la guerra.

Fernando e Isabel comprendieron que el último acto de la conquista iba a ser difícil y ordenaron desde su cuartel general en Sevilla la movilización de todos los españoles de dieciocho a sesenta años. Un ejército enorme, equipado por primera vez con artillería moderna, se puso en pie de guerra. En veinticuatro días se construyó a doce kilómetros de Granada un campamento con planta de cruz —de ahí su nombre de Santa Fe—, rodeado por veinticuatro torres.[97] El 11 de abril de 1491, la corte abandonó Sevilla y se instaló en el campamento. A finales de agosto, Boabdil, atenazado entre el fanatismo de sus irreductibles y las amenazas de sus adversarios, decidió negociar en secreto su rendición con los emisarios de los Reyes Católicos, Fernández de Córdoba y Fernando de Zafra.[97] Isabel y Fernando, impacientes por terminar, acordaron con el traidor —¡cinco veces traidor!— todo lo que él quiso, decididos, de todos modos, a hacer caso omiso de sus promesas. El acuerdo preveía la seguridad de las personas y de los bienes, la libertad de culto, la libertad de comercio, la libertad de emigrar, de conservar armas y caballos, la liberación de prisioneros... así como un inmenso señorío para Boabdil en la Alpujarra. Pero también el acuerdo, firmado el 25 de noviembre, prevé la rendición para el 23 de enero de 1492; de hecho tuvo lugar veintidós días más pronto.

EXPULSAR

A fines del siglo XV, cerca de dos millones de judíos se hallaban dispersos por todo el mundo. España acogía la más amplia comunidad de Europa, con casi trescientas mil almas, y le concedía un trato casi aceptable, exceptuadas ocasionales matanzas y expulsiones.

Los judíos en el exilio se aceptaban como un mosaico de comunidades marginales y nunca pensaron en constituirse en teocracia. Los demás les vieron siempre como una amenaza muy específica: no una amenaza política por *confrontación*, sino una amenaza ideológica por *seducción*. Se temía su capacidad de convertir a los cristianos y, cuando cesaban de hacer proselitismo, de convencer a los judíos conversos para regresar a su antigua fe. Por lo tanto se les combatía, aunque no fuera posible luchar con ellos como con cualquier Estado. Sin embargo, la opción fundacional del judaísmo, al rechazar la idea de nación porque ésta no podía ser otra que Israel, salvó al conjunto a costa de condenar a cada comunidad a las peores desgracias.

Estas comunidades eran aceptadas por todo el mundo, ya fuera cristiano, islámico o de otra fe. Se les necesitaba para cumplir con las tareas que en aquel tiempo sólo los marginados sabían o querían llevar a cabo: traductores, banqueros, contables, profesores, médicos. Pero se les detestaba por su fuerza de voluntad, y se les robaba y expulsaba sabiendo de antemano que se les volvería a llamar. Sin reconocerlo, se les guardaba rencor, pues evidenciaban, por su sola existencia, que el cristianismo no había nacido en Europa.

Hasta el año 425 los judíos vivieron esencialmente en Palestina; después, y hasta el siglo VI, la inmensa mayoría se encontraba en Babilonia; algunos se establecieron en Egipto, otros en China y en la India, o se dispersaron por el mundo árabe, o por Europa, donde algunas comunidades estaban establecidas desde los tiempos de Nabucodonosor y de la destrucción del templo de Jerusalén por los romanos. Había judíos en Roma, en la Galia, en España, que fue llamada por la tradición bíblica «el otro extremo del mundo». Todos soñaban con volver a Jerusalén, pero la invasión de Palestina, primero por los persas y luego por los árabes, les obligó a permanecer en el exilio.

La consolidación de la Iglesia complicó la vida de los judíos de Europa. En España, el Concilio de Elvira del año 312 prohibió a los cristianos que hicieran bendecir sus cosechas por judíos, y los obispos prohibieron a éstos la circuncisión de sus esclavos. Recaredo, rey de los visigodos, promulgó la primera legislación antisemita de Europa cuando se convirtió al catolicismo en el 586. En el año 613, uno de sus sucesores, Sisebuto, obligó a los judíos a elegir entre la conversión y el exilio, elección incansablemente propuesta en tiempos sucesivos a todas las comunidades.

1492

Por eso cuando las tropas musulmanas atravesaron el estrecho de Gibraltar en el 711 fueron acogidas como libertadoras por las comunidades judías. Se instalaron entonces en Córdoba, Granada, Sevilla y Toledo. Campesinos, tejedores, banqueros o traductores judíos se integraron en la sociedad islámica.

Por la misma época eran perseguidos en Germania, Inglaterra, Italia y en el resto de la Europa cristiana; en compensación, el imperio de Carlomagno, que dominó Europa durante el siglo siguiente, les iba a resultar más acogedor. Josef Ha-Cohen, médico e historiador judío del siglo XV, escribía que en el año 810 —año 4570 del calendario judío— «los cristianos y los moros se hicieron la guerra, y no hubo mayor tiempo de aflicción para Jacob que aquél. Una muchedumbre de israelitas abandonaron los reinos de Alemania, de España y de Inglaterra, huyendo de la espada ... No hubo en Alemania un solo judío que no escapara, y la madre fue aplastada sobre sus hijos en aquel día de cólera divina».[49] Carlomagno, como subraya el historiador, los trató mejor que otros monarcas: «El emperador Carlomagno, rey de Francia, trajo de Roma al rabino Calónimos de Lucca, y éste volvió a conducir a Alemania a los judíos supervivientes, reunió a los dispersos de Judá, y Carlomagno concertó una alianza con ellos. Entonces, establecieron en Alemania escuelas de la ley de Dios, como habían hecho antiguamente, y este rabí Calónimos fue su jefe».[49]

Sin embargo, estas primeras expulsiones nunca fueron radicales ni definitivas. Se producían durante un cierto tiempo y luego se las olvidaba.

A finales el siglo X algunos judíos de España se convirtieron al Islam, por convicción o por comodidad social, aunque continuaron practicando en secreto el judaísmo.[98] Así comenzó lo que en árabe llamaban el *iñus*. En la España musulmana las comunidades judías se hallaban, sin embargo, seguras. En 1055, Samuel Ibn Nagrela, vástago de una rica familia cordobesa, era a la vez ministro, comandante en jefe y autor de tratados religiosos en la corte del rey Habbus de Granada.[49] En las regiones conquistadas por los reyes cristianos, se permitía a los granjeros, artesanos o comerciantes judíos que permanecían en ellas, conservar sus tierras y practicar su religión. Tras la caída de Toledo en 1085, los judíos de Córdoba y de Zaragoza sirvieron de intermediarios entre los mundos musulmán y cristiano.[68]

Cuando en 1095 el papa Urbano II lanzó a los cristianos contra Jerusalén —y de paso contra los judíos, «pueblo deicida»—, la consigna se extendió inmediatamente por toda Europa. En Colonia hubo una matanza de judíos el 30 de mayo de 1096. Lo mismo sucedió en Inglaterra un siglo más tarde, el 30 de septiembre de 1189. Algunas comunidades llegaron al suicidio colectivo, como la de York, el 17 de marzo de 1190, por instigación de su rabino, Yom Tov de Joigny.

Mesopotamia también se había convertido en tierra inhóspita, y España quedó entonces como la región del mundo donde los judíos eran mejor tolerados. En 1150, Alfonso de Castilla llegó incluso a proclamarse «rey de las tres religiones». La vida cotidiana de los judíos era aceptable, y judíos de todo el mundo llegaron y se establecieron allí.[68] Por ejemplo, en 1170 y en Tudela,[73] al norte de Zaragoza, bajo el reinado de Sancho VII, no se discriminaba entre judíos y cristianos; los tribunales cristianos arbitraban también en los litigios entre judíos, con acuerdo de las partes, y reconocían la validez de los testigos judíos y del derecho talmúdico. Los escritores judíos volvieron a descubrir el pensamiento griego, llevado a Occidente por viajeros árabes. Luego lo tradujeron al hebreo, lo comentaron y lo revelaron al mundo cristiano. Así Maimónides, médico en la Córdoba de la época, buscando la coherencia entre la fe y la razón, aproximó la Biblia a Aristóteles y fue uno de los primeros pensadores occidentales en introducir las ideas de gracia individual y de eternidad del alma que inspiraron a Tomás de Aquino. Perseguido por los almohades, pasó por musulmán durante dieciséis años, hasta su exilio en Fez y luego en Jerusalén y en Egipto, donde recuperó abiertamente su antigua fe.

La presión antisemita creció por todas partes. En 1181, Felipe Augusto cerró la Yechiva de París. Rabinos franceses e ingleses emigraron a Palestina en 1211. Desde Roma, la Iglesia hizo saber que no admitía la tolerancia de los monarcas de España. En 1215 el concilio de Letrán exigió de ellos, como de los demás, que excluyeran a los judíos de la vida social. Felipe Augusto dio ejemplo en 1217 ordenándoles llevar un signo distintivo. En 1248, Luis IX hizo quemar todos los manuscritos hebreos de París, y en 1254 expulsó a los judíos de Francia. Hacia 1260, Rabbi Yehiel, que había abandonado París, fundó en Acre una escuela talmúdica. En 1290 los seis mil judíos de Inglaterra fueron igualmente expulsados.

España, de la que habían sido eliminados la mayoría de los príncipes musulmanes entre 1230 y 1298, continuó siendo un refugio para los judíos durante otro medio siglo. Aunque en 1265 un edicto real aplicando las resoluciones conciliares les obligara a vivir en barrios separados, la realidad era bien clemente. Los reyes de Castilla les concedieron protección y les animaron a respetar su religión; consideraban a los judíos como cosa propia, e incluso los tribunales españoles llegaron a infligir castigos pecuniarios a los judíos no religiosos y a confiscar los bienes de los que se convertían. La muerte de un judío era castigada con la misma multa que el asesinato de un noble, y si un judío era hallado asesinado dentro de los muros de una ciudad, ésta pagaba dicha multa colectivamente.[68] En la Tudela[73] de la época se encontraban aún judíos campesinos, financieros, artesanos, médicos, viñadores, propietarios de olivares y de campos de trigo. Algunos cultivaban sus campos por sí mismos, otros los arrendaban a musulmanes o cristianos. Otros más trabajaban la lana y la seda. Algunos, en fin, prestaban a los navarros dinero, grano o aceite, redactando en hebreo o en judeocristiano sus cartas y facturas, dirigidas hasta la corte real.[73] El vocabulario económico se formó entonces a partir del hebreo. Así, en castellano se llama *quiño* al interés de una deuda, derivado del hebreo *quenez*.[73] Allí fueron a refugiarse los judíos de Francia, expulsados en 1306 por Felipe el Hermoso, felices de encontrar una comunidad organizada y numerosas escuelas talmúdicas.

También los dos primeros decenios del siglo XIV marcaron en toda Europa un momento de relativa tregua y fueron ocasión de una notable creatividad intelectual en el seno de las comunidades judías. En Inglaterra se volvió a llamar a los judíos en 1315. En Francia, donde muchos habían permanecido a pesar del edicto de expulsión, se desarrollaron grandes escuelas talmúdicas en Sens, Falaise y Troyes, y en ellas se formaron decenas de maestros. En España, Moisés de León transcribió el *Zohar* partiendo de manuscritos y tradiciones que se remontaban al siglo I, iluminando todo el pensamiento religioso y filosófico judío hasta la actualidad.

Pero esta tregua duró poco. España ya no quedará al margen de la ola antisemita. El primer signo de alerta tuvo lugar en Valencia, en 1328, cuando las prédicas de un monje fanático, Vicente Ferrer, incitaron a las masas cristianas a eliminar a los judíos, acusándoles de envenenar los pozos. Algunos emigraron a Polonia, donde el rey Casimiro III les concedió en 1334 el *Privilegium*. La Peste Negra, que asoló Europa en 1348, engendró una brutal oleada de antisemitismo. En París, Londres, Pavía, Nuremberg, Augsburgo, fueron acusados de propagar la enfermedad, de envenenar los pozos, de beber la sangre de los niños, y peor todavía, de buscar convertir a los cristianos para apoderarse de sus almas. Por todas partes se les encierra, se les expulsa, son quemados en la hoguera.

En Castilla, el profundo antisemitismo de la comunidad ibérica se puso de manifiesto en la querella por la sucesión entre dos príncipes, Pedro el Cruel, el pretendiente legítimo, y su hermano, Enrique de Trastámara. Dudosos ante la suerte de las armas, los judíos financiaron ambos campos. Cuando obtuvo la victoria en 1369, Enrique presentó a su hermano como «judaizante» y cedió —con reticencias— a las demandas de las Cortes, que quisieron prohibir a los judíos el acceso a los cargos de preceptores y al servicio del Estado.[68]

Veinte años más tarde las cosas tomaron un giro aún más grave. La Iglesia de la península exigió a todos los soberanos que se desembarazasen de los judíos que amenazaban la fe de los *conversos*.

En 1378, el archidiácono de Écija y vicario general de la diócesis de Sevilla, Fernando Martínez, reclamó su expulsión. En julio de 1390 muere el rey Juan I de Castilla, que aún les protegía. El rastrillo se alzó: el año de 1391 conoció una masacre que se propagó a gran velocidad de ciudad en ciudad. En junio fue destruido el barrio judío de Sevilla,[89] luego llegó el turno a los de Córdoba, Montoro, Jaén, Toledo y Madrid. En Segovia, las autoridades municipales intentaron en vano proteger a los judíos. El 9 de julio fue devastado el barrio judío de Valencia, el 22, el de Barcelona, y el 5 de agosto los de Palma y Gerona.[68]

Frente a esta situación los judíos adoptaron posiciones muy diversas. Muchos se rebelaron, otros abandonaron el país, la mitad se convirtió. En el seno de una misma familia se daban distintos comportamientos: padres que se convertían sin sus hijos, esposos sin su cónyuge. En Tudela algunos solicitaron el bautismo mientras que dos rabinos de la ciudad, Isaac ben Sheset y Josef ben Menir, partían hacia el Magreb.[73] En Zaragoza, un hijo del rabino Eleazar Galluf se convirtió con el nombre de Juan Sánchez. En Burgos, el gran rabino Salomón Ha-Levi se convirtió con toda su familia y llegó a ser, con el nombre de Pablo de Santa María, obispo de Burgos y ¡furibundo antisemita! En Alcañiz, Josuah Ha-Lorki se convirtió y tomó el nombre de Jerónimo de Santa Fe. También en Mallorca se convirtieron el médico Bonet Bonjorn y el gran cartógrafo Yehuda Cresques.[110]

Los exiliados denunciaban a los convertidos: en su opinión había sido Maimónides, con su gusto por la filosofía aristotélica y su pasión por la modernidad, quien turbó sus espíritus e impulsó a los dirigentes de las comunidades a convertirse en lugar de dar ejemplo de heroísmo.[110] Un célebre médico judío de Burgos, Josué Lorqui, que decidió dejar España, escribió a Pablo de Santa María para lamentarse del intento de conversión de sus antiguos correligionarios: «¿Deben medirse las religiones con la vara de la razón? ¿O es más bien deber de todo hombre examinar con criterios científicos la ley bajo la que ha nacido y abandonarla si se da cuenta de que hay otra más conforme a su ideal filosófico? Y ¿cómo conocer y juzgar todas las religiones? ¿Cuáles son los criterios bajo los que afirmar que una religión es la mejor? ... Ya que la filosofía no es, por su universalidad, particularmente propicia para la conservación de una identidad religiosa...».[110] También él se convirtió.

Este debate ya no dejó de agitar a las comunidades judías dondequiera que estuviesen. ¿Había que permanecer recluidos frente al mundo, a riesgo de hacerse detestar por él, o por el contrario, abrirse a influencias ajenas, a riesgo de ceder a la tentación laica y por ello perderse?

Un siglo después los procesos de la Inquisición demostraron que nuchos de estos conversos de 1391 habían permanecido secretamente fieles a su religión, y que se habían convertido para poder quedarse en España y proteger lo que fuera posible mientras amainaba la tormenta.[36]

De este modo comenzó la doble vida del «marrano», hecha de angustias, doble juego y riesgos constantes. El «marrano» es un producto típicamente español. La palabra procede del castellano *marrano*, que a su vez se deriva del árabe *mahram* (prohibido). Etimología bien esclarecedora.

El alerta de 1391 fue terrible, pero breve. A los pocos meses la calma vuelve a la península. En 1394, cuando los judíos fueron expulsados de Inglaterra, se trasladaron de nuevo a España, instalándose a menudo en los mismos lugares en los que habían vivido. Es curioso cuán fácilmente se olvida el mal. A partir de 1397, la comunidad judía de Zaragoza volvió a ser abierta, alegre y floreciente.

Sólo los que se convirtieron durante el terror del verano de 1391 cayeron en la trampa, pues, aunque la Iglesia toleraba, en rigor, a los judíos, no podía aceptar que se abjurase de la fe cristiana. Y aquella España, hasta entonces particularmente acogedora para los judíos, se transformó en un infierno.

Las cosas empeoraron. Las comunidades se vieron forzadas a la observancia de reglas muy rigurosas, como las que la reina Catalina de Navarra institucionalizó en 1412 en un detallado reglamento:

«Todos los judíos del reino deben vivir separados de los cristianos en un barrio amurallado, con una sola puerta de acceso. Ningún judío podrá comer ni beber con cristianos, ni cocinar para ellos, ni educar a sus hijos, ni hacer trabajo cualquiera que sea. Ningún judío podrá emplear a un cristiano para labrar sus campos o sus viñas, ni para construir sus casas u otros edificios. Los judíos llevarán un manto largo, hasta los pies, sin franjas ni plumas, y una toca sin oro. Ningún judío podrá afeitarse la barba ni cortarse los cabellos. Ningún judío podrá ejercer los oficios de veterinario, fabricante de medias o de jubones, herrero, carpintero, sastre, fundidor, carnicero, curtidor, mercader de tejidos, calzados o corpiños, ni coser los vestidos de los cristianos, ni ser mulero, ni conductor de ninguna mercancía, y se abstendrá sobre todo de traficar con aceite, miel, arroz y otros alimentos. Todo denunciante percibirá el tercio de la multa impuesta a los judíos a los que contribuya a condenar.»

En este mismo año de 1412 el papa de Aviñón, Benedicto XIII, de quien el monje Vicente Ferrer era capellán, organizó una *disputatio* entre el converso Josué Lorqui, su propio médico, y catorce rabinos aragoneses. El converso se enfrentó a ellos durante dos años. La mayor parte de los rabinos abandonaron en el verano de 1414.[98]

Extraordinaria ambigüedad la de una época hecha de tolerancia y cerrazón, de matanzas y de curiosidad intelectual, de gloria y humillación. En el momento mismo en que se mataban judíos en Sevilla, el gran rabino de Castilla, Meir Alguadez, ayudado por Benveniste Ibn Labi, terminaba una traducción al hebreo de la *Ética* de Aristóteles;[67] otros traducían a Tomás de Aquino y a Guillermo de Okkam. En 1449 y para conjurar la peste, judíos y cristianos sevillanos organizaban conjuntamente una procesión, llevando los rollos de la Torá y el Santo Sacramento.[67] Nicolás V, papa desde hacía un año, montó en cólera cuando lo supo.

Porque la Iglesia no gustaba de esta España tan abierta a los otros monoteísmos. El 1 de noviembre de 1478, el nuevo soberano pontífice, Sixto IV, exigió a los recién entronizados Reyes Católicos, Isabel de Castilla y Fernando de Aragón, el nombramiento de inquisidores para sus reinos —tal y como era corriente desde tiempo atrás—, para denunciar a los *conversos* que practicasen en secreto el judaísmo y a los judíos que les incitasen a reconvertirse. Comenzaron los procesos. Según el manual de los inquisidores de Nicolás Eymerich y Francisco Peira, «la finalidad de los procesos y de las condenas a muerte no es salvar el alma del acusado, sino mantener el bien público y atemorizar al pueblo ... Es preciso que el acusado ignore la especificidad de aquello de lo que se le acusa».[36] En el espacio de pocos meses, más de cinco mil conversos se arrepintieron. Setecientos de ellos fueron considerados como irreductibles y quemados vivos.[67] Pero la Inquisición recibió la firme petición de interesarse sólo por los conversos y dejar a los judíos en paz. Tras los incidentes de Zaragoza en 1481, Fernando recuerda que «los judíos son nuestros vasallos ... Disponer ordenanzas sobre los judíos, que son nuestras arcas y pertenecen a nuestro patrimonio, es sólo privilegio nuestro».[67]

En 1482 el mismo Sixto IV trató de frenar a la Inquisición castellana. Pero Torquemada, el nuevo inquisidor general, aceleraba los procesos sin que los soberanos cuidasen de oponerse a él por mucho tiempo. Todos los judíos, y no sólo los conversos, estarán en adelante en su punto de mira. El 1 de enero de 1483 los Reyes Católicos ofrecieron a las cuatro mil familias judías de la archidiócesis de Sevilla y de las diócesis de Cádiz y Córdoba la elección entre marcharse o convertirse.[67] Ellos mismos presentaron esta decisión como una advertencia a los demás judíos de España. Se ignoran sus razones. Incluso se ignora si realmente llegó a practicarse. Solamente se sabe que cada uno de los barrios judíos de estas ciudades cambiaron su nombre por el de *Villa Nueva*.[67]

También en ese año de 1483 la misma elección de la conversión fue puesta en tela de juicio; en efecto, la orden religiosa de los caballeros de Alcántara explicó que la conversión de los judíos no bastaba para solucionar el problema, puesto que todo judío converso permanecía secretamente judío. Había, pues, que *excluir* de España a toda persona de origen judío e instaurar, en palabras de la orden, *la limpieza de sangre*. Fue entonces cuando vio la luz este concepto, llamado a jugar un papel central en el antisemitismo europeo y que, treinta años más tarde, servirá también de base a la cristianización forzosa de los indios de América, cristianos «por naturaleza» en razón de su «pureza» original. Concepto en nombre del cual, el cristianismo de Europa llevará hasta los límites el rechazo a sus orígenes.

Al principio, los Reyes Católicos rechazaron categóricamente este concepto. Fernando, sin duda, con mayor violencia que Isabel. Pero la idea ya estaba lanzada, y Torquemada había extendido progresivamente su competencia a Toledo y a Aragón y luego a Castilla. En quince años instruyó cien mil procesos y envió al verdugo a dos mil personas, con una sola idea en su mente: obligar a *todos* los judíos a salir de España.

Extraño e incierto decenio, donde todo es aún posible. Isaac Schelo[49] cuenta que en Palestina «una comunidad judía bastante numerosa ... se compone de padres de familia de todas partes del mundo, principalmente de Francia». En Europa los judíos no son tolerados más que en Polonia, en algunas ciudades de Alemania, en Provenza (Aix, Marsella, Arles, Tarascón, Apt, Manosque, Aubagne, Aviñón, Carpentras) y en Italia, y en particular en los Estados del papa, donde son paradójicamente muy bien tratados. Allí las comunidades judías se abren a las corrientes de pensamiento del Renacimiento: en Padua, Elie ben Moise Abba del Medigo enseña filosofía públicamente, y es uno de los primeros en distinguir entre ciencia y religión, demostración y revelación.[110]

En España, mientras en unas ciudades se asesinaba, torturaba y expulsaba a los judíos, en otras los cristianos asistían a los sermones de reputados rabinos, los judíos a la misa de Navidad, los grandes señores comían en casa de mercaderes judíos, y financieros judíos eran recibidos e incluso trabajaban en la corte.[67] Un rabino, Abraham Señor, era a la vez el principal recaudador de impuestos indirectos del rey de Aragón, y obtenía en recompensa de su ayuda a Isabel, en ocasiones difíciles que ella tuvo con Enrique IV, un «juro» de 100.000 maravedíes. En 1488 fue nombrado tesorero de la *Hermandad*, uno de los cargos más importantes del reino. El astrónomo judío Abraham Zacuto asimismo aconsejaba al rey sobre los momentos propicios para enviar expediciones marítimas, y ninguna decisión en este terreno se tomaba sin él. Numerosos conversos como Alfonso de la Caballería, Gabriel Sánchez y Luis de Santángel, ocupan cargos importantes cerca de los monarcas, sin intentar disimular sus orígenes judíos. Es el caso de Hernando de Talavera, confesor de la reina, de madre judía. Otros judíos expulsados de distintos reinos vinieron a instalarse a España, como el gran financiero portugués Isaac Abravanel, quien dejó Lisboa tras el acceso al trono de Juan II en 1481 y que se puso al servicio de Isabel y Fernando.

Y sin embargo, los hechos que se estaban produciendo tenían que inquietar a los dirigentes judíos: Pedro de la Caballería, muerto en 1461, es objeto de un proceso póstumo; miembro de una gran familia convertida desde comienzos del siglo XV, hizo una gran carrera en Aragón: cargos municipales en Zaragoza, controlador general de la corte de Aragón, representante de la reina en las Cortes. Fue condenado por haber continuado, en secreto, observando las leyes judías. El 16 de septiembre de 1485, en Zaragoza, un inquisidor dominico fue asesinado durante una misa, por los conversos, donde Francisco de Santa fe se suicidó. En Guadalupe cincuenta y dos conversos fueron quemados, cuarenta y seis cadáveres se exhumaron y quemaron, y dieciséis personas se vieron condenadas a prisión de por vida. En 1486 Fernando decidió expulsar a los judíos de Zaragoza y de Albarracín como lo había hecho de Sevilla. Pero la real orden no se aplicó; sin duda, los notables judíos consiguieron que cayera en el olvido. Sin embargo, la situación empeoraba de día en día: en 1486 el rabino Abrahan de Huesca fue quemado vivo por haber circuncidado a conversos. Y algunos rabinos, para evitar problemas, llegaron a pedir a sus fieles que denunciasen a los conversos «judaizantes».[67]

Pero los trescientos mil judíos de España no parecían tomarse muy en serio estas matanzas. Como en Alemania cinco siglos más tarde, se resistían a creer que lo peor podía llegar a suceder y se aferraban a cualquier signo de benevolencia por parte de los monarcas. Por ejemplo, en 1487 se regocijaron porque el impuesto reclamado a sus comunidades para la guerra de Granada era la décima parte del reclamado a la Iglesia.[67] Nadie se preocupaba verdaderamente de marcharse. Se sentían libres, felices, poco afectados por la desgracia de los demás. Y, por otra parte, ¿adónde ir? Ningún país del mundo era tan acogedor como esta España donde algunas familias llevaban viviendo más de quince siglos.

Ni en Madrid ni en Sevilla se rasgó nadie las vestiduras cuando en Ávila, a mediados de diciembre de 1490, un converso, detenido bajo el pretexto de que se «había encontrado en su alforja una hostia consagrada»,[67] confiesa bajo tortura que, unos años antes, en Viernes Santo, junto con judíos y otros conversos, había asesinado a un niño cristiano, arrancándole luego el corazón y crucificándole con una corona de espinas en su frente. La instrucción de este proceso extravagante, iniciado el 17 de diciembre de 1490, terminó un año más tarde, el 16 de noviembre de 1491, con una serie de condenas a muerte.[97] Es el último toque de atención.

3. EL DESPERTAR DE LA LIBERTAD

Leer

Ninguno de los acontecimientos de aquella época puede comprenderse sin tener en cuenta la extraordinaria convulsión intelectual que significó la aparición de la imprenta.

En 1434, un impresor de Nuremberg, inscrito en la corporación de los orfebres con el nombre de Johannes Gensfleich —que pronto cambiará por el de Gutenberg—, puso a punto la primera prensa de caracteres móviles. Su invento pasó inadvertido. Ocurrió lo mismo cuando en 1441 la perfeccionó, gracias a una tinta que permitía imprimir a la vez las dos caras del papel. En 1448, junto con sus socios Fust y Schöffer, sustituyó los caracteres en madera por caracteres metálicos; tampoco despertó mayor interés.[9] La primera impresión de una Biblia en 1455 no trascendió. Cuando Gutenberg, después de perder un pleito contra sus socios, les abandonó su invento y les dejó que publicasen el primer libro, el *Psalterio de Maguncia*, dos años después, en 1457, todo empezó a divulgarse. En 1462 la prensa se había convertido en algo tan preciado que fue evacuada en secreto durante el saqueo de la ciudad por Aldolfo de Nassau. Pero al fin le alcanzó la gloria: en 1465 se restablecieron sus derechos y fue ennoblecido por el arzobispo de Maguncia. Al año siguiente imprimió varias obras: un poema alemán sobre el Juicio Final, vidas de santos, sermones para uso de predicadores, tres ediciones de una célebre gramática latina llamada el *Donato*, y un calendario de 1448, año de su magno invento.

Comenzó entonces a aparecer un nuevo objeto fabricado en serie, el primer objeto *nómada:* el libro impreso. En treinta años convulsionará la sociedad europea en un sentido inesperado.

La Iglesia creyó que el libro favorecería el latín y la difusión de la fe cristiana. Vio en él un instrumento ideal de propaganda y lo acogió mejor de lo que jamás había acogido cualquier innovación. Le llamó «corona de toda ciencia», arte divino elegido por «el Eterno para reencontrarse con su pueblo y dialogar con él».[16] Con el libro podría imponer su versión de las escrituras, en la que Roma era la nueva Jerusalén.

En los primeros tiempos eso fue exactamente lo que sucedió: los libros más publicados fueron textos sagrados y gramáticas latinas, *Ars moriendi* y *Ars memoria*. Hasta finales del siglo, y particularmente en 1492, las dos obras más veces reimpresas en Europa fueron la Biblia y una gramática latina redactada en Francia en 1209 por un tal Alejandro de Villa Dei, publicada primero en Parma en 1478 y luego adoptada por la casi totalidad de las universidades del continente.[133]

Sin embargo, la imprenta escapó pronto de entre las manos de sus primeros amos. Se convirtió en el instrumento de civiles contra religiosos, de las lenguas vernáculas contra el latín, de la ciencia contra la fe. En los diez años siguientes mercaderes e intelectuales establecieron imprentas por todas partes: en 1462 ya existía una en la Sorbona de París, en 1470 las había en España, Florencia, Nápoles, los Países Bajos e incluso en Cracovia. En 1480 se contaban en Europa más de un centenar.

Venecia, capital declinante de la economía-mundo, se convirtió con toda naturalidad en la capital de la imprenta. Pierre Chaunu describe con gracia la ciudad de los dux como la «capital de la tinta grasienta, de los mecánicos misteriosos de las imprentas y del plomo fundido».[24] Allí se reunieron las más bellas bibliotecas. En 1463 el cardenal Bessarion escribía al dux ofreciendo a la ciudad su biblioteca. «Los libros están llenos de las palabras de los sabios, de los ejemplos de los ancianos, de las costumbres, las leyes y la religión. Si no tuviéramos libros todos seríamos toscos e ignorantes, sin vestigio alguno del pasado, sin ningún ejemplo. Entonces la misma urna mortuoria que acoge los cuerpos borraría también la memoria de los hombres.»[16] La primera prensa «industrial» vio en consecuencia la luz en Venecia, donde asimismo tuvieron lugar todos los progresos de la imprenta. Allí fue donde Aldo Manuccio inventó los caracteres itálicos y el formato en octavo.[24] Su taller empleaba más de treinta operarios y su red de distribución se extendía por Italia, los Países Bajos, París, Oxford, Polonia. Uno de cada siete libros impresos en Europa se publicaba en Venecia. Ciento cincuenta prensas imprimían anualmente más de cuatro mil títulos, es decir, dos veces la producción de París, su mayor rival. En 1491, doscientas treinta y seis ciudades europeas disponían de imprenta y diez millones de ejemplares de cuarenta mil títulos habían salido de sus prensas.[9]

Al hacer posible la circulación de los textos filosóficos, el libro aceleró la crítica religiosa. La difusión de los misales a buen precio disminuyó la importancia de la memoria, aunque en 1491 Pedro de Rávena publicaba aún uno de los más célebres y más veces reimpresos tratados mnemotécnicos, el *Phoenix artificiosa memoria*. Los libros acabaron con el prestigio del predicador.

El desarrollo de la literatura de viajes proporcionó la base para los descubrimientos. Favoreció las lenguas nacionales, llevando al abandono del latín y al despertar de los nacionalismos. Caxton, consejero financiero de la hermana de Eduardo IV de Inglaterra, instaló en Brujas una prensa en la que publicó en 1476 los primeros libros en inglés entre ellos *The Game and Play of Chess,* y más tarde, en 1480 y en Londres, un *English-French Vocabulary* que contribuyó a que la lengua que se hablaba en Londres se convirtiera en la lengua inglesa. En Salamanca, un oscuro profesor, Antonio de Nebrija, trabajaba en un diccionario de latín y en una gramática castellana.

En el seno de la Iglesia, los que percibían esta evolución deseaban utilizar esas lenguas populares y esos libros para la propagación de la fe. Erasmo escribió: «Quisiera que el Evangelio y las epístolas de san Pablo pudieran ser leídos por todas las mujeres y traducidos a todas las lenguas, para que el labrador los cantara detrás del arado, el tejedor obtuviera de ellos tonadas que cantar ante su telar, y que el viajero pudiera hacerlos objeto de sus conversaciones».[16] Pero era demasiado tarde. El tiempo de los laicos había llegado.

Hubo otra invención capital que durante mucho tiempo pasó inadvertida y que impulsó notablemente el desarrollo de la lectura y del saber: las gafas. Permitieron a todos leer hasta una edad más avanzada, haciendo así posible mayores acumulaciones de saber. Según la leyenda,[14] Roger Bacon las habría inventado en el siglo XIII; en realidad, las primeras datan de 1285, cuando los vidrieros italianos se percataron de que los vidrios de superficie convexa corregían la presbicia de las personas mayores. Su uso no se generalizó hasta el siglo XV, al mismo tiempo que la aparición de las gafas para miopes. En un cuadro de Van Eyck de 1436 se pueden ver un par de gafas para miope colocadas sobre el breviario de un canónigo, entre san Jorge y san Donato.[16] En 1482 se encuentra la primera huella de una corporación de ópticos, registrada en Nuremberg.

Más que ninguna otra práctica, la lectura revolucionará el pensamiento de la época.

PENSAR

De los sesenta millones de habitantes que Europa contaba entonces, sólo dos millones eran capaces de descifrar su nombre y menos de quinientos mil podían leer de corrido. Gracias a la imprenta, los estudiosos podían acceder a mayor número de obras a mucho menor coste. Comenzó a difundirse un saber hasta entonces recluido en conventos y universidades. Las bibliotecas hicieron su aparición en las casas burguesas. Mercaderes, marinos, geógrafos, médicos y profesores comenzaron a pensar libremente y descubrieron, estupefactos, el pensamiento griego y latino repatriado desde Bizancio. Tal y como lo imaginaron los rabinos del España y de Italia, la reflexión filosófica se separó de la devoción religiosa, edificada la segunda sobre lo inefable y la gracia, la primera sobre la conciencia y la razón.

Las ideas ya no circulaban en el oscuro latín escolástico, sino en un latín más claro y sencillo, incluso más elegante. A veces también —audacia extraordinaria— en lenguas vernáculas: castellano, toscano, francés, alemán, inglés. Los intelectuales, que aspiraban a la cultura, al saber y a la verdad, organizaron entonces una verdadera «red»[21] internacional alrededor de una ciudad única que no era, sin embargo, el corazón económico ni el corazón político de Europa: la Florencia de los Médicis. Después de Petrarca y Boccaccio, que un siglo antes abrieran el camino a la poesía, los creadores de los conceptos claves del nuevo pensamiento, Marsilio Ficino, Luigi Pulci, Angiolo Poliziano, Pico de la Mirándola, encontraron allí generosos mecenas interesados en un saber libre, cuidadosos por forjarse una filosofía propia al margen de la Iglesia, aunque permaneciesen, por lo menos en apariencia, respetuosos a sus mandatos.

Todo comenzó pues en Florencia, precisamente en 1462, cuando Cosme de Médicis, jefe de la dinastía reinante en la ciudad y propietario de la mayor compañía comercial, decidió financiar la traducción al latín de la obra completa de Platón.[131] ¿Por qué él? ¿Por qué allí? ¿Por qué en ése momento? Las respuestas a estas preguntas se encuentran sin duda en la lenta maduración del espíritu mercantil de las ciudades italianas: un siglo atrás, estas obras eran ya conocidas en su traducción al hebreo, y los maestros judíos las enseñaban a sus alumnos cristianos.

Cosme confió esta traducción a Marsilio Ficino, hijo de su propio médico y reputado traductor de obras griegas. Durante treinta años todo el pensamiento nuevo girará alrededor de las ideas y de los libros de este hombre, que llegó a ser inmensamente célebre, aunque hoy en día permanezca injustamente en el olvido.

Canónigo de la catedral de Florencia, mezcla fascinante de monje y de filósofo, de mago y de consejero del príncipe, Ficino pronto rebasó el mero papel de traductor. Su ambición fue operar la síntesis filosófica entre el platonismo y el cristianismo.[14] Deslizándose desde la traducción a la interpretación y de la interpretación a la doctrina, sin distinguir siempre entre su aportación propia y su deuda con los pensadores a quienes comentaba, decía querer crear «una nueva manera de buscar, de vivir»,[131] asociando fe, magia y filosofía.[131] Fue un asombroso poeta megalómano: «Interrogar a las estrellas, hacer la anatomía de los seres vivos, dictar a la ciudad sus leyes, construirla incluso, tratar la melancolía y la locura»,[131] diseñar el cuadro teórico del pensamiento de la época enlazando fe y razón, arte y comercio. Tales eran sus ambiciones.

Primero tradujo los *Diálogos* de Platón y estableció en sus comentarios que, según su parecer, el filósofo griego se expresaba como un cristiano cuando hablaba de Dios, del alma, de la vida y de la belleza del Universo.[131] Propuso, sin embargo, ir más lejos aún. El alma del hombre, dijo, es el reflejo de Dios y va a unirse con él mediante la intuición, la contemplación y la belleza. Así sugería que sólo el *arte* expresa la armonía «musical» del mundo: sólo el *artista* posee la capacidad de crear formas ideales a imagen de Dios.[131] «La belleza —escribía— inspira el amor mejor y con mayor ímpetu que las palabras.»[131] Hizo, pues, del *artista* una categoría nueva, un intermediario entre el cielo y la tierra, hizo de él el hombre de la época. Para él el artista no sólo era pintor o músico, era sobre todo filósofo y mago.[14] Porque la filosofía era, ante todo, obra de arte. No debía reducirse a un mero razonamiento lógico, sino encaminarse a «comprender el significado último de la vida, liberando al hombre de su condición mortal».[131] Arte y filosofía, ciencia y magia eran pues actividades cercanas, casi inseparables, que permitían entrar en contacto con Dios, comunicar con el «Universo vivo»: «El cielo, esposo de la Tierra, ni la toca ni se une a ella, como se cree comúnmente. Con los rayos de las estrellas, que son sus ojos, envuelve a su esposa, y en el abrazo la fecunda, engendrando a los seres humanos. ¿Y vamos a decir que el Cielo, que extiende por todas las partes la vida, está privado de ella?»[131]

Extraño texto en el que Marsilio Ficino anuncia, con dos siglos de antelación, el panteísmo de Spinoza. Cada uno a su manera, el canónigo de Florencia y el marrano de Amsterdam liberaron a sus contemporáneos de milenarios corsés religiosos, preparando el camino el uno a la Reforma, el otro a las Luces.

Marsilio Ficino sedujo a los mercaderes, orgullosos de su Toscana pero ávidos del mundo, presos de lo sobrenatural pero fascinados por la razón. A la muerte de Cosme, su hijo Lorenzo y la elite de Florencia continuaron frecuentando la villa de Careggi; allí el maestro reunía a sus discípulos alrededor de suntuosos banquetes en los que se discutía de filosofía y se celebraba puntualmente el presunto cumpleaños de Platón. Allí estaba Nicoletto Vernia, Angiolo Poliziano, preceptor del hijo mayor de Lorenzo, prior de la colegiata de San Pablo y luego canónigo de Santa María de las Flores; estaba asimismo Pico de la Mirándola, quien el 3 de junio de 1485 escribió a propósito de estas reuniones: «Hemos vivido célebres, oh Ermolao, y como tales viviremos en lo futuro, no en las escuelas de los gramáticos, ni donde se enseña a los niños, sino en las asambleas de los filósofos y en los círculos de los sabios, donde no se trata de discutir sobre la madre de Andrómaca o sobre los hijos de Níobe o vanas fatuidades de éste género, sino sobre los principios de las cosas humanas y divinas».[131]

Más audaz que su maestro, el joven Pico de la Mirándola vio en el pensamiento de Platón no el fundamento oculto del cristianismo, sino el sentido de la ciencia, de la libertad y de la responsabilidad. Decía que el hombre era el centro del mundo y responsable de su propio destino. Dios le legó el mundo para descubrir y la ciencia para construir. Dios, según él, dijo al hombre: «Te he colocado en el centro del mundo para que puedas abarcarlo con facilidad y ver todas las cosas que contiene. No te he creado ni celeste ni terrestre, ni mortal ni inmortal, *para que puedas ser tu único educador y dueño de ti mismo, y para que puedas darte a ti mismo tu propia forma*».[131] ¡Magnífica fórmula! El hombre tenía, pues, el derecho y el deber de comprender el mundo. Se realizaba como criatura divina mediante el saber. Meditando sobre la Cábala en su *Discurso sobre la dignidad humana*, Pico hace del hombre creador libre de su destino, el amo potencial del mundo y no, como creía aún Ficino, el instrumento de la voluntad divina.

El poder procede del saber: ningún mercader que conociese el valor de la información y que hubiese descubierto el impacto de la imprenta podía dejar de suscribir esta tesis revolucionaria.

Así fue como se desgarró el velo del fatalismo en los albores de 1492 en aquellos círculos aislados de Florencia. Surgieron nuevos conceptos —Individuo, Arte, Libertad, Responsabilidad, Creación—, versiones nuevas de las ideas de la Grecia antigua. Pronto alcanzaron Salamanca, Venecia, Brujas, París, Lovaina, Oxford. Jacques Lefèvre d'Étaples, Robert Gaguin, Guillaume Fichet, Guillaume Budé fueron sus defensores en Francia; el italiano Pedro Mártir de Anglería, embajador en la corte de Isabel y Fernando, lo fue en España;[16] Erasmo, joven y austero pensionista del monasterio de Steyn, cerca de Gouda, descubrió también a Virgilio, Horacio, Ovidio, Terencio, Cicerón. John Colet hizo lo mismo en Inglaterra. La modernidad estaba en marcha.

CALCULAR

La filosofía nació del mercader. La ciencia nació del comercio. En las pinturas de la época aparecen reunidos con frecuencia el mercader, el marino y el sabio, en un puerto y alrededor de un reloj de arena y un mapa. El arte y las matemáticas —palabras magistrales de la época— quedaban igualmente relacionados en un arte hoy en día olvidado: la *marquetería*, que movilizó a geómetras y matemáticos, ebanistas y artistas en fascinantes juegos de perspectivas geométricas, de intersecciones de ortogonales, de disposición compleja y enigmática.

Esta evolución del arte anunciaba el renacimiento de la perspectiva, que alejaba el horizonte, y el del álgebra, que abreviaba los cálculos. Calcular, viajar, cambiar: son conceptos inseparables que se precisaron simultáneamente. Y por el mismo camino, de los maestros griegos a los mercaderes italianos pasando por los viajeros árabes y los traductores judíos.[7]

Los mercaderes necesitaban las matemáticas para fijar los precios, calcular los intereses y repartir los beneficios. A principios del siglo XII un escritor judío de la España musulmana, Abraham ben Hiyya Ha-Nassi, redactó en hebreo y tradujo al latín una obra que resumía todo los conocimientos de álgebra del momento.[7] Este tratado, primero de su género en Occidente, que fue inmediatamente traducido al castellano y al toscano, permaneció durante muchos siglos como el instrumento base de los cálculos de los mercaderes desde Brujas a Venecia.

A principios del siglo XIII, desaparecido el Islam español, Flandes e Italia tomaron el relevo tanto en el plano comercial como matemático. Por primera vez se pusieron cifras sobre un papel y se simplificaron las operaciones.[7] Se comenzaron a estudiar las ecuaciones de segundo y tercer grado, necesarias para solucionar los problemas de interés y de reparto de beneficios. Se publicaron nuevos tratados de cálculo para uso de los mercaderes. En 1328, Paolo Gherardi compuso el primer libro de álgebra redactado directamente en italiano, que planteaba y resolvía quince ecuaciones de segundo grado y nueve de tercero.[7] En 1340, un matemático florentino, Paolo dell'Abbaco, resolvió nuevos problemas de asociación entre trabajo y capital, retirada de un socio en el transcurso de una operación, tasas de cambios, cálculos de peso y sobre la ley de los metales. A fines del siglo XIV y siempre en Toscana aparecieron las primeras obras exclusivamente consagradas al álgebra: la *Aliabra argibra*, de Dardi de Pisa, contenía algoritmos que permitían resolver ciento noventa ecuaciones.[7] Durante la segunda mitad el siglo XIV se produjeron sensibles progresos en los métodos de cálculo. Se descubrió la equivalencia entre la división y la multiplicación, la incógnita fue llamada *cosa*, el cuadrado *senso*, el cubo *qubo*. Una obra anónima toscana (*De radice de numeri e metodo di trovaria*) sistematizó una vez más los símbolos: la incógnita fue anotada como C, el cuadrado como Z y el cubo como Q; las ecuaciones se repartieron en dieciocho «tipos» a los que correspondían distintos métodos de resolución.[7]

Ante la complejidad de los nuevos métodos, los mercaderes se vieron en la necesidad de adquirir formación matemática. En Florencia se abrieron seis escuelas de cálculo —*bothegge dell'abbaco*—, aparentemente privadas y reservadas a los mercaderes, y que llegaron a contar con doscientos alumnos. En Lucca también existían escuelas públicas de cálculo. En Milán, treinta y siete hombres firmaron en 1452 una petición al duque para que subvencionara la enseñanza de la contabilidad.[7]

Los mejores matemáticos de Europa del norte fueron llamados a Italia a costa de grandes dispendios para ejercer allí su magisterio. En 1464, un matemático alemán, Johannes Muller, también llamado *Regiomontanus (*del nombre latinizado de su ciudad natal, Koenigsberg), se instaló en Nuremberg, donde redactó el primer tratado sistemático de trigonometría, *De Triangulis*. Aunque un rico mercader de la ciudad le había confiado un observatorio y una imprenta, no dudó en partir hacia Roma en 1475, llamado por el papa para emprender el estudio de la reforma del calendario. Ocupado en otra cosa bien distinta, se encontrará tiempo después a un discípulo suyo en Lisboa, Martin Behaim, hijo de un mercader de Nuremberg.

En 1478 se imprimió en Tréveris la primera *Aritmética comercial*.[7] Hacia 1480, Piero della Francesca, que por entonces teorizaba sobre la pespectiva, publicó un tratado que contenía la solución de sesenta y una ecuaciones, una de ellas de sexto grado. Otros libros aparecieron en otros países de Europa y en otras lenguas: en 1482 se publicó en Bamberg el primer tratado de aritmética comercial de Alemania; en Francia vieron la luz las *Opera de arithmetica* del veneciano Piero Borghi, en 1484; en el mismo año, Nicolás Chuquet escribió en francés una síntesis de los trabajos italianos disponibles, en la que creó nuevos símbolos y reagrupó las diferentes ecuaciones en un cierto número de casos-tipo. El último capítulo se titulaba «Cómo puede la ciencia de los números servir al hecho mercantil».[7] En 1485 se publicó en París y en francés *Le Kadran aux marchands*,[7] de un tal Jehan Certain, obra en cuatro partes particularmente interesante que recapitulaba todo el saber de la época: la primera parte trataba de los guarismos árabes, operaciones, pruebas y fracciones (que llamaba «números rotos»); la segunda estaba consagrada a los «pesos, medidas, compañías y cambios», a la regla de tres y sus aplicaciones; la tercera, a la solución de los problemas de cambio, y la cuarta a lo concerniente a las técnicas de refino de los metales preciosos. Jehan Certain escribió: «Mi tratado es comparable a un Kadran, y así he querido llamarlo *El Kadran de los mercaderes*, porque al igual que él, es guía, conductor y camino para gentes de toda condición para conocer la limitación del tiempo y del día. Así este pequeño tratado será guía, enseñanza y revelación de todos los mercaderes de buen saber contar para justamente tomar y dar en venta y comprar a cada cual según su leal derecho».[7] El provecho se consideraba como el justo reparto de las cosas y no como la recompensa del riesgo. Será preciso mucho tiempo aún para que la idea se imponga.

En Génova, ciudad capital de las matemáticas, la agrupación de productores y mercaderes de tejidos impulsó la apertura de una escuela de cálculo en 1486. En Venecia, Lucca Pacioli, que hacia 1490 redactó su *Summa Arithmetica*, comenzó su carrera como preceptor de los hijos de un mercader, Antonio Rompiani, antes de partir hacia Milán en 1491 para ayudar a Leonardo de Vinci a calcular las proporciones de la inmensa estatua ecuestre que se le había encomendado.

Todo estaba a punto para que el pensamiento ayudara a la explosión de la economía.

4. EL REINO DEL DINERO

La economía de mercado europea era solamente un minúsculo parásito conectado a la pesada máquina administrativa de los imperios de Oriente: especias y sedas a cambio de trigo y oro. La moneda, característica del mercado, sólo regulaba los intercambios entre los mercaderes de algunas ciudades de Europa, primero en Italia y en Flandes, después en Francia, España y Alemania.

Brujas dominó la economía mercantil del norte hasta el siglo XV: luego tomó el relevo Venecia, punto de tránsito natural hacia Oriente, unificándose los espacios mediterráneo y báltico.

A fines del siglo XV se anunciaba un nuevo equilibrio: la Señoría se dejó asfixiar por la mordaza turca, y Lisboa, Amberes y Génova pasaron a disputarse el control de las nuevas rutas comerciales.

CULTIVAR

Como la mayor parte de los hombres de su tiempo, la inmensa mayoría de los europeos eran campesinos. Su existencia permanecía enraizada, oscura e inmutable. Consumían los cereales y legumbres de su propia cosecha. Vivían temerosos de su señor, del bosque, del hambre, del lobo, del soldado, de la peste. Acarreaban un destino hecho de miseria y de pánico.

A fines del siglo XV su situación pareció mejorar, por lo menos en el Norte. El sistema señorial se desarticuló, disminuyeron los tributos y prestaciones, cesaron las grandes invasiones y la servidumbre se aligeró. Aumentó la producción de grano y volvieron a cultivarse tierras abandonadas, organizándose intercambios entre el campo y la ciudad.[74] El hombre ya no estaba recluido en los «oasis de cultura»[64] del año mil, o perdido en medio de inmensos bosques impenetrables.

Pero pocos progresos técnicos vinieron a mejorar significativamente la agricultura; ni siquiera estaban del todo asimiladas las extraordinarias innovaciones introducidas en el siglo XIV, como la carreta pesada y el utillaje metálico. En el mejor de los casos el rendimiento en trigo pasó de 4,4 q/ha a principios de siglo a 6,6 cien años más tarde; el valor relativo de los precios bajó allí donde aumentaba la productividad. Los cultivos se diversificaron y nuevas plantas, llegadas de Oriente, aparecieron o se generalizaron: la alcachofa, el melón, la coliflor, la lechuga, la zanahoria, la remolacha, la fresa y la frambuesa.[16] Algunas regiones se especializaron en productos concretos. Así se modelaron paisajes y mentalidades, relaciones sociales y mitos, prohibiciones y derechos. España se convirtió en país ganadero; de ahí el menosprecio con que se miraba todo trabajo agrícola. En Inglaterra, la extensión de la ganadería lanar originó el primer movimiento de *enclosures*. Toda Borgoña era un paisaje de viñedos, que en Aquitania convivían con el índigo. Beauce estaba cubierto por los trigos y Bretaña se organizó alrededor del cáñamo.[74]

En conjunto, la producción agrícola global europea progresó hasta superar la demanda interna, y el continente pudo exportar sus productos al resto del mundo. Polonia, Inglaterra y Francia canalizaban sus excedentes de cereales, Italia y Andalucía los de frutas, vino, aceite, ganado lanar, pescado y caballos, y Flandes vendía colorantes, pescado y lana.[74]

Casi por todas partes la propiedad de la tierra era la condición, si no el sello, del poder. La riqueza estaba en manos de los grandes propietarios agrícolas, y, a la inversa, donde el mercader era poderoso, su ascensión social se traducía en la adquisición de propiedades rurales.[64] Así, en España, los Pacheco, marqueses de Villena, reinaban sobre veinticinco mil kilómetros cuadrados y treinta mil familias.[64] Los Fugger, Cartier, Arnolfini, Médicis, Centurioni, adquirieron vastas superficies.

En las grandes propiedades de Europa aún existían numerosos esclavos. Primero fueron eslavos, tártaros y caucásicos; se adquirían en Egipto o en los mercados del Mar Negro. Cuando la conquista otomana agotó estas fuentes llegaron los africanos, esclavos desde siempre en tierras del Islam. El primer cargamento de esclavos procedente de África arribó a Portugal en 1444. En 1460, Antonio di Noli implantó la caña de azúcar en las islas de Cabo Verde y, como la mano de obra comenzara a escasear, obtuvo del rey de Portugal autorización para hacerse llevar negros de Guinea. Los italianos tardaron más en interesarse por los esclavos negros; en los archivos venecianos la primera mención que relaciona esclavitud y color de la piel data de 1490.

La esclavitud era entonces tan corriente en Europa meridional que en Sevilla era esclavo un habitante de cada diez.

Fabricar

Aunque no existía aún industria ni clase obrera en el sentido en que se entenderían en los siglos XIX y XX, existía, sobre todo en Alemania, Flandes e Italia, un universo técnico formado por máquinas, ingenieros, artesanos y técnicos. La palabra «máquina», que apareció durante la segunda mitad el siglo XIV, significaba solamente «sistema».[55]

Por ejemplo, Nicolás Oresme, en una obra de 1377, habla de «máquina corporal» refiriéndose al cuerpo humano.[55] El primer tratado consagrado a la descripción de las máquinas fue escrito en Alemania por Konrad Kryeser en 1410. Trata de «carros, ingenios de asedio, máquinas elevadoras, armas de fuego, armas defensivas, secretos maravillosos, fuegos de guerra, fuegos de fiestas, útiles e instrumentos de trabajo».[55] La primera auténtica máquina en el sentido moderno del término fue el reloj, aparecido en el siglo XIII gracias a Dondi.[5] Con el péndulo y el resorte, contiene el primer mecanismo completo capaz de acumular energía para luego liberarla paulatinamente.[5] En 1481 Luis XI se hizo fabricar un reloj de bolsillo; empezaron a desarrollarse relojes monumentales,[5] utilizando formidables progresos técnicos más o menos anónimos que estructuraron la producción ya en las primeras fábricas.

El sistema biela-manivela[55] constituyó uno de los inventos más importantes, del que se derivó todo el maquinismo moderno. No se conoce su origen ni de cuándo data. En todo caso permitió la fabricación de molinos, tornos a pedal, sierras hidráulicas y bombas aspirantes y expelentes.

Por la misma época aparecieron nuevos útiles para el trabajo de la madera y el metal, como laminadoras y serretas, así como las primeras máquinas-herramienta que combinaban ambas operaciones; máquinas para horadar los tubos, para escariar los cañones, para cortar las limas, para pulir las piedras preciosas.[55]

Estas máquinas se utilizaban especialmente en tres tipos de industrias: la textil, la minería y el armamento.

En la *fabricación de tejidos*, el torno sustituyó al copo de la rueca. Primero manual, fue reemplazado hacia 1470 por el torno a pedal. Hacia 1490 se censaron en Tours ocho mil telares para la producción de seda. En Augsburgo trabajaban tres mil quinientos maestros tejedores, entre ellos los Fugger, que amasaron una fortuna considerable. En Flandes, los mercaderes de tejidos daban las órdenes como propietarios de la materia prima, coordinando las actividades de los distintos talleres y organizando la circulación de productos semiacabados entre los mismos.[12]

La *industria minera de Alemania y de Bohemia* concentraba miles de obreros. Se utilizaron ruedas elevadoras con cadenas y cangilones para evacuar el agua, bombas aspirantes y expelentes movidas por molinos de agua, sistemas hidráulicos para elevar el mineral, carretillas de tres ruedas sobre rieles de madera para transportar el mineral al exterior de la minas.[55]

En las *fábricas de armas*, sobre todo italianas, francesas y alemanas, se desarrollaron nuevas técnicas para fundir el bronce, refinar el cobre y fabricar el hierro blanco. Se construyeron nuevos altos hornos —por otra parte, generalizados desde el siglo VIII— en Lieja, Lorena, Normandía, Champagne, el Nivernais, Inglaterra.[16] Las nuevas armas generaron una verdadera industria del armamento, iniciándose la fabricación en serie: culebrinas, bombardas y arcabuces.

Todo ello no fue sólo el resultado de una lenta evolución colectiva, sino también el producto de la creación de una figura esencial en el orden naciente: el *ingeniero*, curioso artista de lo real,[55] soñador de máquinas que liberaban al hombre, a la búsqueda de todas las energías y de todas las ciencias. Puente entre el soñador y el mundo de lo concreto, utilizaba el cálculo para imaginar máquinas que economizasen el trabajo de los hombres. El primero entre todos, Leonardo da Vinci, trabajaba entonces en la corte de los Sforza, en Milán, entre ruedas hidráulicas, molinos de rueda horizontal, turbinas hidráulicas, pozos, grúas, paracaídas, helicópteros, hélices. Escribió que «la mecánica es el paraíso de las matemáticas, pues es en ella donde éstas se realizan».[55] Otros publicaron tratados de mecánica, como el de Valturio, aparecido en 1472; el escultor florentino Brunelleschi redactó un tratado de óptica, y el médico veneciano Fontana escribió un libro relativo a instrumentos militares, máquinas hidráulicas y autómatas.[55]

Entre los «ingenieros» destacó uno, el arquitecto, cuyo papel fue particularmente esencial: artista y matemático a un tiempo, se dispuso a dominar la naturaleza, a modelarla.[21] El principal fue Leo Battista Alberti, quien publicó en 1485 un tratado de arquitectura que sustituyó el medio punto por la ojiva y el pilar romano por el gótico. Vasari escribió de él: «Puede decirse que nos fue donado por el cielo para dar nuevas formas a la arquitectura, que se había debatido en la confusión durante siglos».[28] Con sus descubrimientos revolucionó la manera de concebir un edificio.

El matemático y el ingeniero, el impresor y el ebanista, ayudaron también al mercader a calcular sus riesgos. Gracias a ellos el orden ya no fue el de la fuerza, sin que se hubiera llegado al de la razón; ya no fue el del miedo: se convirtió en el de la energía.

En este fin de siglo el orden feudal terminó de desaparecer, y se instaló el orden mecantil. Fue un fin de siglo de cambio.

CAMBIAR

En las regiones donde el mercader influía en la sociedad, la economía progresaba, se desarrollaba la agricultura y las ciudades se estructuraban.

El mercader era un intelectual: debía saber leer libros y mapas, tener conocimientos de geografía, meteorología, cosmografía, lenguas, matemáticas. Aventurero, capaz de engañar, robar, explotar, incluso matar si era preciso. Dominador, dirigía, mandaba, organizaba, despedía, imponía su ley. Calculador, amasaba capitales para invertirlos en sus múltiples empresas, inventaba sistemas de crédito, repartía beneficios, calculaba tasas de cambio, gestionaba los capitales de otros mercaderes, artesanos, hombres de leyes, grandes señores y religiosos, reunidos según los términos de un contrato establecido ante notario.

Éste era el sistema por el que desde el siglo XII los mercaderes reunían capitales en *sociedades de participación*, en las que nadie podía perder sino su aportación. En Inglaterra se financiaban así los viajes marítimos, en la región tolosana la instalación de molinos, en el Delfinado las minas de hierro, en Bosnia la explotación de minas de plata, en Toscana, en fin, la comercialización del alumbre de Asia Menor, el coral de Túnez o el mercurio de España.[46] Con el nombre de *sociedades marítimas* financiaban en Génova expediciones comerciales, y por todas partes asociaban al tendero con el vendedor ambulante, al tabernero con el comprador de vinos y al gran empresario con los mercaderes establecidos en los mercados locales.[46]

A partir del siglo XIV los componentes de estas sociedades eran muy numerosos; así, cuando en 1310 un corsario catalán se apoderó de un barco veneciano, se hizo público que sus armadores habían sido veintidós mercaderes venecianos;[118] se sabe asimismo que en el siglo XV sesenta y dos mercaderes fueron los armadores de un navío hanseático.[118] Y a la inversa, un mismo mercader participaba a menudo en varias sociedades del mismo género, constituyendo a su alrededor un *grupo de sociedades*. Gracias a este movimiento de capitales generado alrededor de los empresarios, el volumen de los negocios creció y el oficio de mercader se fue especializando. En tierra, el comerciante dejó de ser el fabricante. Y en el mar, el armador dejó de ser el capitán[47] o el fletador.

A principios del siglo XV el mercader era sólo un gestor de capitales ajenos en el seno de una nueva forma de sociedad llamada *en comandita*. El capital, dividido en partes en general iguales y transferibles, era remunerado en función del beneficio obtenido y, en este caso, sin la responsabilidad colectiva de los asociados más allá del capital aportado. Por ejemplo, en Génova, el capital de dichas sociedades se dividía en veinticuatro partes, como la ley del oro fino. Cada uno de los inversionistas podía revender libremente su parte sin que la sociedad se disolviera; como tan bien dice Jean Favier «la *comandita* descansaba en la continuidad de las reputaciones».[47] ¡Qué gran progreso! Cualquiera que entraba en un negocio podía dejarlo. Existía un mercado de títulos, al menos informal.

Un poco más tarde, en Toscana, se formaron otras sociedades, las

1492

compañías, cuyos asociados solían ser miembros de una misma familia —Médicis, Peruzzi, Pigelli, Datini, Portinari—, asegurando así la continuidad de los negocios.[47] A diferencia de los componentes de las sociedades en comandita, compartían beneficios y pérdidas pues su responsabilidad estaba comprometida más allá de los capitales que aportaban. Estas compañías aceptaban también depósitos, que remuneraban, pero sin mezclarlos al capital.[47] Vivían, pues, de capital propio y de préstamos. Abrieron sucursales, posteriormente transformadas en filiales autónomas, a fin de dividir los riesgos y evitar la propagación de las quiebras. Así, cuando las filiales de los Médicis en Londres y Brujas tuvieron que cerrar en 1480, el resto del imperio familiar no se vio afectado. Entre la sede de una compañía y sus filiales las relaciones eran muy intensas: entre 1395 y 1405 Francesco di Marco Datini intercambió con sus sucursales, representantes e informadores más de ochenta mil cartas, es decir ¡más de veinte diarias![118]

Las compañías podían ser efímeras, como sucedía en Venecia. También en Francia se constituyeron compañías con un solo asociado para un negocio concreto o por tiempo determinado. Guillaume de Vary o Briçonnet comerciaban con trigo, lanas y especias. Jacques Coeur adelantó a Carlos VII fondos para sus campañas militares[74] y disponía de «factores» en Barcelona, Nápoles, Palermo, Florencia, Valencia, Brujas y Londres.[74]

A fines del siglo XV todas estos tipos sociedades coexistían en los intersticios de los reglamentos medievales. Allí donde el poder feudal era débil, y especialmente en Italia y Flandes, los mercaderes escapaban al derecho consuetudinario e inventaban su propio derecho, regulando los problemas entre ellos mismos. Donde el poder feudal permanecía fuerte, como en España, Francia y Alemania, sólo podían tratar de conseguir beneficios sobre un monopolio o sobre los préstamos concedidos a los príncipes. A veces sobre ambos. Así, en Francia, de Vary y Briçonnet administraban las granjas de las rentas públicas;[74] en Alemania, Jacobo Fugger, nieto del tejedor enriquecido y socio del mercader genovés Antonio de Cavalli, prestó al duque Segismundo del Tirol una suma importante, y obtuvo en contrapartida el monopolio de explotación de las minas de plata del Tirol, y más tarde otras concesiones mineras que conservó cuando el ducado pasó a ser controlado por Maximiliano I de Austria en 1491.

Sin embargo, los criterios del éxito entre los mercaderes continuaban siendo los del orden feudal: la propiedad mobiliaria siguió representando para ellos el signo de poder, el objeto último de la riqueza. Todos soñaban con transmitir su fortuna a sus hijos, tener un nombre ilustre, ser recibidos en la corte. Convertidos en burgueses y gentilhombres, invertían sus beneficios en propiedades y títulos, mansiones en la ciudad y castillos en el campo, cargos y prebendas, cuadros y mausoleos.

A fines del siglo XV, el mercader lo había inventado todo sobre el capitalismo. Todo, excepto su propio modelo de éxito. 1492 le proporcionará la idea.

TRANSPORTAR

No hay comerciante sin vehículo. Ni mercado sin medios de transporte. En África, el medio de transporte principal es el camello, que puede recorrer hasta treinta kilómetros en una jornada; una caravana completa puede llegar a reunir más de doce mil bestias.[47] En Europa, los víveres y los tejidos se transportaban por carretera, sobre las espaldas de los hombres o en carreta. Poco a poco los carruajes serán cada vez más confortables. El juego delantero se hizo móvil; se adoptó la suspensión con cinchas y cadenas. Pero ni el tamaño ni la velocidad de los vehículos mejoraron. Por tanto, sólo se podían transportar por carretera artículos de lujo, como sedas, oro y especias y, sobre todo, el bien más preciado, la información: cartas y órdenes de venta, pedidos y tarifas.[118] Las compañías de seguros de Venecia, Amberes y Génova calculaban que un correo perteneciente a una red organizada cubría por tierra una media de diez leguas por día a pie, y veinte a caballo. Una noticia tardaba entre diez y quince días en ir de Venecia a Génova y treinta y siete de Venecia a Amberes. Los servicios de correos de los hombres de negocios eran más rápidos que los propios de los reyes.[118] Para ir de Bruselas a Madrid, los correos reales españoles necesitaban unos quince días, mientras que los correos privados cubrían el mismo trayecto en once días. Por eso el emperador utilizaba con frecuencia la red personal de Jacobo Fugger para despachar su propio correo.[118]

Lo que era válido para la información lo era más para las mercancías: la carretera no servía para nada que fuera pesado. Se tardaba más en transportar el índigo de Lombardía por la ruta de la llanura del Po hasta Génova que en ir de Génova a Londres por mar.

Ésta es la razón por la que el siglo XV, mucho más que los precedentes, será sobre todo el *siglo del mar*.

Casi todas las ciudades dinámicas de Europa eran puertos. Por mar llegaba la riqueza, las cosas nuevas, cambiantes, creativas. El marino se convirtió en el prototipo del triunfador y la construcción naval en la primera industria de Europa. Transportando a lo largo de las costas, entre Europa y el resto de las tierras conocidas, los pescados que alimentaban, las telas que vestían, las especias que conservaban y la información que cambiaba el mundo, el barco se convirtió en símbolo de la vida.

1492

En los puertos se cruzaban toda clase de navíos: la *nao*, la más común; la *carraca*, llegada de Génova, la *galera* de Venecia y la *carabela* de Lisboa.

La mitad de las flotas comerciales de Europa y los dos tercios de los convoyes que surcaban las rutas de Oriente[47] estaban formados por naos. Dotadas de cinco mástiles y con cuarenta metros de longitud, embarcaban artillería y eran seguras y eficaces con mar gruesa. Podían transportar hasta mil toneladas.[47] En Génova se utilizaba la *carraca*, navío de impresionante tamaño, «monumento monstruoso de la época».[62] Inspirada en un navío vasco, la *coca bayonesa*, los armadores se servían de ella para el transporte de tropas y el comercio de productos pesados como el trigo, la sal o el vino. «Muy altas sobre el agua, enhiestas como fortalezas, llevando tres puentes y dos castillos, tres grandes mástiles, el más alto de cuarenta o cuarenta y cinco metros, sosteniendo un velamen numeroso y muy diversificado, de una asombrosa complejidad»,[62] defendidas por bombardas, les bastaba con una dotación de cien hombres para transportar más de mil toneladas de mercancías.[62] Cuando se piensa en que, para según qué viajes, la dotación costaba más que el mismo barco, se comprende la importancia económica de la reducción de efectivos. Citemos el ejemplo[47] del mercader genovés Leonardo Giustiniani, quien pagó cinco mil ochocientas cincuenta libras de salarios cuando su navío sólo le había costado cuatro mil quinientas.

En Venecia, punto de partida y arribada de los productos más caros, se utilizaba la *galera*, que se convirtió en el símbolo de la potencia marítima de la Señoría. Al principio se trataba de un navío a remos utilizado para la guerra, pero se fue transformando en «galera de comercio». Era seis veces más larga que ancha y su extenso puente podía acoger hasta ciento ochenta remeros y ballesteros,[47] tres carpinteros y dos calafates. Con sus velas latinas, se desplazaba con rapidez de un puerto a otro y, gracias a sus remeros, disfrutaba de gran maniobrabilidad frente a los piratas berberiscos, así como en los asedios.[47] Podía transportar de doscientas a trescientas toneladas de mercancías. Era costosa, y transportaba sobre todo cargamentos de valor. En Venecia se embarcaban en cada galera en ruta hacia Alejandría lingotes y monedas de plata y oro por valor de cien mil ducados; regresaba cargada con especias. En razón de su valiosa carga, las galeras navegaban siempre en convoy; algunas llevaban numerosos soldados armados con picas y ballestas y, a partir de 1460, cañones y arcabuces. A veces transportaban pasajeros, financieros o mercaderes, y sus tarifas eran exorbitantes. Un viaje de Venecia a Beirut costaba a un viajero setecientos ducados venecianos para una travesía de veintidós días, es decir, el salario anual de seiscientos obreros terraplenadores venecianos y más del triple del de un director de la percepción de aduanas.[118]

Para transportar la más cara de las mercancías, la información, se generalizó a partir de Lisboa en la segunda mitad el siglo XV un nuevo navío, la *carabela*. Su nombre procede del *caravo*, pequeña embarcación árabe del siglo XIII utilizada inicialmente para la pesca. Primero fue un navío de tres mástiles, de unas cincuenta toneladas y con una sola cubierta. Su originalidad consistía en que la superficie total de su velamen era doble que la de otros barcos del mismo tamaño, lo que permitía por primera vez «ganar barlovento» y, en consecuencia, la navegación en alta mar. Ellas hicieron imaginable la travesía de los océanos, hasta entonces imposible.

Con el tiempo la carabela se hizo más esbelta: llegó a contar con cuatro mástiles. Hasta el siglo XIV se construían en su mayor parte en Portugal; después, durante la segunda mitad del siglo XV, en toda Europa, aunque se utilizaba poco en el Mar del Norte porque resistía mal las tempestades. Estuvo presente en todos los viajes africanos, atlánticos y mediterráneos. Desde Sicilia se vieron pasar dos entre 1400 y 1420, cincuenta y cuatro entre 1420 y 1440, y cincuenta y seis entre 1440 y 1460.[47] Así, el nuevo navío abrió los caminos que más tarde el *galeón* —del mismo tipo pero de mayor tamaño— transformará en rutas comerciales por cuenta de los armadores de Portugal y de Flandes.

En el Mediterráneo y en el Atlántico se veían circular otras embarcaciones de pesca y de vigilancia: la *coca*, la *urca*, el *panfilo*, el *marano*, la *marciliana*. Su fabricación ocupaba miles de obreros en todo el continente; las técnicas de construcción fueron progresando, especialmente en Europa del norte. Allí se descubrió la construcción en tingladillo, con el que se recubrían las planchas, reforzando sensiblemente los cascos, y el *timón de codaste*, timón axial maniobrado desde el interior del navío que permitía remontar la corriente.[12] Se mejoró la precisión de las *brújulas*, y las cartas de navegación comenzaron a señalar la declinación magnética.

Este formidable avance en el dominio naval permitió un comercio considerable en el mismo momento en que los azares de la guerra volvían completamente impracticable la vía terrestre.

COMERCIAR

Oro, cobre, especias, alumbre, sal, vino, tejidos: tales eran los productos que Fernand Braudel califica acertadamente como «estrellas del comercio internacional del Renacimiento».[12] La pimienta que, como dijo un veneciano de la época, «arrastra consigo a todas las demás especias»,[12] venía de la costa de Malabar. Nuez moscada, jengibre, pimentón, canela, sin las que los ricos no concebían sus comidas, al menos en Europa del norte, llegaban de las Molucas y de las Islas de la Sonda. El alumbre, imprescindible para colorear la lana, llegaba desde Turquía.

Oriente era pues vital para Europa. Todo el comercio se ordenaba alrededor de las rutas que a él conducían.

Sin embargo, estas rutas que unían Oriente con Europa se vieron prácticamente cortadas a fines del siglo XV. Durante mucho tiempo se utilizó en parte la ruta marítima —por el Mediterráneo hasta Asia—, luego exclusivamente la terrestre —Europa central y Asia— y por fin otra vez la ruta mixta —Mediterráneo, Egipto y Mar Rojo.

Desde el IV milenio antes de Cristo, Egipto importaba oro y lapislázuli de Irán e incienso de Somalia por la ruta de Arabia.[47] En el siglo X a. C. los marinos fenicios enlazaban Egipto y Berytus (luego Beirut) con España oriental, donde se encontraban las minas de estaño necesarias para la fabricación del bronce, fundando de paso una factoría marítima, Cartago.[47] Tiempo después, los mercaderes griegos recorrieron el Mar Negro, y en el 600 a. C. establecieron puertos, como Massalia (Marsella). A partir de las invasiones de los pueblos llegados de Europa central, y de la conquista musulmana de Europa del sur, las relaciones comerciales entre Oriente y Occidente se distendieron. Los productos de Oriente conocieron un nuevo auge durante la época carolingia, solicitados por una clientela de alto poder adquisitivo. Entonces se perfilaron nuevas rutas marítimas y terrestres que enlazaban, gracias a los marinos árabes, Europa y Extremo Oriente. Los mercaderes de Egipto y de Grecia extendieron su actividad hasta el Mediterráneo occidental, favoreciendo el nacimiento de la economía italiana.

Hasta el siglo XI, las conexiones entre Oriente y Occidente fueron marítimas, sobre todo entre los confines del Mediterráneo. Después se harían esencialmente terrestres, pasando por Europa central, el Medio Oriente y Persia. Con las Cruzadas se establecieron rutas comerciales totalmente terrestres,[47] por las que circulaban la seda y las especias, los productos más costosos de Oriente. El mar quedó reservado al transporte de los productos de Flandes: trigo, lana y algodón que, tras atravesar las rutas alpinas del Simplón, San Gotardo y Brennero, se embarcaban en Venecia en navíos con destino a Túnez.

Pronto se asistió a una progresiva oscilación: ya no fueron los mercaderes orientales quienes llevaban sus productos a Occidente, sino los mercaderes italianos quienes se desplazaban a buscar los productos de Oriente, primero por tierra, luego otra vez por mar.

Hasta el siglo XIII la ruta que pasaba por Colonia, Maguncia y el Danubio en dirección a Asia quedó como la única posible, pero era mediocre y frecuentemente problemática.[47] Numerosos mercaderes italianos, alemanes, húngaros, rusos, armenios, árabes e iraníes se establecieron en Karakorum, capital hasta 1267 del Imperio Mongol, y luego en Kambaluk, la futura Pekín. Los viajes eran increíblemente largos: Giovanni da Pian Carpino, por ejemplo, tardó cinco meses y medio para cubrir el trayecto de Kiev a Karakorum, y Guillermo de Rubrouk siete meses y medio desde Constantinopla. Los mercaderes venecianos y genoveses establecieron factorías, las «escalas de Levante», en todo el Imperio de Oriente: Tana, Pera, Caffa, Quíos, Trebisonda, Beirut, Alepo.[12]

Occidente, pues, compraba a Oriente más que le vendía. Para equilibrar los intercambios, tuvo que abastecerse de oro y plata.[12] Pero Europa no disponía de metales preciosos; las monedas de oro y plata constituían una rareza («la pieza blanca se ha convertido en pieza negra»[46]). A través de Egipto llegaba trabajosamente un poco de oro africano, de forma que las primeras piezas de oro reaparecieron hacia mediados del siglo XIII: en 1252, el florín genovés, que servirá de referencia; más tarde, en 1284, el ducado genovés, y en 1266, el ducado veneciano. Más tarde se acuñó el denario de San Luis, el ducado de Hungría, el escudo portugués, el «half-noble», el cruzado español y el escudo francés. Pero la mayor parte de este oro regresaba a Oriente por la ruta terrestre.

Paralelamente a dicha ruta, comenzó a utilizarse otra vez el mar a finales del siglo XIII. Los hermanos Niccolo y Maffeo Polo, mercaderes venecianos que habían partido a China hacia 1250 por la ruta terrestre, efectuaron cuarenta años después su segundo viaje, parte por tierra y parte por mar, con su sobrino Marco. Abandonaron China en 1291 y se encontraban de regreso en Venecia en 1295.

Europa aceptó el reto del mar en el momento en que el Islam lo abandonaba. Una de las siete maravillas del mundo antiguo, la torre de mármol de Paros, concebida para orientar a los navíos por la noche hasta la entrada del puerto de Alejandría, que ya estaba en ruinas, fue por aquel tiempo enteramente destruida por un temblor de tierra.

La ruta terrestre continuó disgregándose. En 1352 se cerraron los caminos mongoles hacia Asia central y el golfo Pérsico. En 1395 Tana fue saqueada por Tamerlán. Las rutas que atravesaban Arabia y Mesopotamia eran progresivamente inseguras. El Mediterráneo se fue convirtiendo en un callejón sin salida, excepto por la ruta de Egipto y el océano Índico. De este modo, las especias y condimentos de la India se hicieron raros y costosos. Simultáneamente, las conquistas turcas en Asia dificultaron la disponibilidad de alumbre. Toda la economía de Europa se vio amenazada por la asfixia.

Los venecianos se apoderaron entonces de Alejandría y abrieron un itinerario del Mediterráneo al Mar Rojo. A partir de 1424, Djeddah, cuya protección aseguraba el sultán de Egipto, se convirtió en

1492

una etapa capital en la ruta veneciana hacia Oriente. Es verdad que los mercaderes genoveses mantenían sus enlaces marítimos por Constantinopla, Pera, Caffa, Focea y Quíos, gran puerto de depósito controlado por un grupo de familias federadas en una poderosa sociedad; pero Génova, que lo había apostado todo en su red comercial de Oriente y, por otra parte, en las rutas terrestres del Norte, quedaba debilitada por las ambiciones turcas.

Para alimentar la nueva ruta marítima hacía falta oro, cada vez más oro. A partir del siglo XIV —quizás incluso desde el peregrinaje a La Meca del emperador de Mali, Mansa Muza, en 1324— fueron a buscarlo al Sudán. Genoveses y venecianos compraban en Trípoli, Túnez, Bona, Argel, Orán, Ceuta, Tánger y Fez el oro en polvo a las caravanas llegadas del Sudán.[47] Lo cambiaban por trigo, tejidos y sal. En 1455 hay anotado un intercambio de quince mil quintales de trigo siciliano por media tonelada de oro. La sal se negociaba a igualdad de peso con el oro. Y el viajero árabe León el Africano relatará, a fines del siglo XV, que los tejidos venecianos se vendían tan caros en Tombuctú que todos los nobles africanos estaban endeudados en oro con los mercaderes levantinos o magrebíes. Como además la plata era más barata en África que en la India o en China, Europa cambiaba en Oriente la plata que compraba en África por el oro[47] que necesitaba para procurarse especias, reciclaje de divisas cuyos beneficios eran totalmente marginales.

Pero las importaciones de oro africano no cubrían las necesidades de los mercaderes, que buscaban abastecerse de él por todas partes. La leyenda de una piedra de oro de treinta libras comenzó a propagarse: se decía que el emperador de Mali la utilizaba para atar su caballo.[47] A falta de oro se reemprendió en Europa central la extracción de plata en los filones de mineral de cobre.

Cuando se produjo la caída de Constantinopla en 1453, Génova perdió todas sus colonias comerciales. Pera y Caffa sucumbieron. Después de la toma de Focea, el tráfico directo a bordo de los grandes navíos desde Quíos hasta Flandes —alumbre a la ida, lanas inglesas a la vuelta— resistió tras un difícil combate.[12] Los otomanos dejaron que la ruta sobreviviera imponiendo sus condiciones a las compras occidentales y haciendo subir los precios de todos los productos de Oriente.

Los mercaderes de Flandes e Italia reaccionaron rápidamente ante esta nueva amenaza sobre la última ruta del Norte. Comenzaron por buscar productos de sustitución: el alumbre de Tofa, extraído en los Estados pontificios, la cochinilla de Nápoles, el azúcar de Granada y de Calabria, reemplazaron a los productos de Asia.[12] Más tarde la malagueta de África sustituirá a la pimienta de Malabar. En conjunto, el precio de las especias no aumentó. El precio de la pi-

68

INVENTAR EUROPA

mienta cayó incluso a la mitad entre 1420 y 1440 en los mercados mayoristas de Venecia, estabilizándose hasta el final del siglo.

Por la misma época, las rutas terrestres hacia Oriente estaban prácticamente cerradas. Alejandría sobrevivió como principal punto de tránsito hacia las especias de la India por el Mar Rojo, desde el que los marinos y mercaderes árabes como Ibn Majid, el «león del mar embravecido»,[22] hijo y nieto de grandes navegantes, sabían cómo alcanzar la India, Malasia e Insulindia.[22] Pero ante la sospecha de amenaza del puerto egipcio por las ambiciones otomanas, se imponía la búsqueda de una nueva ruta. Ésta debía dar la vuelta alrededor de África... o, por qué no, del globo terráqueo.

Dominar

El sistema mercantil estaba organizado mediante una red de puertos en Flandes y en Toscana, y de algunas ferias alemanas y francesas conectadas con ellos.

Brujas dominó el conjunto hasta fines del siglo XIV.[12] Cuando su puerto se hundió y el comercio de Oriente tomó impulso, Venecia tomó el relevo, convirtiéndose en la plaza principal de la economía-mundo. A fines del siglo XV era en Venecia donde se decidían los precios de las principales mercancías, donde se encontraban los principales astilleros y las imprentas más importantes. La ciudad impresionaba a los viajeros por la extrema originalidad de su arquitectura y el dinamismo de sus mercaderes. Se construyeron palacios,[12] se sanearon los canales, y las calles, de tierra batida, fueron asfaltadas poco a poco; los puentes y los muelles, hasta entonces de madera, fueron sustituidos por construcciones de piedra.[12]

Ante todo la ciudad constituía una poderosa máquina económica enteramente abocada al mar. Desde San Marcos partían hacia Oriente la lana de Flandes, el terciopelo de Génova, los paños de Milán y de Florencia, el coral de Barcelona. Allí arribaban los productos preciosos que Europa precisaba, esclavos de Tana, seda y alumbre de Constantinopla, metales de Anatolia, sederías de Persia, pimienta de Malabar.[64] Venecia ejercía el monopolio de facto sobre el comercio de Levante.[64] En una carta fechada en 1460, el gran aventurero florentino Benedetto Dei acusaba a los venecianos «de ser los mayores provechados de la Italia moderna, que cuentan con los *duchatazzi d'oro* y no con el trabajo creador».[16] En realidad está haciendo una observación celosa e injusta: la de un comerciante de la Edad Media desbordado por su propia época.

Venecia[12] se convirtió en un formidable conjunto militar e industrial. Sus astilleros públicos podían construir hasta cincuenta galeras al año. Diez mil obreros trabajaban en ellos. El dux regentaba el comercio. Arrendaba las galeras a los mercaderes venecianos por la oferta más alta, decidía en los itinerarios y escalas, prohibía a los orfebres venecianos trabajar en Alemania a fin de obligar a los mercaderes alemanes a cambiar en Venecia su plata por los productos de Oriente llegados de Alejandría.

Extraordinaria movilización de una ciudad obsesionada por las operaciones de negocios: los obreros construían los barcos, la administración gestionaba los convoyes, los mercaderes financiaban las mercancías y los armadores organizaban los viajes. En Venecia no existían compañías de larga duración ni acumulación de capitales.[12] Todo iba deprisa. La ciudad de los dux sólo podía sobrevivir en aquella fuga hacia adelante. La impulsaba la necesidad, la amenazaba la asfixia. Todo se lo debía a su posición geográfica y se hundió cuando el turco y el portugués se aprovecharon de ello.

Sus relevos de Oriente comenzaron a desarticularse. En 1383, la Señoría perdió el control de Corfú; entre 1404 y 1427, el de la costa adriática. Salónica se rindió en 1430. Tras la caída de Constantinopla, «ciudad verdaderamente nuestra»,[12] como la llamó un texto del Senado, se hizo necesario reorganizar las rutas de las galeras. No obstante se continuó por Candía, Chipre y Alejandría, e incluso a fines de siglo aún se veían mercaderes y galeras ir y venir de Venecia a Estambul. La amenaza turca continuaba opresiva. Vigilantes, recelosos, no llegaban a librar una guerra a muerte.[12] En el Egipto mameluco, Alejandría, que se había convertido en un pivote esencial para Venecia, no estaba todavía amenazada. En junio de 1472 el agente de los Gonzaga en Venecia escribió: «Aquí no hay nada nuevo como no sea que parecen despreocupados de los turcos. No se hace nada contra ellos».[12] Pero el Imperio Turco vació poco a poco a Venecia de su energía. «Sin excesivo ruido»,[12] la Serenísima estaba a punto de perder el control de las rutas de la riqueza.

Génova surgió como su principal rival en el Mediterráneo. Era una ciudad austera en la que no había palacios, catedrales, príncipes ni arquitectos. Pero su puerto era una de las pocas radas mediterráneas capaces de acoger navíos de cualquier tonelaje. Y, a falta de territorio interior, el mar era su única salida. Mercaderes y armadores administraban un tráfico enorme. Una muchedumbre llegada de Europa entera se precipitó hacia allí: banqueros y contables, corsarios y descubridores, armadores y tejedores. La Casa de San Jorge, aduana y banca, coordinaba el conjunto. En sus imponentes astilleros se construían carracas a cuyo nombre se añadía el de *Santa María*, porque la ciudad estaba animada por la idea de la *Reconquista* cristiana de Oriente. A pesar de lo cual, los Spinola, Centurioni o Grimaldi edificaron precisamente sus fortunas haciendo pasar por Génova el comercio entre el Oriente musulmán y Flandes, y controlaron asimismo la producción de coral, en bruto y elaborado, de Túnez y de la Cerdeña musulmana. Génova situó a sus hombres en Lisboa, Sevilla, Quíos, en el Magreb, en el Mar Muerto, y disponía de un consulado y un cuartel general en cada uno de los puertos de la ruta de China.

A partir de mediados del siglo XV, Génova, demasiado volcada en la ruta de Estambul, perdió el Oriente; en 1458 sólo un navío, procedente de Beirut, pasó por Génova con su cargamento de especias, azúcar, fibras textiles, colorantes y seda cruda.[12]

Génova supo reaccionar ante la caída de Bizancio, y a fin de cuentas, su derrota en el este constituyó su salvación. La ciudad se volvió completamente hacia el oeste, comenzando por encaminar hacia Southampton algunas especias y muchos colorantes. Los genoveses se instalaron después en Amberes, Brujas, Londres, donde consiguieron monopolizar las finanzas internacionales por cuenta de todos los mercaderes del Mediterráneo. Desarrollaron medios de pago abstractos, y con ellos el crédito y el préstamo con intereses, la acuñación de moneda y la contabilidad por partida doble. En Génova, los cambistas garantizaban por contrato al cliente la contrapartida de una suma depositada en cualquier otra moneda, en cualquier otro lugar y con cualquier otro cambista.[46] Bastaba una simple «carta de aviso», o «carta de pago», o «letra de cambio». Allí vieron la luz el descuento y las prácticas de endoso, y la transferencia sustituyó al pago en especie. Génova extraerá su poderío de estos movimientos abstractos inventados para paliar la pérdida de mercancías más pesadas: la información sustituyó a las especias.

Cercana a Génova, Marsella hubiera podido tener un cierto papel, por lo menos después de la incorporación de Provenza al reino de los Valois en 1481. Pero los diez mil marselleses carecían de la ambición de los genoveses, contentándose con vender trigo y pescar coral en las cercanías, dejando que los demás utilizasen su puerto como una simple parada de posta sin mayor importancia en la ruta de Europa del norte.

Nápoles, quizás la ciudad más populosa de Europa, era puerto importante sólo para los vinos, y almacén de productos de todo el Mediterráneo occidental, especialmente de paños. Pero no tuvo ningún protagonismo en la ruta que llevaba de Alejandría a Flandes.

Sevilla era una estación útil desde la que grandes compañías exportaban lana, cuero, sal, plomo, jabón, pescado seco y cochinilla, e importaban agalla de Turquía, cochinilla de Anatolia, índigo y añil.[12] Pero todavía no era más que un puerto provinciano sin ningún peso en las decisiones de conjunto.

Lisboa aparecía como uno de los principales centros de redistribución hacia Europa del norte de las especias y el marfil de Oriente, y del polvo de oro africano hacia Oriente. En 1479 firmó con Castilla el Tratado de Alcobaça que supuso el monopolio portugués del comercio con el África negra. La importancia de su puerto pasó a ser considerable. Pero continuó dependiendo en gran medida de los mercaderes genoveses. Carente de la resuelta voluntad política indispensable en aquel tiempo de guerra entre mercaderes, falta de rutas hacia los mercados del norte, Lisboa no pudo llegar a ser un punto esencial para el comercio, aunque lo fuera después para el descubrimiento.

La fachada atlántica de Europa estaba jalonada por otros puertos más o menos importantes. Desde los puertos del norte de España, Burgos exportaba lana, hierro, frutos secos, aceite de oliva y vino, e importaba paños, telas, quincallería, plomo y estaño.[74] Bilbao tenía un activo comercio e importantes astilleros. Más al norte, Bayona, Burdeos, Vannes, Saint-Malo, Dieppe y Ruán constituían un rosario de modestas escalas entre España y Flandes, frecuentadas por negociantes portugueses, italianos, flamencos y alemanes.[74] Nantes, francesa desde hacía poco tiempo, apenas contaba quince mil habitantes. Allí se instalaron negociantes españoles que formaron con Bilbao una unión mercantil.[74]

Brujas permaneció como ciudad capital de Europa del norte, aun cuando había pasado un siglo desde que fuese el «corazón» de la economía-mundo. Los navíos aún desembarcaban en ella lana, hierro, vinos, frutas y productos orientales, y partían cargados con paños. A partir de 1312 se instalaron allí mercaderes castellanos, catalanes, aragoneses, navarros y portugueses. Luego, los genoveses aportaron sus saberes.

Cuando su puerto se hundió en la arena, los mercaderes del sur se trasladaron a Amberes, cuya población pasó de cinco mil habitantes en 1374 a veinte mil en 1440. Como en otras ciudades, los extranjeros se agruparon en asociaciones profesionales que, a partir de 1480, se beneficiaron de los privilegios e inmunidades otorgados por Maximiliano, que sostuvo a la ciudad frente a la rebelión de Flandes. En 1490, Amberes había alcanzado los cincuenta mil habitantes. Los mercaderes ingleses enviaban un paño en bruto que, una vez elaborado en Flandes, volvía a salir para Italia; más tarde, vestiduras de lana, que Amberes exportaba igualmente. Pero, al igual que Lisboa, el puerto no disponía de mercaderes de envergadura internacional ni tampoco de flota comercial.[12] Su pujanza llegará más tarde, después de 1492, cuando los descubridores portugueses contornearon África e hicieron involuntariamente de Amberes el principal puerto del Atlántico.

Londres permanecía aún al margen de las redes mercantiles. Su auge, bastante lento, no fue una «llamarada», sino que vino apoyado por un conjunto de factores. Enrique VII, con una política por demás coherente, supo atraer a los mercaderes e hizo construir grandes navíos armados, creó un arsenal en Portsmouth y formó sociedades comanditarias para expediciones marítimas. Se crearon compañías como la de los Aventureros o la de La Etapa, para controlar las operaciones de sus miembros.[99] Londres preparaba cuidadosamente su hora, que tardará tres siglos en llegar.

En Alemania meridional y en Francia algunas ciudades mercantiles rivalizaban difícilmente con los puertos, intentando hacer transitar las mercancías de norte a sur a través de sus tierras. Pero la rentabilidad económica de las rutas era desastrosa, y en sus ferias las mercancías acabaron por ser reemplazadas por muestras. Nuremberg, encrucijada entre Flandes e Italia y entre Inglaterra y Rusia, se fue especializando cada vez más en operaciones financieras. Lyon, punto de tránsito entre las ferias alemanas e Italia, acogió a los Médicis, quienes transfirieron allí su sucursal de Génova, lo mismo que otras cuarenta casas comerciales florentinas más.

Parecía evidente que todo comenzaba a bascular hacia el norte y el Atlántico; 1492 lo confirmará.

5. LOS PRIMEROS PASOS DE LA LEY

En vísperas de 1492, más de las tres cuartas partes de la población prestaban obediencia a guerreros y sacerdotes, o a guerreros-sacerdotes, tanto en el seno de los inmensos imperios, por ejemplo China, como en el continente que más tarde se conocerá con el nombre de América, o en los pequeños reinos y principados de India, África y Europa. El resto, esencialmente en Europa occidental, se organizaba en ciudades y naciones. En ellas, las nuevas elites modelaban los conceptos de hoy: Estado, Democracia, Libertad, Historia, Progreso.

REINAR

En los imperios, las novedades se vivían como anecdóticas en el mejor de los casos; en el peor, como una amenaza. Sus amos se esforzaban en mantener la estabilidad por la fuerza. Por añadidura, la mayor parte de aquellas sociedades jamás relataron las incidencias y vicisitudes de su pasado, excepto para inscribirlas en los ciclos de sus mitos respectivos. Y puesto que sus calendarios son por lo general poco conocidos, la mayoría de las veces es imposible conocer fechas, lugares y causas. Sabemos, pues, muy poco sobre su situación exacta a fines del siglo XV.

Durante el milenio anterior, China había sido la primera potencia del planeta. El celeste imperio dominaba Asia; el resto del mundo, consciente de ello, admiraba su fuerza.[54] Cuando en 1368 desapareció la dinastía Yuan, de origen mongol, responsable del exterminio de decenas de millares de individuos, los Ming reconstruyeron la economía y establecieron nuevas instituciones. En un siglo reorganizaron regadíos, reforestaron, movilizaron poblaciones. La moneda comenzó a utilizarse para pagar impuestos, regular los intercambios comerciales y retribuir a los funcionarios.[54] La construcción naval —entonces la mejor del mundo— descubrió las bodegas estancas, que permitían luchar contra la propagación del fuego y las vías de agua, y dotó de ligereza y resistencia a los navíos de varias cubiertas. Los marinos chinos disponían de mapas exactos de sus costas y utilizaban el compás, del que todavía recelaban los marinos occidentales.

Los emperadores confiaban a los eunucos, generalmente originarios del Norte y de extracción popular, la gestión de la administración, el ejército, la policía política, el comercio exterior y la marina.[54]

Así, en 1405, el segundo emperador Ming, Yung Lo, confió a un almirante eunuco, Cheng Ho, el cuidado de organizar expediciones navales para visitar todas las tierras habitadas en la periferia de China. *Visitar*: ni conquistar ni colonizar. Cheng Ho partió al mando de treinta y siete mil hombres repartidos en trescientos diecisiete enormes navíos. El buque almirante tenía nueve mástiles y ciento treinta metros de eslora y veinte de manga; el más pequeño llevaba cinco mástiles y medía cincuenta y cuatro metros de eslora y veinte de manga.[47] Esta formidable escuadra visitó Java y Sumatra, y después Ceilán y Calcuta. En el curso de las seis siguientes expediciones, Cheng Ho llegó más lejos por el oeste: alcanzó Siam y Bengala, dio la vuelta a la India, abordó las Maldivas y tocó en Ormuz. Pero sólo afirmaba su presencia, sin establecerse ni conquistar.[54] A la muerte del emperador Yung Lo en 1424, Cheng Ho se embarcó en una nueva expedición y, a lo largo de dos años, visitó treinta y seis Estados, desde Borneo hasta el sur de África. En 1432 efectuó un séptimo viaje, en el que estableció relaciones diplomáticas o de cierta soberanía con una veintena de países, desde Timor a Zanzíbar.[54]

Estos viajes no servían para desarrollar el comercio. China no llegó a situar a sus mercaderes ni en África ni en la ruta de las Indias. En Europa, donde sólo algunos estaban al corriente, estas expediciones nunca se sintieron como una amenaza. Los síntomas del declive y del progresivo enclaustramiento de China eran por demás evidentes: la capital del imperio, al trasladarse de Nankín a Pekín, se alejó de las escasas elites mercantiles del sur.[54] El Imperio, formidable burocracia, se cerró sobre sí mismo, preocupado ante todo por la defensa de sus enormes territorios contra las nuevas incursiones mongoles. En 1433, el emperador terminó con las veleidades comerciales de los mercaderes del sur, prohibiéndoles incluso cualquier desplazamiento al extranjero bajo pena de muerte. Así cesaron los intercambios con el exterior y el Imperio perdió toda posibilidad de adquirir peso específico en el comercio de Oriente.[54] A partir de 1438, el emperador decidió edificar nuevas murallas, que en 1480 alcanzaban los cinco mil kilómetros: China se amuralló a sí misma. A fines del siglo XV, construir un junco de más de dos mástiles era un crimen castigado con la pena capital. El ministro de la Guerra, Liu Dexia, ordenó la destrucción de los mapas. El emperador reinante, Zhu Yu Tang, hijo de esclavos, era cada vez más débil.

China —el Catay de Marco Polo— no volvió a ser, ni remotamente, un influyente interlocutor frente a Europa. Dejó de constituir una amenaza, pero sin ser aún objeto de codicia. No obstante, temeroso y audaz a un tiempo, Occidente fue a proponer allí su fe.

El cercano imperio japonés —el Cipango de Marco Polo— estaba todavía más encerrado en sí mismo.[100] En Kioto, un emperador detentaba el poder religioso. Un regente, asistido por una especie de Consejo de Estado, asumía el poder civil. Un *shogun* (generalísimo) ejercía el poder administrativo y controlaba el comercio exterior. El monopolio de la navegación pasó progresivamente a manos de los mercaderes.[100] Emergió una ciudad exclusivamente mercantil: Osaka. A partir de 1467, el poder imperial y el shogunado se desintegraron en beneficio de los señores regionales. El Japón no volverá a la escena internacional hasta un siglo después.

El subcontinente indio, de donde principalmente procedían las especias que codiciaba Occidente, y en especial la pimienta, estaba fraccionado en reinos en guerra permanente unos con otros, hindúes algunos, musulmanes otros, entre los que el más poderoso era, al parecer, el sultanato de Delhi. Por falta de documentos escritos apenas conocemos nada sobre su historia y sus conflictos, sin duda tan complejos y fascinantes como los europeos. En aquella época todo el sudeste asiático, donde se obtenían otras especias, entró en contacto con el budismo. Pagan fue devastada por los mongoles; Angkor —atacada por los thais en 1369 y en 1431— fue abandonada. Se organizaron nuevos Estados budistas. Nacieron Chiang May y Phnom Pehn, y las *stupas* sustituyeron a los templos monumentales. Una vez más, también allí la ausencia de documentación escrita nos impide relatar los detalles de una dilatadísima historia, que ha condicionado la existencia de más de la mitad de los hombres de hoy.

Al otro lado del Pacífico, océano cuya existencia nadie conocía en Europa, un continente, cuya existencia nadie imaginaba en Europa, era escenario de importantes acontecimientos.

El norte estaba habitado por tribus que vivían cada cual a su manera según el grado de su propia cultura. De aquellos pueblos no se conoce prácticamente nada, a excepción de lo que los colonos del siglo XVI y los antropólogos del siglo XX han creído comprender sobre sus mitos y rituales. Tampoco ellos dejaron Historia, en el sentido actual del término.

Estos pueblos eran extremadamente diversos y se expresaban en millares de lenguas, agrupadas actualmente en ciento veintitrés familias.[16] Algunos eran agricultores y cultivaban maíz y fríjoles; otros eran cazadores; otros, nómadas, como los ottawas y los chinook. Unos adoraban la guerra, como los comanches; otros la odiaban, como los pimas. En unas tribus, la organización del parentesco era patrilineal: caso de los cheyennes; en otras, los hopi, por ejemplo, las mujeres controlaban la vida de los poblados. Había pueblos sin jefe ni sacerdote, y otros que sólo escuchaban a un jefe si sabía convencer; en otros casos, los nobles dirigían a su pueblo, transmitiendo el cargo a sus hijos, como las tribus natchez. A veces disfrutaban de libertad en sus costumbres sexuales, como éstos últimos; a otros,

77

como a los cheyenes, les ocurría todo lo contrario. Unos acumulaban riquezas: los natchez; otros lo compartían todo: los iroqueses.

El centro y el sur del continente son mejor conocidos. En el Yucatán del siglo X, el imperio maya, poderoso desde hacía siglos, estaba fraccionado en diecisiete provincias. Las principales ciudades —Palenque, Uxmal, Chichén Itzá— fueron repentinamente abandonadas, como si los príncipes-sacerdotes hubieran aceptado la fatalidad de ciclos irreversibles, resignados ante el agotamiento de las tierras. Un poco más tarde llegaban del norte los aztecas, nómadas y belicosos, estableciéndose en territorio de pueblos milenarios: olmecas, chichimecas, mexicas. A principios del siglo XIV levantaron un poderoso imperio teocrático y sanguinario fundado sobre una religión de rara brutalidad, que concedía gran importancia a los sacrificios humanos en masa, como privilegiado medio de comunicación con los dioses.[9] Un emperador —dios y príncipe— reinaba sobre poderosos ejércitos y sobre una sociedad notablemente organizada. Por la fuerza de las armas, los aztecas extendieron progresivamente su dominio sobre los doce millones de habitantes de México; primero fundaron, en 1325, una poderosa ciudad lacustre alimentada por un enorme acueducto: Tenochtitlán, junto al centro religioso de otra tribu, Tlatelolco. El imperio azteca poseía conocimientos excepcionales: escritura y calendario, irrigación, técnicas de almacenamiento. Entre 1469 y 1481, el emperador Axayaxcatl prosiguió las conquistas territoriales. En 1473 se anexionó Tlatelolco, que había permanecido autónoma. Tizoc, su hermano, que le sustituyó en 1481, consolidó dichas conquistas. A su muerte, en 1486 —sin duda envenenado por jefes militares—, su sucesor, Ahuitzolt, condujo numerosas expediciones para dominar el Yucatán, donde algunos príncipes mayas conservaban su independencia. Hizo construir un segundo acueducto en Tenochtitlán e inauguró, en 1487, entre grandes ceremonias y sacrificios de millares de prisioneros de guerra —alimento para los dioses—, un gran templo piramidal, el Teocali. En 1491, Tenochtitlán era una inmensa ciudad lacustre que acogía a más de trescientos mil habitantes que sólo conocían la piedra tallada e ignoraban el uso de la rueda. El palacio real era «tan maravilloso que me parece casi imposible describir su grandeza y hermosura», escribirá más tarde Cortés. El emperador era el centro de este Estado a la vez joven y poderoso, conquistador y frágil a un mismo tiempo en razón de su extraordinario centralismo.

Por la misma época, más hacia el sur, un imperio igualmente joven conocía también su plena expansión.[90] A principios del siglo XV la región del actual Perú estaba ocupada por numerosos pueblos agrupados en tribus, que cultivaban la patata y utilizaban la llama como medio de transporte, obteniendo de ella alimento y abrigo. En 1438, el inca Pachacutec, mítico héroe de la región de Cuzco, impuso su poder a los demás jefes regionales, se hizo reconocer como de origen divino y creó un imperio burocratizado que extendió hasta el actual Ecuador.[90] La tierra estaba dividida en tres partes: un tercio pertenecía al inca, otro tercio al Sol, o sea, a los sacerdotes, y el último a la comunidad, es decir, a los campesinos. A su muerte, en 1471, su hijo, Túpac Yupanqui, sometió al vecino reino de Chimú; hizo construir fortificaciones, viaductos y caminos de piedra hasta los valles que descienden hacia la Amazonia, y envió expediciones marítimas a las islas Galápagos. Penetró en el actual Chile, pese a la oposición de los guerreros araucanos, alcanzó el río Maule, estableciendo allí la frontera meridional del imperio, instaló una guarnición en Coquimbo y, en 1485, partió para inspeccionar sus dominios —novecientos mil kilómetros cuadrados y cuatro mil kilómetros de costas—, en cuyo recorrido empleó cuatro años. Los diez millones de habitantes obedecían, pues, al inca, que estableció su capital en Cuzco, centro monumental en el que vivían doscientas mil personas.[16]

Nacían dos grandes imperios, sin duda los más sanguinarios de la época, y se consolidaban en la barbarie y el esplendor. Cimentados en una naturaleza que daba mucho más que recibía, vivieron para el exceso y en el exceso. Sucumbieron en pocos meses, en el momento mismo en que, en Europa, se bautizaba aquel continente con el nombre de «América».

A las costas de un archipiélago, la «Antilia» de las leyendas, llegaron del Orinoco primero los taínos, luego los caribes, estableciéndose en ellas.

También en África el fin del siglo XV señaló un viraje político. A partir de 1450, la llegada de mercaderes portugueses provocó el hundimiento de numerosas ciudades-estado, reinos e imperios, destruyendo entidades a veces milenarias en beneficio —ironía de la Historia— de la penetración islámica, que llegaba del nordeste. En el Magreb,[126] la presencia portuguesa provocó una anarquía general. Más al oeste, el imperio mameluco, dirigido por una casta militar, se extendía desde Egipto hasta el Éufrates y Anatolia, pasando por Jerusalén. Era el punto de tránsito obligado de la islamización de África y del comercio con Extremo Oriente. Pero era débil, se hallaba dividido y sólo esperaba el golpe de gracia otomano. Más al sur, el imperio de Etiopía, imprecisa confederación de vagas resonancias cristianas, apartada de las conmociones mundiales, también iba desapareciendo bajo la presión musulmana. En la costa oriental, hasta Sofala, «factorías» dirigidas por negros musulmanes resistieron hasta que, a su vez, se vieron amenazadas por el expansionismo otomano.[126] Un poco más al sur, la civilización suajili, soberana del océano Índico, estaba dividida en reinos ricos y poderosos, y mantenía un activo comercio con la India y China. En África occidental se extendían dos

1492

imperios —Mali y Songhai— configurados por antiguas comunidades, en cuyo seno los patriarcas detentaban el poder, esencialmente religioso.[126] El Imperio de Mali —que geográficamente nada tiene que ver con el Mali actual—, superficialmente islamizado, se había formado durante la primera mitad el siglo XIII, y tuvo que hacer frente al fuerte empuje de los fulbas en Senegambia y en el Futa-Djalon. Sometido a múltiples presiones exteriores, amenazado desde 1481 por el avance de los portugueses y las incursiones de los tuareg, terminó por desaparecer. Su vecino Songhai, liberado de la tutela de Mali en 1469 por el emperador Sonni Ali Ber, tenía como centros a Tombuctú y Gao; reino musulmán, llegó a dominar a los pueblos tuareg, fulba, dogon y mosi, llegando hasta el valle medio del Níger.[126]

El resto de África estaba dividido en numerosos reinos y principados, carentes todavía de Historia, o de la que no ha quedado huella escrita: en la región del Chad convivían numerosas sociedades organizadas en clanes, a veces federadas, como el reino de Kanem-Bornu y el de los sefuwa. Este último controlaba doce reinos tributarios, y entre 1465 y 1497 edificó una pujante capital, Gazargamo. El litoral occidental —desde el Casamance a las laguna del marfil— estaba poblado por una multitud de etnias que vivían esencialmente de la agricultura. En el siglo XV se constituyeron en pequeños reinos —Asebu, Fetu, Aguafo, Fanti, Benin, Ife, Oyo— con fuertes estructuras políticas y económicas.[126] El sur del continente estaba asimismo dividido en minúsculas entidades dispersas en bosques impenetrables, escasamente atraídas por el mar.

Hubo un imperio que ejerció una considerable influencia en la situación de Europa occidental: el Imperio Otomano. En 1450 ya se extendía sobre una gran parte del actual territorio turco y sobre la casi totalidad de la Grecia continental. Los cristianos de Constantinopla controlaban únicamente el Peloponeso y la propia ciudad, aislada en medio del territorio otomano, que la Iglesia jamás desesperaría de recuperar.

A principios de 1453 el sultán Mahomet II decidió apoderarse de un enclave de tal alcance simbólico. Dispuso alrededor de la ciudad trece grandes bombardas y cincuenta y seis piezas más pequeñas.[85] Tras mes y medio de bombardeos, el 29 de mayo Constantinopla se rindió. El último emperador romano de Oriente, Constantino Paleólogo, fue destituido. Mahomet II devolvió a la ciudad, rebautizada Estambul, su esplendor y prosperidad. Las iglesias se transformaron en mezquitas, pero los otomanos deseaban hacerse aceptar por los europeos, a los que concedieron libertad de comercio y culto. En la ciudad se instalaron numerosos extranjeros,[85] hasta el extremo de que los musulmanes quedaron en franca minoría.

A pesar de todo, el 30 de septiembre de 1453, el papa Nicolás V hizo saber que era preciso arrancar Constantinopla de manos de los infieles, y que con este fin quería reunir a los príncipes cristianos en una nueva cruzada. Obtuvo de Venecia, entonces en guerra con Milán, que firmase la paz en Lodi, el 9 de abril de 1454.

Pero los otomanos no permanecieron pasivos. El verano siguiente, Mahomet II tomó el control de numerosas islas hasta entonces genovesas (Nueva Focea, Tasos, Enos, Imbros, Samotracia, Lemnos). El 2 de marzo de 1455 los príncipes italianos, frente a esta amenaza, formaron la «Liga italiana para la paz y la tranquilidad de Italia y la defensa de la santa fe cristiana». Fue concebida para durar veinticinco años. Pero el papa no consiguió que declarasen la guerra contra el turco. Y Calixto III, el Borgia que sucedió a Nicolás V en el trono de San Pedro en ese mismo año, tampoco tuvo tiempo de actuar: murió tres años después. Recién elegido en 1458, el nuevo soberano pontífice, Pío II, reunió en Mantua a los príncipes de Occidente para pedirles, una vez más, que se unieran para reconquistar Constantinopla. Él también fracasó: florentinos y venecianos no deseaban incurrir en el desagrado del sultán, de quien esperaban favores comerciales y político;[16] el emperador romano-germánico temía que una guerra semejante sirviera a los intereses de su enemigo, el rey de Hungría, Matías Corvino; los reyes de Aragón y Francia estaban demasiado inmersos en la cuestión de Nápoles, uno apoyando a Fernando, el otro a Luis de Anjou.[16] Sólo Felipe, duque de Borgoña, quedó seducido por la idea de la cruzada, en la que esperaba «conquistar la gloria indispensable para franquear la etapa definitiva que asegure a Borgoña su destino europeo».[16]

Los príncipes de Europa no se sentían ligados a su Historia en Oriente. Querían, definitivamente, pertenecer a Occidente. Y para ello era preciso olvidar Bizancio y Jerusalén.

En 1464 Venecia, consciente de que la amenaza turca se cernía sobre sus especias, decidió emprender en solitario aquella azarosa guerra. Pero, como era previsible, la operación pronto terminó en desastre. La caballería otomana, con sus cincuenta mil hombres, aplastó a los ejércitos venecianos.[85] En 1468 pereció Jorge Castriota, llamado Skanderberg, aliado albanés de Venecia. Negroponte se rindió y Eubea quedó abandonada. En junio de 1475 la flota otomana se apoderó de las últimas posesiones genovesas —Caffa, en Crimea; Tana, en el Mar de Azov—. Mahomet II tomó Scutari y proclamó su soberanía sobre Crimea.[85] Agotada, Venecia pidió la paz y firmó un tratado el 25 de enero de 1479 —día de San Marcos, para su humillación suprema—, según cuyos términos el dux reconocía a los turcos la propiedad de Scutari, Kroja, Lemnos y Negroponte; además, el dux se comprometía a entregar cien mil ducados y un impuesto anual de diez mil ducados por el derecho de comerciar con el Imperio Otomano.[85]

Fascinado por la modernidad, el sultán no se conformó con esta victoria. Quiso poner pie en la misma Italia. En julio de 1480 sus ejércitos desembarcaron en Otranto, en el reino de Nápoles, y dieron muerte a miles de napolitanos sin que los venecianos reaccionasen. Lorenzo de Médicis se abstuvo igualmente de actuar: amenazado por el papa y los Pazzi, había negociado y obtenido la protección del sultán contra Roma y Nápoles. Su escultor oficial, Bertoldo, llegó a grabar una medalla a la mayor gloria de Mahomet II. El mismo año los ejércitos turcos fracasaron ante Rodas, posesión de la Orden de San Juan de Jerusalén.[85]

Pero Mahomet II murió el 4 de mayo de 1481, hallándose en ruta hacia Anatolia. Su desaparición puso término a las ambiciones occidentales de los ejércitos turcos.[85] Su sucesión se presentaba incierta. Sus dos hijos, Bayezid y Djem —el menor, a quien su padre deseaba dejar el poder—, se disputaban el trono. Quince días depués de la muerte de su padre, el mayor de los hermanos entró en Estambul mientras el menor huía hacia El Cairo. Bayezid pagó entonces a los cristianos de Rodas para que interceptaran a Djem y le hicieran prisionero. A cambio se comprometió a no atacarles más. Bayezid rindió Otranto a Ferrante de Nápoles y firmó un nuevo tratado de paz con Venecia.[85] En 1483 dirigió su esfuerzo bélico contra los mamelucos y los Balcanes. Tomó la Herzegovina, así como dos principados moldavos ribereños del Mar Negro, Kilia y Akkerman. En adelante, dicho mar pasaría a ser dominio turco.[85]

Como Venecia se había convertido en la única ciudad capaz de velar por ellos, los pequeños príncipes mediterráneos, como Catalina Cornaro, reina de Chipre, se colocaron bajo su protección. El papa Inocencio VIII, apoyado por Matías Corvino, recuperó la idea de la cruzada contra los turcos. Djem fue trasladado a Roma para servir de moneda de cambio en el caso de una guerra. Pero Matías Corvino murió en la primavera de 1490. No quedaba nadie interesado en la cruzada. El 30 de noviembre de 1490, la Sublime Puerta se comprometió de nuevo a no atacar a Roma ni a Venecia y se declaró dispuesta a pagar la «pensión» de Djem al papa. Todo el mundo respiró. El Imperio Otomano se había hecho aceptar por Europa.

Al alba de 1492, el Imperio Otomano, con siete millones de habitantes de los que las dos terceras partes eran búlgaros, servios, albaneses, valacos, eslavos, griegos, armenios y judíos, había alcanzado la respetabilidad. El «orientalismo» inundó Italia y Carpaccio pintó a Jerusalén como una ciudad «oriental»,[16] más alejada de Europa que nunca. A la inversa, los ingenieros italianos fueron a trabajar a Estambul, y Bayezid, que entendía el italiano y apreciaba la Toscana, fue corresponsal de Leonardo da Vinci. Éste fue el movimiento que prevalecerá. La Europa del oeste fascinaba incluso a sus enemigos declarados.

Gobernar

Y sin embargo, aquella Europa carecía de la menor identidad política. Su mismo nombre se deriva, según algunos, de un vocablo acadio, *erepu*, que significa «occidente».[137] Según otros, procede de la mitología griega y con él se designó a una princesa oriunda de la zona asiática del Mediterráneo oriental. Ampliado por los romanos hasta la Galia y las islas Británicas, el concepto de Europa se extendió durante la Edad Media hasta abarcar Germania y Hungría.[137] En el siglo IX surgió un concepto sinónimo: «Occidente». En el año 838 el historiador Nithard describió el Imperio Carolingio como «*Tota occidentalis Europa*».[137] Después se añadió un nuevo concepto sinónimo: la «Cristiandad». Las palabras *Occidens* y *Europa* fueron paulatinamente sustituidas por *Christianitas*, de la que el papa y el emperador se disputaban el control. Sin duda ésta se definía entonces por sus enemigos: los musulmanes de España, de Sicilia y de Turquía, los paganos de Polonia y de Escandinavia.[47]

Europa no se detendrá hasta apropiarse de «Occidente» y de «Cristiandad», hasta encontrar sus raíces en sí misma.

Poco a poco, la palabra «Europa» se divulgó: apareció una docena de veces en el obra de Dante, en el siglo XIV, Jordan de Séverac escribió que los habitantes de la India le dijeron que «llegará un día en que los europeos conquistarán el mundo».[137] En una alegoría de la época, Europa se representó como «una virgen coronada cuya cabeza es España, Francia el corazón, Germania el vientre, los brazos, Italia e Inglaterra, y su amplio vestido de pliegues imprecisos, el confuso horizonte de las llanuras rusas».[127] Bajo Luis XI, Philippe de Commynes escribió: «Dios ha organizado Europa de manera que cada Estado pueda tener un enemigo tradicional a sus puertas».[33]

La Europa de entonces era un conjunto político increíblemente complejo, dividido entre dos sueños contradictorios: el de su *unión continental* (religiosa y política) y el su *diversidad nacional* (étnica y cultural).

En 1492 la diversidad prevalecerá, y así será durante cinco siglos.

Sin embargo, ésta no constituía en aquel momento la hipótesis más evidente. El latín permanecía como lengua oficial del derecho; el papa y el emperador se disputaban el control del continente, tenido por uno, a través de la delegación de los príncipes que, directa o indirectamente, los elegían.

Amable ficción escolástica. En realidad, Europa occidental era ya un mosaico de ciudades y naciones perpetuamente en guerra unas con otras: guerras anglo-francesa, lusitano-aragonesa, germano-eslava, franco-borgoñona. Se combatía por una aldea, una afrenta, una herencia, un matrimonio o por diversión. Para reducir el costo de dichos conflictos, la *diplomacia* inició, frágil e inestable, sus primeros pasos. Y con ella la *política* en el sentido moderno del término.

Comprender la Europa de 1492 requiere, pues, entrar en el detalle de la historia de los cinco decenios precedentes, con sus complejidades dinásticas y sus sangrientas trivialidades. El esfuerzo vale la pena, porque aquellos acontecimientos modelaron la geopolítica de hoy.

La primera de las potencias, geográfica y demográficamente hablando, era con mucho Francia. Pero ni era el motor de la economía, que estaba situado más al norte, en Flandes, ni el motor de la política, que se hallaba más al sur, en Italia. Y sin embargo, fue precisamente Francia quien impuso, justo en aquel momento, un modelo *territorial*, mientras que en Italia se creaba un modelo *estatal*.

Con sólo diez millones de habitantes, la península italiana constituía el escenario capital de la política. Allí, y en ninguna otra parte, las potencias económicas estaban al servicio de las fuerzas políticas. Hacia allí, y hacia ninguna otra parte, afluían príncipes ambiciosos en busca de fortuna. Por allí, y por ninguna otra parte, pasaban todas las rutas de la riqueza. Allí, y en ninguna otra parte, se inventaron las leyes de la guerra moderna, el Estado y las relaciones internacionales. No existía una «identidad italiana»: las ciudades se aliaban a menudo unas contra otras, incluso a veces con extranjeros, aunque no fuesen cristianos, sólo por contrariar las ambiciones de un vecino.

Escuchemos la opinión de dos observadores contemporáneos. En 1513 Nicolás Maquiavelo, en su obra *El Príncipe*, escribió: «Antes de sufrir las consecuencias de las guerras ultramontanas, nuestros príncipes italianos creían que un príncipe podía contentarse con perfilar en sus gabinetes respuestas ingeniosas, escribir una bella misiva, de dar prueba, en sus propósitos, de finura y sentido de la réplica, intrigar, adornarse con oro y joyas y dormir y dar banquetes de sin igual esplendor. Rodeándose de libertinos y encenagados en la ociosidad, gobernaban a sus súbditos con codicia y altanería, distribuyendo los cargos militares con el favoritismo como único criterio, despreciando a cualquiera que intentase mostrarles el buen camino y pretendiendo que cualquier palabra suya fuera recibida como un oráculo. No se daban cuenta, los desgraciados, de que estaban a punto de convertirse en presa de cualquier enemigo que quisiera acometerles».[79]

El otro gran observador italiano de la época, Francesco Guicciardini, anotará en su *Historia de Italia*:[60] «Jamás Italia ha demostrado ser más próspera ni se ha encontrado en situación más deseable que en el año de gracia de mil cuatrocientos treinta y en los años que le precedieron y siguieron. Se benefició de paz y tranquilidad ... ; no estaba sometida a un imperio, cualquiera que fuese, sino a sí misma, y contaba con muchos habitantes y una gran abundancia de mercancías y riquezas. Se presentaba, además, adornada con la magnificencia de numerosos príncipes, con el esplendor de muchas nobles y bellas ciudades, con el trono y la majestad de la religión; abundaba en excelentes administradores de la cosa pública y en espíritus de alto valor en todas las disciplinas, y se entregaba a todas las artes, y se ilustraba».[60]

Ambas descripciones, aunque contradictorias, son igualmente exactas. La superficialidad de los príncipes italianos que describe Maquiavelo no era obstáculo para que la península, como destaca Guicciardini, excitara todas las ambiciones.

La República de Venecia, que entonces dominaba los mercados, se interesaba poco en la península y en el resto del continente, obsesionada como estaba por su relaciones con los turcos. Las ciudades independientes de Milán, Florencia, Mantua, Lucca y Siena disponían todas de un príncipe y de una oposición, y todas alimentaban sus respectivas alianzas y ambiciones. El reino de Nápoles y los Estados pontificios poseían igualmente sus poderes y sus sueños.

Se organizaron dos bloques, dos coaliciones: una, alrededor de Venecia, con Nápoles; la otra, alrededor de Florencia, con Milán y Siena.

El Estado moderno nació en las cortes de aquellos príncipes; en ellas se inventó la propaganda, la diplomacia, la administración. Cada una estaba formada por varios centenares, a veces miles, de personas, entre las que se encontraban administradores, consejeros, artistas, escritores, clérigos. En ellas, el poder civil iba ganando paulatinamente terreno al poder eclesiástico. La presión fiscal aumentó. Se inventó el impuesto sobre las transacciones y la contabilidad pública.[131] Para llevar a término sus campañas bélicas, los príncipes utilizaban al *mercenario* y contrataban a los *condottieri*. Maquiavelo escribió: «Los *condottieri* son excelentes hombres de guerra, pero aunque lo sean, hay que desconfiar de ellos, pues tratarán de engrandecerse a sí mismos, arruinándote a ti, su amo, o destruyendo a otros en contra de tus intenciones; y si el capitán carece de talento, será por lo mismo causa de tu perdición».[79] Cuando Italia, tras la paz de Lodi, entró en un período de paz interna, pocos aceptaron combatir a los turcos en los Balcanes, prefiriendo establecerse en sus feudos.[131]

Cada ciudad tenía su propio carácter. Venecia, corazón declinante de la economía mercantil, era la principal potencia de la península, aunque apenas se interesara por ella. Su organización era bien particular: Estado estrictamente laico, ningún sacerdote, fuera hijo del dux o senador, podía tener acceso a los cargos del Estado. El poder emanaba, en teoría, de la Asamblea Popular.[71] En la práctica, una oligarquía monopolizaba un Gran Consejo de cuatrocientos miembros (hereditarios a partir de 1323), verdadero centro del poder político, que designaba a los magistrados, dictaba las leyes, fijaba los castigos y determinaba todos los reglamentos, incluso los deberes de los embajadores.[6] Un centenar de familias controlaban, por tanto, todos los engranajes del poder político y de la administración. Por encima de ellos se situaban el Consejo de los Cuarenta y el Senado, que se turnaban en el poder.[71] El Consejo Ducal, compuesto por seis miembros elegidos por un año y dos veces reelegibles, velaba por que el dux, a quien elegía, se sometiese a las decisiones del Gran Consejo. Se reunía en presencia del dux y de tres representantes del Consejo de los Cuarenta, y este conjunto constituía la *Signoria*.[71] El dux, cuya función se remonta a la época en que Venecia pertenecía al Imperio Bizantino, ostentaba el cargo de forma vitalicia y ejercía un poder absoluto.[71] Tras la paz de Lodi en 1454, Venecia se volcó enteramente en el mantenimiento de sus redes comerciales de Oriente hasta 1482, en que una nueva guerra la enfrentó con el papa por la cuestión de Ferrara. En 1491, el dux Agostino Barbarigo, sucesor de su hermano Marco, pudo vanagloriarse de estar en paz con todos sus vecinos; Ferrara y Nápoles, Milán y el Turco.

Si Venecia disponía de la fuerza económica, Florencia se beneficiaba de la gloria y el poder políticos. A la muerte de Pedro de Médicis, llamado el Gotoso, en la noche del 2 al 3 de diciembre de 1469, su hijo de veinte años, Lorenzo, le sustituyó asistido por su hermano Juliano; progresivamente se fue convirtiendo en «el fiel de la balanza de la política italiana»,[66] según Guicciardini, quien escribió de él: «Su nombre era grande en toda Italia y su autoridad se afirmaba sobre la cosa pública. Consciente de que hubiera sido peligroso para la república florentina, y para sí mismo, que cualquiera de las potencias italianas adquiriese excesivo poder, se aplicaba activamente a mantener el equilibrio existente».[60]

Tuvo éxito. Durante veinte años Lorenzo reprimió las revueltas de Prato y de Volterra, depuró el Consejo de Ciento, creó un Consejo superior, se opuso alternativamente a Nápoles, a Siena, a Milán, a Venecia, aplastó en abril de 1478 la conjuración de los Pazzi, fomentada por el papa y en la que sucumbió Juliano. En 1481, el ataque turco contra Otranto desvió a sus enemigos y le ayudó a mantener durante diez años el equilibrio de la ciudad, hasta la Cuaresma de 1491, cuando un dominico anunció en la sacristía de la iglesia de San Marcos la próxima muerte de Lorenzo, del papa y del rey de Nápoles. En el verano de 1491 este monje, Savonarola, fue nombrado prior de San Marcos. Lorenzo se fue debilitando físicamente, como se debilitó su compañía, fundamento financiero de su poder, en aquel momento al borde de la quiebra.

Pero la gloria de Florencia y la pujanza de Venecia estaban fuera de cualquier alcance. En realidad, la vida política italiana giraba en torno a las ambiciones que despertaban otros dos Estados, débiles y ricos a un tiempo: Milán y Nápoles

El uno era ambicionado por el otro. Y ambos por el rey de Francia. Milán dominaba entonces toda la Lombardía hasta Génova. Gobernada desde 1277 por los Visconti, la ciudad fue tomada en 1450 por un *condottiero*, Francesco Maria Sforza, con la protección de Francia y de Florencia; el asesinato de su hijo Galeazzo María, el 26 de diciembre de 1476, provocó cuatro años de desorden. Su hermano Ludovico, llamado el Moro, ayudado por Ferrante de Nápoles, derribó a un dictador de paso y presionó a la viuda de Galeazzo María, «mujer de escaso entendimiento», como dijo Commynes, para obtener que le devolviera el poder a su hijo Gian Galeazzo, el heredero legítimo. El Moro se hizo nombrar tutor de su sobrino, a quien casó con una nieta del rey de Nápoles, Isabel, antes de alejarle. Con la ayuda de Carlos VIII, el Moro se convirtió en el dueño de Milán. Pero Gian Galeazzo e Isabel trataron de recuperar el trono desde Nápoles, que cambió de bando; el Moro, con la complicidad de varios príncipes napolitanos, desató mil complots contra Ferrante. Fracasaron y éste hizo ejecutar a los cabecillas. Esta encarnizada rivalidad entre los dos Estados más alejados de la península, uno aliado de Francia y de Florencia, el otro del papa y de España, determinó una gran parte de la historia política de la Europa de la época. Porque Nápoles, lo mismo que Milán, era el blanco de todos los apetitos de conquista.

Nápoles, que era entonces quizá la mayor ciudad de Europa, había pertenecido a los angevinos hasta que en 1442 pasó a pertenecer por herencia al rey Alfonso V de Aragón. La ciudad era rica; controlaba todo el sur de Italia, Cerdeña, Sicilia y las dos grandes islas del mar Tirreno. Constituía un punto estratégico en las rutas de Oriente. La dominación española comenzó con las características de una verdadera ocupación. A la muerte de Alfonso V en 1458, Nápoles pasó a manos de uno de sus hijos naturales, Ferrante, mientras la corona de Aragón volvía a su hermano Juan II. Los barones napolitanos se negaron a reconocer a Ferrante como rey y quisieron coronar a Juan, uno de los hijos del rey Renato de Anjou. Este príncipe venido a menos, exilado entonces en Génova, desembarcó en Nápoles en 1459. Pero Ferrante, con ayuda de Milán y de Roma, le derrotó en 1464. Tras veinte años de relativa paz y mil y un complots fomentados desde Milán para derrocarle, Ferrante tuvo que afrontar una turbia guerra de fronteras contra Roma. El *condottiero* Orsini, por cuenta del papa, venció a los napolitanos en Campo Norte en 1482. En 1485, ayudados por el nuevo papa genovés, Milán y el rey de Francia,[16] los barones napolitanos intentaron de nuevo derrocar a Ferrante, apoyados esta vez por Lorenzo el Magnífico. La guerra fue breve; la mediación de Fernando de Aragón condujo a la paz, firmada el 11 de agosto de 1486, según cuyos términos Ferrante se comprometía a pagar un tributo al papa. Ferrante se negó y la guerra siguió adelante; esta vez se solicitó la intervención del prestigioso Lorenzo el Magnífico. Su mediación llegó a buen término en 1492. Pero Nápoles continuó amenazada por la mayor potencia territorial y militar de Europa: Francia, que reivindicaba su trono.

El espacio francés, el más vasto de Occidente después del Imperio, era aún el definido por el tratado de Verdún. El territorio que Luis XI heredó en 1461 a la muerte de Carlos VII comprendía cerca de cuatrocientos veinticinco mil kilómetros cuadrados. Su lengua —que sustituía progresivamente al latín en las actas de las cancillerías— comenzaba a ser el factor de la unidad del país.[74] El Ródano, el Saona, el Mosa y el Escalda delimitaban sus fronteras; Bretaña, Lorena y Provenza eran independientes; Calais pertenecía a los ingleses.

Después de su acceso al trono, Luis XI tomó el Berry, arrancó el Rosellón y Marsella a Juan de Aragón, y reivindicó Nápoles y Jerusalén, que pretendía haber heredado por testamento del rey Renato, junto con las demás posesiones de la casa de Anjou.

Durante decenios, la historia de Francia permaneció involucrada en una relación agresiva y malograda con los dos «corazones» de la economía mercantil: Flandes e Italia. Luis XI fracasó en Flandes; su hijo Carlos VIII fracasará en Italia. Porque en el flanco nordeste del país existía en aquel tiempo otra formidable potencia: Borgoña. A pesar de este doble fracaso, Francia no dejará de impulsar a Europa a pensar en términos de naciones y no de principados, de Estados y no de ciudades. Francia será el primer crisol de una nación que aglutinaba a los pueblos alrededor de una lengua en el marco de fronteras comunes.

Borgoña era por entonces la pesadilla del rey de Francia. En efecto, encarnaba el ideal de una Europa confederada, unión de ciudades sometidas al duque, que amenazaba con reducir a la nada las ambiciones nacionales de los monarcas franceses. Fortalecida por el apoyo de Inglaterra, Saboya, Venecia y Milán, los príncipes de Dijon se opusieron a la idea de un Estado nacional tal como lo concebían Isabel en España y Luis en Francia. El ducado, de reciente aparición, había surgido de una donación de Juan el Bueno a su hijo Felipe el Atrevido en 1361, consolidada luego por su nieto Juan sin Miedo. Mediante hábiles matrimonios, el ducado se había extendido hasta Lieja. Hacia 1460, el duque Felipe el Bueno gobernaba un territorio dividido que se extendía desde Amsterdam a Nevers, y soñaba con conquistas y cruzadas. A partir de 1465, su hijo Carlos, llamado el

Temerario, nacido del matrimonio de Felipe el Bueno con Isabel de Portugal, soñaba con reunir Borgoña y Flandes bajo un solo cetro, lo que equivalía a convertirse en el emperador de Europa, a llevar lo que él llamaba «la corona imperial de Occidente y Constantinopla». Inmediatamente, Carlos se dispuso a atacar a sus vecinos. En 1467 convenció a Luis XI para que abandonara a sus aliados de Lieja, alzados contra su duque, y les exterminara. El encuentro con el rey de Francia tuvo lugar en Péronne; teniéndole entonces a su merced, le dejó partir, impresionado por la unción sacra recibida por el rey: «El desacreditado zorro ha escapado de la guarida del lobo»,[33] escribió Commynes. Importante: Luis XI no lo olvidará y, sagazmente, aprovechó para rehacer sus fuerzas mientras preparaba su venganza.

Carlos el Temerario creía tener todos los triunfos en la mano para instalar definitivamente a Borgoña como centro de Europa. Pero fracasó: ningún conquistador era capaz de unir a una Europa refractaria a ello. Sin embargo, jugó con las cartas sobre la mesa. En Tréveris, el 30 de septiembre de 1473 anunció al emperador Federico III que, cuando llegase el día, se presentaría como candidato a su sucesión y que su aliado Eduardo IV de Inglaterra iba a ayudarle con un ejército de veintitrés mil hombres, recientemente acantonado en Calais. Asustado, el emperador convocó a los príncipes de Alemania, las ciudades de Alsacia, los cantones suizos —ya reunidos en una confederación— y al duque de Lorena, y formaron una alianza contra el ambicioso duque. En julio de 1475, el rey de Francia —que el 30 de abril había ocupado Aviñón y el antiguo palacio de los papas—, enterado de que el duque de Bretaña apoyaba al duque de Borgoña, se sumó a la coalición.[33]

Carlos tomó Nancy, que el duque de Lorena se vio obligado a abandonar. Pero se hundió en el sitio de Neuss, en Renania, desbordado por los ejércitos imperiales.[33] Luis XI penetró entonces en Borgoña y luego en Picardía y el Franco Condado. El 29 de agosto de 1475 dio el golpe de gracia: firmó por separado la paz con los ingleses, que renunciaron a la alianza borgoñona y a toda pretensión a la corona de Francia, a cambio del reembolso de los gastos de la guerra y el pago de una pensión anual. El mismo año, en Senlis, el rey de Francia firmó la paz con el duque de Bretaña. Carlos el Temerario se encontró aislado.

Y sin embargo, al año siguiente consiguió un soberbio triunfo: su hija María, de diecinueve años de edad, cortejada sucesivamente por Fernando de Aragón y Nicolás de Calabria, nieto del rey Renato, se prometió a Maximiliano de Habsburgo, hijo del emperador. Por esta alianza Carlos esperaba obtener un día el título de rey de romanos, y más tarde el de emperador. Pero era demasiado tarde: el duque de Lorena, con la ayuda de Luis XI y los suizos, emprendió la conquista de su ducado y puso sitio a Nancy, donde se encontró con Carlos. Éste halló la muerte el 5 de enero de 1477; sus ejércitos fueron derrotados. El sueño lotaringio parecía haberse hundido. De hecho sobrevivirá, moribundo, otros quince años, hasta 1492.

Porque a pesar de la muerte del Temerario, la «quimera» borgoñona ejerció un considerable prestigio sobre las ciudades de Italia y del resto de Europa: la elegancia, el mobiliario, los vasos, los tapices y las fiestas de Europa deben mucho a la Borgoña de Carlos.[16]

Extrañamente, a la muerte del duque, Luis XI cometió el mismo error que él al despreciar a su rival vencido. Subestimó a Maximiliano de Austria, que casó con María de Borgoña seis meses después de la muerte de su padre. Luis XI atacó Flandes. Philippe de Commynes explica cómo Maximiliano defendió encarnizadamente la heredad de su mujer contra las pretensiones francesas. Al principio fue mal aceptado por los súbditos de Borgoña: Gante, por ejemplo, rechazando la tutela imperial, se levantó y arrancó de María su Gran Privilegio, privándola de todo su poder.[74] Luis XI aprovechó para lanzarse sobre el Artois y el Hainaut. Todo pareció consumado. Pero entonces se produjo una extraña inversión: en 1479 los ganteses se rebelaron contra el dominio francés y se proclamaron fieles a María de Borgoña, a Maximiliano y a los dos hijos de la pareja, Margarita y Felipe el Hermoso. La invasión francesa de Flandes se detuvo.

A pesar de todo, Luis XI continuó engrandeciendo su reino: en 1481, la heredad de Armagnac, al año siguiente, Provenza y Anjou. En diciembre de 1482, en Arras, hizo la paz con Maximiliano, a quien prometió dar en matrimonio a su hija Margarita, que entonces tenía tres años, al delfín, hijo del rey de Francia y futuro Carlos VIII, de once años. Maximiliano le concedió como dote la Picardía, el Boulonnais, el Franco Condado, el Artois, el Mâcconnais y el Charolais. El borgoñón conservó los Países Bajos, donde se estableció. Francia esperaba así anexionarse Flandes. Tres meses más tarde, en marzo de 1482, María de Borgoña murió de una caída del caballo y Maximiliano, viudo a los veinticinco años, se convirtió en regente y tutor de su hijo, Felipe el Hermoso. Envió a Margarita, su hija de tres años, prometida del delfín, a residir en la corte de Luis XI, donde permaneció durante ocho años.

Borgoña parecía haber vencido; Flandes quedaba en la órbita de los Capeto. En abril de 1483 Jean de Baudricourt, antiguo gobernador de Borgoña, fue enviado a Aix por Luis XI para destituir a todos los agentes gubernamentales provenzales y sustituirlos por otros originarios de otras provincias. Francia ya se extendía desde Boulogne a Marsella.

Cuando Luis XI murió en Plessis-lès-Tours en agosto de 1483, Francia estaba hecha. Quedaban por anexionar Bretaña y el ya casi conseguido Flandes. Pero el delfín tenía sólo trece años y Commynes cuenta[33] cómo el rey, moribundo, confió los asuntos del reino a su hija Ana de Francia, señora de Beaujeu, a quien consideraba «la mujer más cuerda de este reino, pues es sagaz como ninguna otra»,[33] mientras que su primo Luis, duque de Orleans, detentaba la regencia. Para consolidar su poder frente a los Grandes, Ana y su marido, el duque de Borbón, convocaron inmediatamente a los «Estados Generales»; el término «generales» se empleó aquí por primera vez. En el gran salón del arzobispado de Tours, elegida por ser ciudad mercantil, se reunieron el 15 de enero de 1484 doscientos cincuenta diputados de los tres Estados, elegidos por bailías y ciudades. Bretaña, todavía independiente, envió observadores. Flandes no tuvo representación.[74] Seis oficinas regionales sintetizaron los agravios comunes en un documento único bajo seis rúbricas generales: Iglesia, Nobleza, Común, Justicia, Comercio y Consejo. Ana de Beaujeu, en presencia del joven delfín, recibió a los diputados. Se discutió sobre la redacción de los usos, sobre las libertades y el comercio exterior, sobre la reducción de los impuestos. El antiguo senescal de Borgoña, convertido tras la conquista de su provincia en colaborador de Francia, Philippe Pot, planteó el principio de la elección de los reyes por sus súbditos y reivindicó la *soberanía del «pueblo»*: «El Estado —dijo— es cosa del pueblo; la soberanía no pertenece a los príncipes, que sólo existen por el pueblo ... *Llamo pueblo a la universalidad de los habitantes del reino*».[74] Hermosa fórmula que anuncia la concepción francesa de la nacionalidad, basada en la tierra y no en las razas.

Para gran perjuicio de Luis de Orleans, los Estados Generales reforzaron la autoridad de los Borbones, quienes, utilizando al «pueblo» contra los príncipes, aceptaron una reducción de los dos tercios de la talla, eludieron la solicitud de una reunión regular de la Asamblea, compusieron a su gusto el Consejo del rey y suspendieron la inmunidad de los diputados. Sin embargo, ni los Borbones ni Carlos VIII, a pesar de sus promesas, volvieron a convocar los Estados Generales.

Furiosos por su derrota, los príncipes continuaron intrigando; el 23 de noviembre de 1484, Jean de Dunois, Luis de Orleans y el duque de Bretaña intentaron sustraer al joven rey de la tutela de los Borbones. Fue en vano: el 12 de marzo de 1484 en Evreux, Luis de Orleans se vio obligado a firmar un tratado de paz con la regente; el 9 de agosto los señores bretones hicieron otro tanto, pero no depusieron las armas. El 14 de enero de 1487 se descubrió en París un complot para derrocar a Carlos VIII; dos de sus instigadores, Georges Dambois, arzobispo de Ruán, y Philippe de Commynes fueron detenidos; Luis de Orleans se refugió en Nantes. Comenzó la que se ha dado en llamar la «guerra insensata».[74]

1492

Maximiliano, elegido rey de romanos en febrero de 1486 por la dieta de Francfort, se alió al duque Francisco II de Bretaña y a otros grandes señores del reino de Francia (el señor de Albret, Carlos de Orleans, el conde de Angulema) contra el rey, sin embargo prometido de su hija. El ejército francés, al mando de Ana y Carlos, sometió en algunos meses todo el oeste desde Bayona a Parthenay. El 9 de marzo de 1487, tras reconquistar Guyena, Carlos VIII hizo su entrada en Burdeos.[74] Casó al conde de Angulema con Luisa de Saboya, matrimonio del que un día nacerá Francisco I. Aunque el 6 de abril el rey se vio obligado a levantar el sitio de Nantes, obstinada en resistir, los ejércitos del duque de Bretaña y de su aliado Maximiliano fueron destrozados por su artillería y sus mercenarios. En 1488, el mismo Maximiliano fue hecho prisionero en Brujas por tropas francesas al mando del señor de La Palice, quien le liberó sin hacerse rogar: después de todo, el duque era el padre de la prometida del rey de Francia. El 27 de julio de 1484, tras la batalla de Saint Aubin-du-Cormier, la «guerra insensata» terminó con la derrota de los bretones y los príncipes rebeldes. En septiembre de 1488, Luis de Orleans cayó prisionero, en el mismo momento en que moría Francisco II de Bretaña. El 21 de agosto se firmó el tratado llamado de Le Verger, que estipulaba que la hija de Francisco II no podía casarse sin el consentimiento del rey de Francia. El esposo de la duquesa de Bretaña no podía ser un enemigo de Francia, y Carlos VIII, en aquel momento todopoderoso, disponía de los medios para impedirlo. En enero de 1490, el papa Inocencio VIII le pidió ayuda para obtener de Ferrante de Nápoles el pago del tributo que le debía desde cuatro años atrás. En recompensa, Carlos VIII recibió la espada y el birrete de honor que el papa reservaba a los monarcas que Roma consideraba que lo merecían.

Muchos príncipes codiciaban la mano de Ana de Bretaña. Pero ella, cultivada y con criterio propio, quiso salvaguardar la independencia de su ducado frente a Francia.[74] Para conseguirlo, en franca violación del tratado de Le Verger, recién suscrito, y tal como hubiera querido su padre, decidió casarse con Maximiliano de Austria, viudo de María de Borgoña y padre de la prometida del rey de Francia. Carlos VIII, que se vio impotente, montó en cólera. El 19 de diciembre de 1490 el rey de romanos, «retenido en sus Estados», envió un delegado, quien deslizó una pierna desnuda en el lecho de Ana de Bretaña.[74] El matrimonio quedó sellado. Bretaña entraba en la órbita de la casa de Austria. Furiosos, los franceses sitiaron Rennes para obligar a Ana a romper aquel matrimonio de dudosa validez, no sólo por la ausencia del esposo, sino a causa del tratado de Le Verger.

En mayo de 1491, Ana de Beaujeu, duquesa de Borbón, dio a luz una niña y se retiró de la política. Carlos VIII tomó entonces plenamente el poder. Pequeño, feo, introvertido, soñador y místico, apasionado de la historia y de las vidas de santos, obsesionado por la conquista de Nápoles, que contemplaba como el preludio de una cruzada contra los turcos encabezada por él mismo, se reconcilió con su primo Luis de Orleans, a quien liberó el 28 de junio de 1491 de su prisión en la torre de Bourges, donde Ana de Beaujeu le encerrara tres años atrás. Restituyó asimismo el Rosellón a España y el Franco Condado al Imperio. Y por fin, en un golpe espectacular, para evitar el matrimonio de Ana de Bretaña con Maximiliano, decidió simplemente casarse con ella —asumiendo las enormes deudas de Bretaña con Inglaterra y España—, y rompiendo por lo tanto sus propios esponsales con la princesa Margarita, hija de Maximiliano de Austria, que fue devuelta a su padre. Ana de Bretaña se inclinó ante la fuerza, y el 1 de diciembre de 1491 casó con el rey de Francia en Langeais.[70] Él tenía veinte años; ella, quince. Temiendo que Maximiliano —a la vez padre de su novia repudiada y «esposo» de su mujer— acusara al rey de haber raptado y violado a Ana de Bretaña, la hermana mayor de Carlos, Ana de Beaujeu, en lo que fue su último acto político, hizo situar a seis burgueses tras las cortinas del lecho nupcial para que atestiguasen, si fuera preciso, que la duquesa se convertía en reina de Francia por su propia voluntad.[33] Extraño matrimonio entre parientes en cuarto grado, una casada ya con el padre de la novia del otro y sin las dispensas papales necesarias para invalidar dichos compromisos. Las dispensas, por cierto, no llegaron hasta principios de 1492.

Estos acontecimientos aseguraron la victoria de la principal monarquía de Europa contra su principal ducado rival. Desde entonces, Francia se constituyó en modelo para las naciones en formación.

Y ante todo para la Península Ibérica, dividida en tres reinos autónomos, si exceptuamos a la pequeña Navarra, regentada por entonces por la casa de Albret, que sucedió a los condes de Foix.

En Portugal, que supo conservar su independencia gracias al apoyo de Inglaterra, reinaba la casa de Avís, formada por los descendientes de Juan, bastardo de Pedro I y gran maestre de la orden militar y religiosa de Avís. Después de Juan I vino Alfonso V, que reinó de 1438 a 1481, y luego su hijo, Juan II, que reinará durante quince años. Como su padre, consagró todos sus esfuerzos a los descubrimientos.

En Aragón ocupaba el trono desde 1412 la familia de Antequera, rama menor de los Trastámara. Primero reinó Fernando I, a quien sucedió en 1458 su hermano Alfonso V, y a éste su hijo, Juan II, en 1472. En 1479, con su reino amenazado por Francia, Juan II abdicó en su hijo Fernando II, quien diez años después casaría con Isabel, su prima hermana, hija de una de sus tías por línea paterna, convertida en reina de Castilla. Juan II se retiró a Sicilia, donde murió poco después.

1492

En Castilla, Isabel, que se había casado con su primo aragonés contra la opinión de su tío el rey Enrique IV, accedió al trono a su muerte, en 1475. Tuvo que combatir a los partidarios de su sobrina Juana, llamada la Beltraneja. En 1476, apoyada por su confesor, Fernando de Talavera, estableció una especie de federación interurbana dotada de una milicia, la *Santa Hermandad*, financiada por donativos e impuestos locales sobre el modelo de las «fraternidades» entre ciudades creadas a principios del siglo XIV. Junto con su esposo, sostuvo una larga guerra contra Portugal, que apoyaba a Juana.

En 1479, cuando Fernando se convirtió en rey de Aragón, reino mucho más pobre que Castilla, ambas monarquías se unieron sin federarse. La victoriosa pareja firmó la paz con Portugal. Isabel y Fernando fueron «una sola voluntad en dos cuerpos», como dirá el cronista Hernando del Pulgar.[97] La guerra por la sucesión terminó. Para someter las ciudades a la autoridad real, ambos monarcas siguieron el ejemplo francés: nombraron funcionarios reales, los *corregidores*, a la cabeza de cada una de las ciudades, desposeyeron a los nobles del mando de las órdenes militares, prohibieron las guerras privadas, y derrocaron las fortalezas.[97] A partir de 1482 los Reyes Católicos se apropiaron del tercio de los diezmos eclesiásticos, nombraron a los obispos y pidieron al arzobispo de Toledo y primado de Castilla, Jiménez de Cisneros, que velara por su moralidad. En 1488, el mando de la *Hermandad* fue confiado a Alfonso de Aragón, duque de Villahermosa, hermano natural de Fernando. España evolucionó insensiblemente hacia una monarquía centralizada a imagen de Francia.

Durante la misma época, y de nuevo como en Francia, Inglaterra se constituyó asimismo en monarquía centralizada, instalándose en la paz y la prosperidad después de una época de grandes sobresaltos. A principios del siglo XV, Enrique de Lancaster, convertido en Enrique IV, dejó el trono a su hijo Enrique V, quien vivió poco en Inglaterra, pues se interesaba sobre todo en sus dominios franceses. Su sucesor, Enrique VI, se desentendió igualmente de su función. Cuando en 1453 Eduardo, jefe de la casa de York, heredera de los Plantagenet, le destituyó y se hizo coronar con el nombre de Eduardo IV, comenzó la guerra de las Dos Rosas, la rosa blanca contra la rosa roja. En 1471, Enrique IV y su hijo fueron asesinados y Eduardo IV pudo reinar sin oposición hasta 1483, fecha en la que fue asesinado a su vez —sin duda junto con su hijo Eduardo V y Ricardo de York— por su propio hermano, quien se convirtió en Ricardo III. En 1485, el último de los Lancaster, Enrique Tudor, duque de Richmond, que permanecía refugiado en Francia, desembarcó en Inglaterra y derrotó en Bosworth al ejército de la casa de York: Ricardo III encontró la muerte. Fue el fin de la casa de York y de la dinastía de los Plantagenet. Fue también el fin de la guerra civil. Enrique Tudor, duque de

Lancaster, desposó a Isabel de York, hija de Eduardo IV, y subió al trono con el nombre de Enrique VII. Reinó durante veinticuatro años, reconciliando a las familias de York y de Lancaster, apoyándose en un Consejo compuesto por burgueses instruidos y mercaderes. La guerra de las Dos Rosas aniquiló a la nobleza y acrecentó el poder real. Escocia y el País de Gales parecieron aceptar la dominación inglesa. Irlanda se rebeló.

Más al norte, en 1498, durante los últimos años del reinado de la dinastía Valdemar, Suecia se separó de Dinamarca y de Noruega. Juan y, más tarde, Cristián II intentaron en vano recuperarla.

Germania significaba la corona de Carlomagno y era el reino más prestigioso de la Cristiandad. La defensa de sus fronteras orientales le proporcionaba innumerables problemas. El emperador, rey de Germania, era elegido, desde 1356, por cuatro monarcas laicos (el rey de Bohemia, el margrave de Brandeburgo, el duque de Sajonia-Wittenberg y el conde palatino de Renania) y por tres príncipes-arzobispos (los de Colonia, Maguncia y Tréveris). En 1420, la corona imperial recayó en la casa de Habsburgo, que la detentó sin interrupción durante cuatro siglos. El primero de la dinastía fue Alberto V de Habsburgo. En 1440 le sucedió su primo Federico III; en 1452, casó con la sobrina de Enrique el Navegante, Leonor, y se hizo coronar emperador y rey de romanos por Nicolás V en San Pedro de Roma. Federico III no era precisamente un fanático de la guerra. «Está dispuesto —escribió el cardenal Piccolomini, que luego sería el papa Pío II— a conquistar el mundo permaneciendo sentado.»[16] En 1456, Hungría, al mando del regente Jan Hunyadi, le amenazó; su hijo, Matías Corvino, ocupó Viena en 1485 y se apoderó de la baja Austria, de Estiria y Carintia. El hijo de Federico III, Maximiliano, fortalecido por el matrimonio con la heredera de Borgoña, se hizo elegir rey de romanos en 1486. En 1487, Federico III, que había rehusado ceder la Baja Austria a Matías Corvino, se refugió en Linz. A la muerte del húngaro, Maximiliano acudió en socorro de su padre, volvió a Viena y restableció los derechos de su familia sobre el Tirol. Su padre pudo regresar a su capital.[8] La muerte de Matías Corvino marcó el fin del equilibrio de las relaciones entre el este y el oeste europeos. Entre ambos se estableció una barrera económica y cultural. Ladislao IV Jagellón subió al trono de Hungría; otro Jagellón pasó a reinar en Bohemia, un tercero, Casimiro IV, reinaba en Polonia, entonces poderoso país dominado por Rusia. La familia Jagellón gobernaba sobre Prusia, Polonia, Lituania, Bohemia, Hungría, Croacia, Bosnia, Moldavia, la mayor parte de Bielorrusia y Ucrania.

La monarquía rusa estaba apenas en formación: Iván I Kalita, príncipe de Moscú, aliado con los ejércitos mongoles, se convirtió en 1328 en gran príncipe de Rusia, y dobló su territorio. Siglo y medio más tarde, en 1480, Iván III rehusó sin embargo pagar el tributo a los mongoles, se hizo nombrar zar, conquistó Novgorod —única ciudad que hubiera podido discutir la supremacía moscovita— e hizo terminar el Kremlin y las torres del recinto por arquitectos italianos. Moscú pretendía ser la «tercera Roma», corazón de la Cristiandad ortodoxa después de Bizancio, encrucijada de los mundos báltico, balcánico y asiático. Se preparaba para combatir a Polonia e interesarse por Oriente. No se sentía europea. Y la Europa católica la excluyó.

Europa estaba, pues, dividida en dos. El oeste, interesado por el mar. El este, interesado por sí mismo. 1492 confirmará esta fractura. Harán falta cinco siglos para empezar a reducirla.

6. EL DESPERTAR DEL RENACIMIENTO

CREAR

En aquel fin de siglo, cinco figuras dominaban Europa y formaban su imagen futura. Cinco figuras de aventureros: el *mercader*, el *matemático*, el *diplomático*, el *artista* y el *descubridor*. De los tres primeros ya hemos hablado. Quedan por evocar los otros dos.

Para el hombre moderno, el fin del siglo XV es, sobre todo, la época del «artista del Renacimiento». Y sin embargo, ninguna de las dos palabras existía por entonces.

Nadie hablaba de «Renacimiento». El término no se inventará hasta finales del siglo XIX, cuando los historiadores quisieron significar que el siglo XV marcó la ruptura con la «bárbara» y «oscura» Edad Media.

La palabra «artista» no formaba parte del vocabulario de la época. Cuando, en todas las lenguas, se empleaba una palabra similar, como la voz latina *artifex* o la francesa *artisan*, era para designar simplemente al que trabajaba con sus manos en una obra que le sobrevivía. Ficino se está refiriendo al filósofo cuando menciona al «artista». Y así llamaron en la corte de Francia a Bartolomé Colón, que estaba preparando un memorial sobre el proyecto de su hermano.

Pintores, músicos, orfebres, escultores, arquitectos y ebanistas eran todavía, o bien artesanos anónimos que trabajaban en talleres colectivos, o dueños de estos talleres, o empleados en la corte.

Hasta aquel momento, la obra de arte, fuera iglesia o castillo, monumento funerario o arco de triunfo, era parte integrante de un conjunto erigido a mayor gloria de Dios o de un príncipe. Lorenzo de Médicis escribía a Fernando de Aragón, en 1476, que los príncipes encargaban, «para su renombre», «estatuas, palmas, coronas, oraciones fúnebres, y otras mil admirables distinciones».[131] Otros encargaban esculturas, como Ludovico el Moro, que en 1491 quiso que Leonardo da Vinci construyese una estatua ecuestre de su padre, o misas, como Inocencio VIII a Josquin des Prés. Los mercaderes, impresionados, o desalentados, por el tamaño de las obras realizadas hasta el momento, aspiraban a cosas más modestas, transportables, como aquellas con las que comerciaban.[119] Asimismo, deseaban que tuvieran valor comercial. De este modo, cada elemento de los conjuntos monumentales fue transformándose en una obra de arte independiente; los ricos solicitaban tapices y retratos, aceptando mostrarse en ellos tal como eran, negándose a seguir apareciendo como las humildes figuras de las grandes escenas religiosas. Cuando Sandro Botticelli pintó a la familia Vespucci, incluyendo a Américo, aún disimuló a Simonetta tras la figura de la *Primavera* y al resto de la familia entre los santos de su fresco de la iglesia de los Ognisanti.[119] En los encargos solicitados al taller de Memling, en Brujas, como el *Juicio Final* o la *Pasión*, príncipes y mercaderes pasaban inadvertidos. El mercader florentino Francesco Sasseti todavía aparecía disfrazado en los seis frescos que encargó a Ghirlandaio y a su taller con destino a la capilla de su familia, representando la leyenda de san Francisco.[119] Hacia 1476, un representante de los Médicis en Amberes, Portinari, se desplazó personalmente para comprar el tríptico de la *Adoración de los pastores* a Hugo van der Goes, con destino a la iglesia de San Egido de Florencia.[21] Pero pronto los mercaderes comenzaron a enviar comisionados para adquirir tapices y óleos.

Pero cuando se atrevieron a encargar su propio retrato, la posteridad les quedó garantizada. En 1434, un mercader de Lucca radicado en Brujas, Arnolfini, encargó a Jan van Eyck el misterioso cuadro de sus bodas, que le aseguró una celebridad más perdurable que su propia actividad comercial.

Los artistas comenzaron a ser remunerados según su renombre o el de su taller. Trabajaban colectivamente en obras muchas veces monumentales. Estatuas, arcos triunfales, frescos, retablos, incluso cuadros o misas, exigían el concurso de varios operarios.[131] Ninguno de ellos estaba especializado: la mayoría eran, a la vez, ingenieros, arquitectos, pintores, músicos, mecánicos, ebanistas.[121] La especialización vendría con la notoriedad.

En su trabajo, todos eran, ante todo, artesanos. Algunos trabajaban para un príncipe, como bufones y peluqueros, médicos y *condottieri*. Otros estaban empleados en talleres jerarquizados, organizados en corporaciones, como los carpinteros, herreros o relojeros. Allí recibían formación de sus maestros, que los explotaban hasta que los recién llegados estaban en situación de establecerse por su cuenta o pasar a formar parte del personal de una corte. En Florencia existía una escuela de formación para los jóvenes artistas. Su director era un escultor alumno de Donatello, Bartoldo de Giovanni, quien explicaba a sus alumnos los tesoros griegos de la colección de los Médicis.[119]

Al principio, estos artistas eran de extracción popular. En el siglo XV, Piero della Francesca era hijo de un zapatero; Antonello de Messina, de un albañil; Botticelli, de un curtidor; el padre de Rafael era pintor, pero el de Piero del Pollaiolo vendía pollos. Entre los creadores célebres en su tiempo, sólo Leonardo era hijo —natural— de un notario florentino, y Miguel Ángel procedía de una familia noble.

Cuando un artista estaba empleado en exclusiva en una corte, solía ser retribuido en especie; sólo la celebridad le reportaba una pensión en monedas de oro. Entonces comenzaba a ser identificado como «artista», dependiendo del capricho de los príncipes y constituyendo con sus pares una sociedad dentro la sociedad, con sus costumbres y rivalidades específicas.[131]

Los más ricos entre los príncipes sólo querían agregar a su servicio a los más célebres, o bien sólo compraban sus obras. Se especulaba a propósito de las telas de unos y otros, y los rumores hacían y deshacían reputaciones: «Florencia hace con sus artistas lo que el tiempo con sus criaturas, que una vez creadas las destruye y consume poco a poco»,[21] escribió Lorenzo de Médicis. Ayer como hoy, nada más exacto se podría decir sobre los artistas.

Así fue como los mercaderes comenzaron a designar al artista por su nombre, lo que jamás había sucedido en otra sociedad hasta el momento, al menos a tal escala. Se convirtió en una figura con identidad propia dentro de la sociedad mercantil, reflejo de la imagen que aquella deseaba para sí. La producción de riquezas dejó de ser, como en el orden precedente, un instrumento para ensalzar la sumisión a Dios, para cantar la belleza del Universo. A través del artista, el mercader se veía a sí mismo como el príncipe encantado de su propio cuento de hadas.

FESTEJAR

Músicos, pintores, poetas: los tres artistas dominantes de aquel tiempo colaboraron en un proyecto único, aquel por el que la vida se convierte en arte: la Fiesta. «La *fiesta italiana* —escribió Jakob Burckhardt—, en su último grado de civilización, elevaba verdaderamente la vida a la categoría de arte.»[119] Así, fueron los artistas más grandes del siglo los que hicieron bascular la ceremonia religiosa hacia la fiesta civil para transformarla en obra de arte.

La laicización de estas celebraciones se ponía de manifiesto en su tres dimensiones principales: la música, la decoración y el texto.

La música nació en los conventos a partir de los coros gregorianos. Se expresaba en las iglesias y en las plazas de las ciudades, en la representación de misterios que contaban la vida de los mártires y de los profetas.[16] En aquellas obras anónimas y colectivas, donde la voz jugaba todavía un papel esencial, comenzaron a aparecer los instrumentos (el órgano «de pie», el órgano «portátil», el laúd, el arpa).[3]

Pero desde el principio, la música fue no solamente un elemento de la fiesta religiosa, sino también una contrapartida laica al dominio de la Iglesia. La Cuaresma se aceptaba porque existía el Carnaval. Sin embargo, en Francia del sur durante del siglo XIII los trovadores ya escribían e interpretaban partituras, y un siglo más tarde, en Maguncia y Nuremberg se desarrollaban talleres musicales organizados en escuelas de canto, sometidas a rigurosas reglas cooperativas.[3]

Cuando las cortes se enriquecieron, los príncipes quisieron organizar sus propias fiestas y disponer de sus propios músicos profesionales, primeros artistas individuales capaces de vivir de encargos o pensiones. Maestros de capilla y de corte, componían con ocasión de bodas, recepción de embajadores, inauguraciones de viviendas, bailes y funerales. En el siglo XV, las cortes se disputaban los servicios de estos artistas, flamencos en su mayor parte. Guillermo Dufay compuso para los príncipes Malatesta de Saboya y celebró en Florencia la inauguración de la cúpula de Brunelleschi. Johannes Ockeghem fue músico del duque de Borbón, de Carlos VII, de Luis XI y de Carlos VIII. Josquin des Pré estuvo al servicio de los Sforza y luego al de Inocencio VIII. Heinrich Isaac llegó a ser organista de Lorenzo de Médicis y más tarde del archiduque Segismundo en Innsbruck y de Maximiliano I en Augsburgo. Estos músicos experimentaron hasta el máximo de sus posibilidades: llevaron la polifonía a su apogeo escribiendo partituras en las que se mezclaban hasta treinta y seis voces.

Algunos príncipes, como Lorenzo de Médicis, escribían por sí mismos canciones de Carnaval, y los mercaderes les imitaban, aprendiendo a tocar instrumentos y utilizando las partituras que los músicos profesionales escribían y publicaban en Alemania o Venecia a partir de 1473.

La metáfora musical expresa muy bien la evolución social: el paso de la voz al instrumento anunciaba el del trabajo manual al *maquinismo*; el juego de las notaciones y la búsqueda de correspondencias entre los números y las proporciones anunciaban el triunfo de la *matemática*. El siglo se prepara.

La Fiesta adquiriría una nueva manifestación en el *espectáculo vivo*. Se recuperó el teatro griego y volvieron las representaciones públicas. En 1472, en Mantua, mimo y danza caracterizaron el *Orfeo* de Policiano, primera dramatización del «motivo artístico»,[119] precedente del teatro moderno. En 1486, Sulpicio da Veroli, en su edición de Vitrubio, aludía a las representaciones de obras griegas que se celebraban en Roma. En 1491, en la corte del duque de Este, en Ferrara, tuvo lugar la primera representación moderna de una pieza de Plauto ofrecida en una corte palaciega.

La representación y la puesta en escena son también vivo reflejo de la sociedad mercantil, en la que cada cual podía hacerse «representar» por igual, y obtener un servicio mientras pagara por él.

El decorado de teatro, a su vez, preludia al pintor, quien, al igual que el dramaturgo, constituye un espejo donde se refleja la persona humana, con el aporte añadido de la Antigüedad clásica.[119] La Fiesta llama al movimiento, la puesta en escena trae consigo la pose, y ésta a la imagen. El cuadro es la maqueta, el modelo reducido, la instantánea resultante de la observación.[119]

En la extraordinaria explosión pictórica de la época dos corrientes se enfrentaron hacia 1490: una, «racional y científica»,[119] la otra, «irracional e intuitiva».[119] Se expresaron tres conceptos decisivos, que Aby Warburg ha definido mejor que nadie: «La perspectiva, la teoría de las proporciones y el conocimiento de los medios expresivos para representar la vida».[119]

Como las otras artes, la composicón pictórica era anuncio de cambio social. La pintura italiana se abrió a los inmensos espacios de Oriente y del norte, como sintiendo un deseo apremiante de viajar. Aceptó pintar retratos, como si el indviduo estuviera en trance de afirmación. Utilizó las perspectivas, como si la matemática regulase el Universo. Representaba el mundo tal como lo veía, tal como Europa lo deseaba, occidentalizando todos los temas bíblicos.

Todos los grandes pintores de la época se vieron comprometidos en esta aventura. Piero della Francesca acabó su tratado *De prospectiva pingendi*, que estableció los principios de la geometría estética. Andrea Mantegna y Ghirlandaio impulsaron hasta sus últimas consecuencias las reglas de la pespectiva. En Milán, Leonardo trabajaba en la *Cena* y el *Caballo*. En Florencia, Filippino Lippi inventaba el autorretrato. Italia y Flandes intercambian sus técnicas al igual que sus obras: Antonello de Mesina utilizaba la técnica de la pintura al óleo, llegada de Flandes, y los retratos de Memling fascinaban a toda Europa. En Nuremberg, Durero, que lo aprendió todo en los talleres de Mantegna y Pollaiolo, comenzó a elaborar su arte del retrato, a medio camino entre la ciencia y la magia, como su ciudad estaba a medio camino entre Flandes y Florencia.

La Fiesta italiana hubiera sido imposible sin la riqueza de aquellas ciudades italianas. Constituyó en su conjunto una especie de sueño, de reclamo, de evasión. Todo estaba dispuesto: el tiempo de la celebración del gran viaje había llegado. También éste iba a ser, en lo más esencial, obra de unos marginados llegados de Italia.

7. AMÉRICA POR AZAR, ORIENTE POR NECESIDAD

ATREVERSE

En la memoria colectiva del mundo tal y como Europa, recién convertida en *Continente-Historia*, la vendrá a resumir mucho más tarde, todo el año de 1492 se condensará en un solo acontecimiento del azar: el descubrimiento de un nuevo continente.

No fue, en realidad, un descubrimiento, sino un encuentro resultante de una evolución global de la sociedad europea que lo hizo inevitable. Aquel continente no tenía nada de nuevo, ni geográficamente ni en el plano histórico. Por otra parte, América más bien iba a constituir una molestia para Europa, empeñada en su ruta hacia la India. Este descubrimiento, en fin, podía haberse producido mucho antes, o bien un poco después, de 1492.

De hecho, la apropiación del mundo por el *Continente-Historia* europeo tuvo lugar a la vez mucho antes y un poco después.

A principios del siglo XV el mundo aparecía compartimentado en continentes cerrados, separados unos de otros por mares infranqueables y temibles desiertos. «Ninguna civilización —escribe Pierre Chaunu— tenía a la vista más de las dos terceras partes del planeta.»[22] En realidad, unos y otros se conocían bastante bien. Una red de múltiples contactos comunicaban pueblos sólo aparentemente extranjeros. Se disponía de un conjunto de informaciones dispersas y misteriosas. En algunos años, Europa las unificó en una visión global, coherente, objetiva, indiscutible, definitiva. En treinta años, de 1480 a 1510, el mundo se volvió uno para los europeos, el planeta se aceptó como una esfera, los hombres aprendieron que podían convertirse en nómadas.

En este campo como en los demás, este breve período de tiempo provocará una tremenda convulsión. Nunca, ni antes ni después, será el mundo tan inmenso a los ojos de los europeos. Nunca habían sido capaces de llegar tan lejos. Pero, desde luego, hubieran podido llegar antes.

En cierto modo, 1492 es el momento en que el espacio y el tiempo europeos conocen su máxima magnitud, en el que el espacio-tiempo del *Continente-Historia* es mayor.

En aquellos tres decenios unos centenares de hombres, surgidos en su mayoría de una región concreta de la Europa latina, franquearon el Ecuador, dieron la vuelta a África y, dirigiéndose en sentido

1492

opuesto, efectuaron la vuelta al mundo descubriendo al paso, sin llegar a asumirlo, un continente nuevo.

Esta formidable aventura, sin parangón en el transcurso de la historia humana anterior y posterior, no fue fruto de la casualidad, sino el resultado de una visión, de un proyecto, de una situación.

La visión: hallar una nueva ruta marítima hacia Oriente. El proyecto: consumar la vuelta a África a partir de la Península Ibérica. La situación: una poderosa Europa, a punto de ser asfixiada por Oriente.

Todo un mundo —príncipes, geógrafos, financieros, marinos— permanecía a la búsqueda de una nueva ruta hacia el este para conseguir especias. Encontraron, hacia el oeste, un nuevo continente que carecía de ellas.

Para comprender los acontecimientos de 1492 hay que retroceder mucho en el tiempo. Porque, cuando comenzó el siglo XV, las mejores cabezas europeas apenas conocían acerca del mundo un poco más que los sabios griegos, quince siglos atrás.

A principios del siglo V a. C., un marino griego de Focea llamado Eutimenes, pudo reconocer el perfil de las costas atlánticas de África al pasar por Gibraltar; un cartaginés, Himilcón, remontó hacia el norte costeando el litoral español.[47] Con la información obtenida de estos viajes, Hecateo de Mileto confeccionó el primer atlas del conjunto del mundo conocido, el *Periplo alrededor de la Tierra*.[47] Observando la sombra producida por el sol, los griegos ya habían comprendido que la Tierra era redonda, pero creían que las estrellas giraban a su alrededor. El matemático Eudoxio de Cnido estimó la duración del año en trescientos sesenta y cinco días y cinco horas, lo que no está nada mal. A fines del siglo IV a. C., otro marino griego de Focea, Piteas, remontó más al norte en el Atlántico y llegó hasta Escocia, quizás hasta la desembocadura del Vístula.[47] Pero la Tierra ya se sabía más extensa: a fines del siglo III, por la observación comparada de la altura del sol en Alejandría y Asuán, el día del solsticio, Eratóstenes de Cirene calculó el meridiano terrestre en treinta y nueve mil seiscientos noventa kilómetros, lo que constituye una buena estimación. Los griegos surcaron el Mediterráneo y tuvieron conocimiento de la India por los árabes, que desde hacía milenios traían los productos de Oriente, vía el Mar Rojo, pasando por Egipto. Entonces ya se conocía aquella India que Alejandro Magno pretendió conquistar, y que Aristóteles, como la mayoría de los geógrafos contemporáneos, creía separada de Europa por un océano; como creía asimismo que era posible franquear dicho océano rodeando África, cuya superficie se consideraba escasa. Sin embargo, ya había quien soñaba con alcanzar la India por el oeste, costeando el litoral norte de Europa. Pero otros creían que ninguno de ambos caminos era practicable,

INVENTAR EUROPA

porque ni era posible dar la vuelta a África, ni la India era accesible por mar.

La imagen del mundo se fue consolidando poco a poco. En el siglo II a. C., el gramático Crates de Malos describió cuatro continentes —dos por hemisferio— pero sin aportar precisión alguna que avalase su hipótesis. El océano sin fin, universo inaccesible, quedaba reservado a los mitos y a los sueños. Los romanos, conquistadores de tierras, no aportaron nada al conocimiento de los mares.

Los primeros en dirigirse por mar al oeste fueron sin duda los eremitas irlandeses del siglo VI d. C. Se establecieron en las islas Faeroes, Shetland y Orcadas. Pronto los piratas vikingos, capaces de navegar en alta mar, en medio de la niebla, sin otra ciencia que su conocimiento del paisaje marino,[47] los fueron persiguiendo de isla en isla. Entonces los irlandeses se refugiaron en Islandia: uno de ellos registró el descubrimiento de «una isla más al oeste, batida por fuertes vientos», a la que denomina San Brandon y que más tarde será, para los portugueses, la «isla de las Siete Ciudades»; según su tradición, siete obispos portugueses volvieron a descubrir aquella isla un siglo después. Quizás esta vez se tratase de una de las Canarias, pero nadie estaba en situación de afirmar si se trataba de algo más que una leyenda.

En el siglo VII los vikingos invadieron de nuevo las Faeroes, de las que terminaron de expulsar a los irlandeses. Pero, sin duda, llegaron más lejos. En el año 886 alcanzaron Groenlandia, aunque no llegaron a establecerse en ella. Se cree que, un poco más tarde, diez mil vikingos se establecieron en Islandia. En el 982, otros marinos vikingos regresaron a Groenlandia, desde hacía un siglo olvidada; esta vez desembarcaron para pasar el invierno. Regresaron a Islandia en la primavera siguiente, y de nuevo se dirigieron a Groenlandia, pero ahora para colonizarla.

Según algunas fuentes dos años después, en el 986, uno de aquellos barcos, navegando entre las brumas de los mares polares, se perdió al oeste de Groenlandia y, al término de un extraordinario viaje de siete mil kilómetros, avistó una costa: la de América. Según la misma fuente, Leif, hijo de Erik el Rojo, con una tripulación de treinta y cinco hombres, exploró al año siguiente la costa del Labrador, pasó el invierno en Terranova y, en primavera, descubrió una región de viñedos salvajes, por lo que llamó Vinland a aquella tierra.

Uno de sus hermanos, Bjorn, habría remontado el San Lorenzo. Otras fuentes[47] pretenden que los vikingos no alcanzaron el continente directamente desde Groenlandia, sino, prudentes marinos de cabotaje, costeando la banquisa.

Hacia el año 1000, en todo caso, otros viajeros europeos alcanzaron aquel continente donde vivían casi tantos individuos como en Europa y en el que, más al sur, florecían civilizaciones tan pujantes como

105

sanguinarias. Un capitán islandés, Karl Sefni, partió con tres barcos y ciento sesenta hombres a bordo y pasó el invierno cerca del estuario del San Lorenzo. Nueve marinos decidieron regresar a Irlanda, pero los demás se quedaron, y vivieron un cierto tiempo con los indígenas —los iroqueses— antes de regresar a Groenlandia.[47] En 1001, Leif habría conducido una nueva expedición a fin de reconocer la tierra apenas avistada por su hermano Bjorn catorce años antes. Habría vuelto a descubrir, ante todo, Terranova, a la que llamó Helloland, la actual Nueva Escocia; bajaría después hasta la actual Nantucket, donde pasaría el invierno. Volvería a Groenlandia en la primavera siguiente.[47]

Si exceptuamos las extrañas «sagas» que rememoran, en las tabernas de Islandia, las aventuras de Erik el Rojo, de Leif el Afortunado o de Freidys, la mujer del cuchillo entre los senos, apenas quedan huellas de aquellas expediciones. A fines del siglo XI, Adam de Bremen, historiador y cronista oficial de los arzobispos de Hamburgo, describió aquellas «islas del Norte» en las *Gesta Hamburgensis Ecclesiae Pontificum*, primera referencia escrita a América.[47] Los relatos galos del siglo XII hablan de tres expediciones, que fracasaron frente a las costas de Vinland: «Primeramente, Gafran ab Aeddan, con sus hombres, que se hicieron a la mar buscando Gwernonau Llion (la Isla Verde de las Corrientes), y de los que jamás se volvió a saber nada; en segundo lugar, Merddyn, el bardo del rey Ambrosio, y nueve sabios bardos se hicieron a la mar en la Casa de Vidrio, y que llegaron no se sabe adónde; en tercer lugar, Madawag ab Owain Gwyned, que se hizo a la mar con trescientos hombres embarcados en diez navíos, y que llegaron no se sabe adónde».[140]

En aquel momento los enlaces marítimos entre Groenlandia y Europa se fueron espaciando hasta interrumpirse; la expansión de los hielos polares rechazó la vegetación hacia el sur y convirtió en inhabitable la gran isla. Los viajes hacia el oeste fueron haciéndose más raros. Enfrentados con el frío, los viajeros vikingos no pensaron en descender más al sur del continente desconocido, sino en regresar a sus bases de Europa. El Atlántico Norte volvió a ser un océano desierto y misterioso. Se olvidó cuanto se había visto. Vikingos y galos continuaron durante un cierto tiempo pescando en las cercanías de Groenlandia. Algunos mapas encontrados en Irlanda a principios del siglo XIV citan aún con precisión aquellas costas;[47] las crónicas escandinavas evocan en 1347 una última expedición a Groenlandia. Pero en 1369, cuando la Peste Negra la alcanzó, los últimos establecimientos vikingos desaparecieron, Noruega interrumpió definitivamente toda relación con la isla y nadie hizo ningún esfuerzo para conservarla: en ella no había especias ni oro. Y nadie sabía aún que por allí se podían pescar bacalao o ballenas.

Se perdió todo interés por las tierras occidentales; se las olvidó. A menos que algunos marinos, guardando celosamente para sí sus legendarios secretos, los transmitieran a los cartógrafos de Nuremberg o a los mercaderes judíos radanitas, cuya extraordinaria red comercial, según Maurice Lombard, se extendía de Londres a Hang-Cheu,[77] y que parecían, ya en aquella época, poseer amplios conocimientos sobre el océano y sus islas.

¿Los utilizaron? ¿Sería Colón uno de ellos?

Soñar

La Cristiandad apenas llegó a tener conocimiento de las aventuras vikingas. En todo caso, nadie escribió a propósito de aquellas tierras. Nadie hablaba de ir a la India por el oeste. El norte de Europa, vasta región pagana, desapareció de la mirada colectiva.

En rigor se olvidó todo, incluso la redondez de la Tierra. La geografía cristiana había borrado el saber judeo musulmán y despreciado la aventura vikinga. Inventó la geografía y la historia a su manera. En todos los monasterios de Europa se dibujaban escrupulosamente esferas terrestres y mapamundis conformes a los relatos bíblicos.[47] Se trataba de imponer un nuevo *Continente-Historia*, el de las escrituras, distinto al del mundo grecolatino.

En él la Tierra estaba representada como un disco plano con un centro en el que se yuxtaponían Jerusalén y Europa. Más lejana, aparecía una tierra tórrida y monstruosa, poblada por cinocéfalos, cíclopes y unípodos.[135] En fin, un anillo acuático la circundaba. Visión simbólica que anuncia lo que será el *Continente-Historia*: Europa se consideraba la Nueva Jerusalén. Sólo los europeos son hombres; fuera de ellos sólo hay monstruos.

A veces la Tierra no era un disco, sino una herradura, o un óvalo, o una especie de T. Sobre estos mapas cada país tenía el tamaño que correspondía a su poderío.[57] En el mapamundi llamado de Beatus, por ejemplo, que fue dibujado en el siglo XII, la India aparece a la izquierda de África; debajo, Libia, nombre del norte de África, y a su derecha Palestina, que ya no se representa en el centro.[57] La Europa moderna conservará por estos mapas la idea de su posición central y el deseo, más o menos consciente, de eliminar a Jerusalén de la historia de la fe.

Estos mapas se nutrían asimismo de relatos aportados por marinos o divulgados por falsarios. En particular hubo una extraña historia que se extendió por toda Europa a partir de 1160 y que ejerció una considerable influencia: la de un tal Preste Juan, jefe cristiano de una tribu nómada, los Kara Kitai, presunto descendiente de los Reyes Magos, hechicero, «una especie de rey Arturo rodeado por todos los tesoros de Golconda».[47] Este soberano magnífico habría hostigado a los musulmanes y a los turcos desde el mar de Aral al lago Baikal. En aquel momento viviría allí, potente y amistoso, dueño de un enclave cristiano en un océano bárbaro, especie de Paraíso en la Tierra. Esta leyenda, que proviene quizá de un error de traducción de textos orientales en los que Juan sería una aproximación al *Khan*, —rey—, inflamó la imaginación de la época: Juan era un aliado potencial que iba a permitir atacar por la espalda a los infieles por primera vez desde las Cruzadas. Una carta de este rey Juan —en realidad se sabe que fue redactada por un canónigo de Maguncia— comenzó a circular por Occidente. En ella se describen riquezas fabulosas, camellos, leones, unicornios, pigmeos y una fuente de la eterna juventud,[47] un «palacio de ébano y cristal, con el techo de piedras tachonado de estrellas, sostenido por columnas de oro, ríos que nacen en el Paraíso terrestre, riquezas en piedras preciosas, oro y pimienta».[57] Juan —«el más poderoso monarca del universo, soberano de decenas de reinos, dominador de las tres Indias»—[57] era tan poderoso, que por sí solo era capaz, transportado por grifos, de atravesar un desierto de arena «cuyas ondas son tan rápidas que producen temibles oleajes».[57] A su mesa «se sienta el patriarca de São Tomé, los obispos de Samarcanda y de Susa, y treinta mil visitantes».[57]

Pero la fe llegada de Oriente se había convertido en la fe de Occidente. Aquel rey cristiano de Oriente no constituía el centro, era sólo un aliado periférico.

El mito fue muy pronto aceptado como real. La Iglesia se sirvió de él para justificar su poder. Cada cual soñaba con visitar aquel reino lejano, aliado mirífico, que todos los mapas situaban en la lejana Asia. El mito se fue alimentando de milenio en milenio, nutrido por los relatos de los viajeros de regreso de la ruta de las especias. Amenazada por Gengis Khan —y después por un general al servicio de su sucesor, Ogodei, que llegó hasta las puertas de Viena en 1240— la Europa cristiana soñó que este Juan la abastecería de oro y especias. Los escasos cristianos de Etiopía y de la India, encontrados por azar, no hicieron sino alimentar esta fantasía.

La mayor parte de los príncipes, filósofos, cartógrafos y mercaderes creyeron en esta historia hasta mediados del siglo XIII. Porque ella les devolvía el eco del Paraíso terrestre, del *hombre puro*, finalmente accesible.

Cuando a fines del siglo XIV los papas, usando de su derecho de atribuir la soberanía temporal sobre todo nuevo territorio a un monarca cristiano, concedieron a los reyes de Portugal la propiedad de la costa africana, precisaron «hasta el reino del Preste Juan». El mito se hizo realidad en virtud de una bula papal.

INVENTAR EUROPA

INTENTAR

Sin embargo los estudiosos de principios del siglo XIII olvidaron estas fantasías y comenzaron a replantearse seriamente la geografía del mundo. Las obras de los geógrafos griegos, recuperadas en Egipto, viajaron de El Cairo a Túnez, de Córdoba a Toledo,[136] donde una escuela de traductores puso los textos al alcance de algunos eruditos. Se aprestaron a intentar de nuevo la gran aventura, alcanzar la India por mar pasando «por debajo de África», que se consideraba estrecha.

Algunos viajeros se lanzaron a la aventura del océano. A principios del siglo XIII el italiano Lanzaroto Malocello descubrió de nuevo las Canarias, durante tanto tiempo olvidadas. Otros, se precipitaron hacia las rutas de China por encargo de la Iglesia y de los grandes mercaderes, para convertir y comerciar. En 1245, el papa Inocencio IV envió a un franciscano, Giovanni da Pian Carpino. A su vuelta, redactó una historia de los mongoles. En 1255, Luis IX envió a otro franciscano, Guillermo de Rubrouck, en la misma dirección. Un poco más tarde, los hermanos Polo, ya citados, declararon a su regreso haber contado siete mil cuatrocientos cincuenta y siete islotes de especias rodeando Cipango.

En el mar, los progresos fueron muy rápidos. En 1277, el comerciante Nicolo Spinola partió de Génova, franqueó Gibraltar, se dirigió hacia el norte y alcanzó Flandes. A partir de 1298, esta línea comercial se convirtió en regular, enlazando los dos polos del orden mercantil.

A fines del siglo XIII y a solicitud del papa Bonifacio VIII, Giuliano da Levanto dibujó el mapa de las rutas de las Cruzadas detallando los accidentes naturales: los Alpes, los Apeninos, el Cáucaso e incluso ¡el Himalaya! Los marinos genoveses y venecianos utilizaban para sus viajes de negocios unos textos nuevos, llamados portulanos, a la vez mapas y libros de instrucciones náuticas, con descripción de los puertos y de las rutas marítimas. En 1291, tres genoveses, Tedisio Doria y los hermanos Urgolino y Vadino Vivaldi, fueron los primeros en intentar la vuelta a África para procurar llegar a la India por mar. Mientras Doria permanecía en Génova, los hermanos Vivaldi partieron hacia el sur y parece que llegaron al golfo de Guinea, ya que no volvieron jamás, dejando enormes columnas de piedra jalonando los lugares por donde pasaron. La vuelta a África no iba a tener lugar hasta dos siglos después.

En el mismo año de 1291, un franciscano, Giovanni da Monte Corvino, fue encargado por el primer papa franciscano, Nicolás IV, de evangelizar Asia: la obsesión de la época. Se instaló en Kambaluk, enseñó, predicó y convirtió a seis mil personas, y por ello alcanzó celebridad.[47] Diez años más tarde su sucesor en el papado, Clemente V, envió a su encuentro a otros siete francisanos, elevados a la dignidad de obispos antes de su partida, para ayudarle en su labor. Solamente tres de ellos consiguieron reunirse con él en Kambaluk en 1311, donde le consagraron arzobispo de China; allí murió en 1328.

Por otra parte, cristianos abisinios, los «monjes negros»,[47] desembarcaban en Europa a principios del siglo XIV, y contribuían a alimentar el mito del Preste Juan y a reforzar la idea de Europa como centro; según ellos, la Iglesia de Oriente era posterior a la de Roma. A partir de 1310, dos dominicos, Guillermo Adam y Étienne Raymond, penetraron en África oriental a partir de Etiopía. Inmenso periplo de extremada audacia, pero también aventura sin mañana.

Al mismo tiempo, al oeste, los más emprendedores de los marinos, los genoveses, comenzaban a abordar el océano entre el terror y la fascinación. Hacia 1310, descubrieron Madeira, a la que dieron el nombre de Legname (isla boscosa).[47] De Londres a Gibraltar, navíos genoveses, castellanos, franceses, catalanes, normandos, empezaban a frecuentar las costas del Atlántico.

Estos aventureros se financiaban por y para el comercio. Así, en 1317 el rey portugués fue el primero en firmar un contrato con un genovés, Manuel Pessanha, al que nombró almirante, para explorar una nueva ruta que costease el litoral de África.

En el este proseguía el sueño de cristianización. En 1326, Corvino hizo saber al papa que había convertido a diez mil tártaros y entre quince y treinta mil ortodoxos del rito griego. Cuando Corvino murió, en 1334, Juan XXII envió a otro franciscano para sucederle, pero éste no llegó jamás a China. Dos mercaderes genoveses y un mogol llevaron entonces a Aviñón una carta de la comunidad china, en la que se lamentaban por la ausencia de un arzobispo en China. En 1338, Benedicto XII envió a cuatro obispos franciscanos, de los que Giovanni Marignoli asumió el archiepiscopado entre 1342 y 1346.

Lisboa se había convertido en el centro de las actividades de las gentes de mar. Financieros, cartógrafos, marinos, espías y comerciantes de toda Europa afluyeron a la ciudad.[134] Allí se empezó a comprender la topografía del mundo. En 1320 el mapamundi de Pietro Vesconte situó por primera vez las tierras en las direcciones marcadas por la brújula, con las proporciones exactas y con el Mediterráneo y Arabia correctamente trazados.[57] Poco después, Madeira y las Canarias aparecieron por primera vez en un mapa. «De un solo golpe, el espacio marítimo balizado de Occidente se acrecentó en las dos terceras partes del Mediterráneo.»[22]

En 1338, Alfonso IV de Portugal, asumiendo que sus súbditos no podían realizar sus sueños por sus propios medios, concedió privilegios comerciales a florentinos, lombardos y genoveses, que fueron a instalarse en Lisboa. En 1341, los mallorquines llegaron de nuevo a las Canarias, cuya propiedad el soberano portugués reclamó al papa en 1345. El 10 de agosto de 1346, un marino menorquín, Jaume Ferrer, navegando a lo largo de las costas africanas, pasó un cabo al que denominó Bojador —que significa «abultamiento», actualmente cabo Juby— y alcanzó sin duda el Senegal, pero no regresó; más tarde se encontrarían sus huellas, los *padrões*. Después de 1350, la exploración de las costas africanas se aceleró. Aún se creía que más allá del cabo Bojador iba a ser fácil doblar hacia el este y alcanzar la India. En 1356, el geógrafo francés Jean de Mandeville escribió el *Libro de los viajes*, en el que hablaba de la India y de Catay, pretendiendo haber estado allí: «Todo lo que hallamos era más grande, más digno de consideración, más fantástico de lo que nos habían dicho ... Estoy seguro de que nadie creería sin ver la magnificencia, la suntuosidad, la multitud de gentes que viven en este Reino».[135] Describió Malabar, la costa occidental de la India, como el «país donde crece la pimienta en un bosque llamado Combar. No crece en ninguna otra parte. El reino de Catay es el más grande que existe en el mundo, y su emperador el mayor soberano bajo el firmamento. Aquí los cristianos viven en paz, y quienes lo desean pueden convertirse al cristianismo, porque el Gran Khan no prohíbe a nadie elegir su religión».[47]

Siempre hay una misma idea de la que Europa se nutre: todo el mundo es el paraíso; Europa es una tierra desgraciada, mancillada, que hay que *purificar*, a la espera de que el europeo pueda, para su redención, dar a luz el cristiano perfecto.

Colón meditará mucho sobre este libro.

En 1375, el *Atlas catalán*, excepcional portulano de un cartógrafo judío al servicio del rey de Aragón, Yehuda Crescas, descartó por primera vez los términos fantasistas y denominó a las regiones desconocidas «*Terra incognita*».

Los sueños ya no tenían nombre. El progreso era inmenso. La circunferencia terrestre se evaluaba en dicho atlas en treinta y dos mil kilómetros. Este portulano fue reconocido en su época como una referencia tan perfecta, que cuando el rey de Francia, Carlos V, pidió al rey de Aragón una copia del mejor mapa del mundo de que dispusiera, recibió uno de sus ejemplares.

A principios del siglo XV se sabía que la Tierra era redonda, pero se la tenía por el centro del universo (Copérnico no nacerá hasta 1473 en Torun, Polonia). Un matemático italiano, Apollonio de Perza, se atrevió a escribir que ciertos planetas —aunque no la Tierra— giraban, sin duda, alrededor del Sol.

Había mucho interés por las islas del océano que, según se pensaba, separaban Cipango y Catay de Europa. En 1402, el francés Jean de Béthencourt se estableció en el archipiélago de las Canarias y reconoció la soberanía del rey de Castilla, Enrique III. En 1418 vendió sus derechos al conde de Niebla. Su sobrino, Maciot de Béthencourt, fue gobernador de una de las islas, la de Lanzaroto Malocello, por lo menos hasta 1430.[129]

Algunos comenzaron a pensar que si se dirigían hacia el oeste a través del océano podrían arribar a Catay. En 1410, un astrólogo y teólogo francés, Pierre d'Ailly, apoyándose en Plinio, afirmó en su *Imago Mundi* que el océano que se extendía entre Europa y la India no era tan vasto como se creía: «Porque es evidente que este mar puede recorrerse en *algunos días* si el viento es favorable, de donde se deduce que este mar no es en absoluto tan grande como se cree».[135] Colón leerá más tarde este texto con pasión. Como estaba en la línea de lo que pretendía demostrar, le concedió el mayor de los méritos.[63]

En 1414 se empezó a hablar de una nueva isla de dicho océano, la «Antilia», que habría sido «colonizada en el siglo VII por el arzobispo de Oporto y seis obispos y otros cristianos, hombres y mujeres, con ganado y mercancías».[47] Se trataba, sin duda, de la «isla de las Siete Ciudades», cuyo descubrimiento fue atribuido a los obispos portugueses, o quizás de la «isla de San Brandon» reconocida por los monjes irlandeses en el siglo VI.[140]

En Florencia, el año siguiente vio resurgir el manuscrito de la *Geografía* de Ptolomeo, traído desde Constantinopla por el mecenas florentino Paolo Strozzi. Traducido al latín por Jacopo d'Angelo, el libro, que contenía principios generales de geografía y un catálogo de lugares conocidos, adquirió inmediatamente una extraordinaria reputación.[135] Circularon por Europa varios ejemplares, algunos de ellos acompañados de veintisiete mapas atribuidos a Ptolomeo, realmente confusos e inexactos. Cuando Pierre d'Ailly entró en conocimiento del libro de Ptolomeo, se alineó según sus tesis en su *Compendium geographiae*.[15] Había llegado la hora de la verdadera conquista.

RODEAR

La exploración dio entonces un giro sistemático que conservará durante un siglo, hasta el primer periplo alrededor del mundo, exactamente cien años después.

El 21 de agosto de 1415 Juan I, rey de Portugal, asistido por su tercer hijo, Enrique, arrebató a los corsarios marroquíes el puerto de Ceuta, la más importante avanzada musulmana en África, clave del estrecho de Gibraltar, por el que llegaba el oro africano. Tras esta expedición, el príncipe Enrique dejó de navegar, pero fue a buscar en la

INVENTAR EUROPA

exploración la gloria que no podía esperar de la política. Se dice[9] que se instaló en Sagres, en el Algarve, con un solo objetivo: alcanzar Oriente por el mar, y una sola estrategia: rodear África. Organizador obstinado y sistemático, a la vez «visionario audaz y espíritu hogareño»,[9] Enrique iba a ser durante cuarenta años el director de orquesta de metódicas expediciones.[9] Exigía de todos sus navegantes que multiplicasen las notas en diarios de a bordo y cartas marítimas de las que él era único destinatario, y que fueron sintetizadas por el hijo de Yehuda Cresques. En opinión de algunos, hizo de Sagres un centro secreto de cartografía y un «laboratorio del mar».[9] Para otros, la realidad es menos orgánica, más concreta, y giraba alrededor del vecino puerto de Lagos.[57] En todo caso, es cierto que sabios judíos, musulmanes, genoveses, venecianos, alemanes y escandinavos participaban en aquella empresa para la que Enrique disponía del respaldo y el dinero de la corte de Lisboa. Para financiar el conjunto —otra audacia más— dejó a los mercaderes el beneficio de los productos que pudieran traer, incluidos los esclavos, a cambio de sus informes, que no debían comentar con nadie a excepción de él mismo.

Aquellos marinos se movían deprisa, aprovechándose de las últimas novedades técnicas: el *astrolabio*, el *torquatum*, el *cuadrante*, las *tablas de declinación*, el *compás*, la *sonda* y la *corredera*. Las naos de descubrimiento marcaron sus comienzos. Pronto llegaría el tiempo de la carabela.

Enrique enviaba navío tras navío a fin de alcanzar el extremo de África, por el momento en vano. En 1418 sus marinos se hallaban en Madeira, cuyo control asumieron. Entre 1420 y 1434, cuatro nuevas expediciones intentaron contornear el litoral de África, pero el cabo Bojador, donde las corrientes cambian de dirección, permanecía como un obstáculo infranqueable. Los marinos contaban que más allá existían altos acantilados, cascadas, arena roja. Además, para regresar era preciso alejarse del litoral de África hasta las Azores, sin la referencia de la costa. Nada más peligroso. No hay duda de que los retornos de las expediciones permitieron delinear ciertas costas situadas al oeste de África. Pero nadie las mencionó. Sin embargo, un mapa levantado en 1424 sobre la base de los informes portugueses, muestra un grupo de lejanas islas al oeste del Atlántico. ¿Acaso era ya Brasil?

Entonces, el infante envió a la aventura a uno de sus gentilhombres, Gil Eanes. Tras un primer fracaso en 1433, consiguió rebasar el cabo Bojador al año siguiente a bordo de una simple nave de treinta toneladas, con un solo mástil y una única vela redonda. Pero, terrible decepción, comprendió que, más allá, el litoral africano se prolongaba hacia el sur; Bojador, pues, no constituía el extremo de África. La India no estaba a la vista. Había que volver a empezar. Quizá ni siquiera existía el paso...

En 1436, Alfonso Gonçalves Baldaia descendió un poco más y alcanzó una bahía. Allí dejó un *padrão*, columna rematada por un piedra cúbica, con las armas del rey de Portugal y una cruz. La llamó Río de Oro, porque creyó efectivamente ver un río de oro. Doble ilusión.

Enrique no se desanimó. Por el contrario, redobló sus esfuerzos. El puerto de Lagos, a pocos kilómetros de Sagres, se transformó en el astillero donde se construyeron las primeras carabelas.[57] Había que dar la vuelta a África. Los portugueses poblaron Madeira y las Azores. En 1435, cuando las Canarias pasaron al control de Castilla, apenas se preocuparon, porque para ellos el océano no era un objetivo en sí mismo, sino un medio para costear el litoral de África.

Pero otros comenzaban a interesarse. En 1436, un veneciano, Andrea Bianco, oficial que navegaba en galeras mercantes con destino a Tana, Beirut, Alejandría y Flandes, dibujó unos mapas en los que revelaba por primera vez indicios de unas islas situadas al oeste de Madeira, y algunas más al norte, a las que denomina Stockfixa (la isla del Bacalao), que podría ser Terranova.[47] En el mapamundi llamado de Yale, publicado en 1444, aparece la misma isla con el nombre de Vinland. Otro mapa, el de Bianco, trazado en Londres en 1448, menciona una gran «isla verdadera» en el emplazamiento de Brasil.[135] Curiosa anotación: parece como si los marinos la hubiesen descubierto ya durante las idas y venidas necesarias para franquear el cabo Bojador.

Como quiera que fuese, los marinos genoveses al servicio de Portugal continuaron avanzando. En 1441, Antonio de Noli, su hermano Bartolomeo y su sobrino Raffaelo, obtuvieron de Enrique el derecho de navegar en el golfo de Guinea para buscar especias, oro y esclavos. Hallaron una especie de pimienta africana, la malagueta, mucho más barata que la de Malabar. La pimienta portuguesa se convirtió en una auténtica rival de la veneciana, y constituyó el primer resultado comercial de la ruta de África. En 1443, la isla situada en la desembocadura del Senegal, Arguiem, se transformó en factoría portuguesa —la primera factoría blanca en África—. En 1444, Lanzarote alcanzó Tider y Nuño Tristão la desembocadura del Senegal. Poco a poco, los marinos fueron consolidando algunas escalas a lo largo del litoral africano, de las que hicieron verdaderos puertos, depósitos de esclavos y de otras mercancías. Enrique el Navegante exigió a sus capitanes que se contentaran con comprar a los esclavos en los mercados locales, prohibiendo las incursiones al interior. En el mismo año, un tal Diniz Dias, desobedeciendo dicha orden, dobló la península de Cabo Verde, desembarcó en una isla, sin duda la actual Gorè, y después capturó en Cabo Blanco a doscientos africanos, que llevó a Lagos en calidad de esclavos.

Durante este tiempo, Antonio Malfante penetraba por tierra en el Sahara argelino.

En 1446, Nuño Tristão rebasó el Cabo Verde; en el mismo año, otro capitán portugués, Álvaro Fernández, alcanzaba la actual Guinea-Bissau. Enrique otorgó entonces a Gil Moniz, su hombre de confianza, todos los derechos señoriales sobre Madeira (la nieta de éste se convertirá en la esposa de Colón). En 1447, alcanzado el golfo de Guinea, los marinos de Enrique creyeron, subestimando otra vez el tamaño del continente, que África terminaba allí y que, por fin, habían encontrado el paso hacia la India. Los estuarios del Gambia y del Congo fueron ocasión de nuevas desilusiones. Y sin embargo, esta obcecación conducirá a la victoria, cincuenta años después, a Bartolomé Díaz.

Por esta época nadie sospechaba que pudiera existir un continente al otro lado del Atlántico, entre Europa y Asia. Sin duda, había islas, o más bien penínsulas. Pero nada que no fuera la misma Asia, india, japonesa o china. Asimismo, parecía bastante arriesgado alcanzar la India por el oeste, pues se estimaba en veinte mil kilómetros la distancia a recorrer en altamar. Con los barcos de la época era totalmente imposible: hubieran sido precisos seis meses de navegación.

A mediados del siglo XV, Europa entera se mostraba interesada en la aventura africana. El frenesí de los descubrimientos alcanzó los más lejanos reinos. A pesar de las reticencias de Enrique, que deseaba conservar el monopolio, Francia e Inglaterra enviaron algunos barcos. Hacia 1450, Cristóbal III de Baviera, rey de Dinamarca, de Suecia y de Noruega, organizó con Alfonso V, sobrino del rey de Portugal, una expedición a lo largo de las costas africanas «para encontrar al Preste Juan».[147] La expedición fracasó, lamentablemente, aniquilada por los piratas en el golfo de Guinea. Poco a poco la costa africana pasó a ser verdaderamente portuguesa. Una vez plantados los *padrões*, que significaban apropiación, se establecían puertos. A fin de multiplicar los viajes, Enrique fue dejando progresivamente libres a sus capitanes para hacer fortuna con el tráfico de esclavos.[9] Hacia 1450 se capturaban mil al año, y más de tres mil diez años después, que se cambiaban por oro o por las grandes conchas de las Canarias, cada una de las cuales podía costar en África tanto como dos ducados de oro.[47] La esclavitud, ya muy extendida en el Islam africano, se transformó en una actividad muy lucrativa que exigía el acondicionamiento de puertos. Ninguna autoridad religiosa se opuso a ella.

Enrique continuó manteniendo confidenciales sus descubrimientos y exigía de sus marinos el secreto de cuanto veían en África. Las salidas no eran anunciadas, ni siquiera inscritas en un repertorio.[47] Los mejores mapas representaban correctamente Europa, África del

Norte, el mar Negro, el mar Caspio, el mar Rojo y Arabia, pero África continuaba siendo *Terra incognita*.[135] Los navegantes veían la lógica del secreto: se trataba de proteger los descubrimientos para asegurarse el monopolio, de encontrar un paso hacia el este o, por lo menos, de continuar adelante, sin dejar a los demás el beneficio del saber acumulado.

Pero cuando, a partir de los años de 1450, hombres de negocios italianos, como Alvise Ca' da Mosto o el genovés Antonio Usodimare, intervinieron asiduamente en las expediciones portuguesas, proporcionándoles como objetivo el hallazgo de especias a buen precio, o de caña de azúcar, los viajes cambiaron de naturaleza. Dejaron de ser travesías a la búsqueda de informaciones marítimas para convertirse en comercio de informaciones mercantiles. Por tanto, los datos comenzaron a circular: el mercader no podía ocultar sus rutas, puesto que las vendía. Comerciaba con ellas.

Cristóbal Colón, quien iba a convertirse en el más célebre de los mercenarios, había llegado a Portugal a la edad de veinte años. Había nacido en Génova, sin duda en agosto de 1451. Su padre, Domenico Colombo, maestro tejedor, había recibido del dux Fragoso, en 1439, el cargo de guardián de una de las puertas de la ciudad.[62] Se le tenía por judío. Salvador de Madariaga[80] le cree descendiente de una familia judía de Barcelona, expulsada en 1391 y refugiada en Génova. Para probarlo se apoya en mil indicios: su firma, el nombre de pila de su madre, Susana, el hecho de que redactara siempre en español sus místicos escritos, que demuestran que había sido educado en el Antiguo Testamento, etc. La tesis es seductora y muchos detalles de la vida de Colón parecen confirmarla. Buena parte de sus adversarios le consideraban judío. Él mismo, como veremos, dejó subsistir la duda. De hecho, un Colón fue identificado con certeza como el fundador de la *yechiva* de Padua en 1397, y la madre de Colón era casi con certeza judía. Pero la mayor parte de los investigadores dudan de que lo fuera su padre. Jacques Heers[62] no encuentra ninguna huella de un judío tejedor en Génova, oficio, por otra parte, que en aquel tiempo estaba en manos de cofradías religiosas, las *humiliati*. Para él los antepasados de Colón eran sencillamente campesinos oriundos de Piacenza. Según las investigaciones más recientes, su abuelo era natural de Génova. Él mismo dejó que se creyera que descendía de una familia de marinos, es decir, que no era el primer almirante de la familia... Por mi parte, le creo francamente de ascendencia judía y de fe cristiana. Y dotado de una cultura bíblica más judía que cristiana.

En 1454, el veneciano Alvise Ca' da Mosto se embarcó hacia Guinea en la nave del portugués Vicente Dias, mercader de oro y de esclavos. En la región de Cabo Verde, Ca' da Mosto encontró a otro genovés, Antonio Usodimare, también residente en Portugal, que había llegado hasta Gambia en 1455 y pretendía haber «hallado aquí un compatriota que desciende de los marineros que formaban la tripulación de los Vivaldi hace cien años. Me lo ha dicho él mismo, y aparte de él, no quedan otros descendientes».[62]

El 8 de enero de 1455 y a solicitud del rey Alfonso V, el papa le concedió el monopolio de la navegación costera de África, y Portugal hizo respetar esta decisión. Pero los grandes de Andalucía, como los Guzmán, duques de Medina Sidonia, que controlaban el tráfico comercial de Sevilla, estaban muy interesados en las islas y en África. Quisieron «hacer de este mar océano la prolongación de sus propios dominios».[97] Las carabelas españolas se lanzaron entonces hacia las costas de África, llevando a Palos oro y esclavos. Entre Portugal y Castilla, divididas por entonces por sombrías querellas sucesorias, estalló la primera guerra colonial.

En 1456, los dos italianos, Ca'da Mosto y Usodimare, comenzaron un viaje de exploración que duraría dos años por las islas del archipiélago de Cabo Verde. En 1460, el español Diego Gómez trajo oro de Gambia. Un traficante de esclavos español fue capturado por los portugueses en la región de Cabo Verde, hoy Dakar; algunos navíos genoveses fueron echados a pique. Colón, niño aún en Génova, pudo tener noticias de ello. Todas las naciones comerciantes habían penetrado en África. El mercader florentino Benedetto Dei llegó a Tombuctú por cuenta de los Médicis.

El mismo año, Fra Mauro, monje del monasterio de Murano, terminaba para el príncipe Pedro, hermano de Enrique el Navegante, un mapa del mundo en el que trataba de precisar al máximo la dirección del polo astronómico.

En 1460, a la muerte del príncipe Enrique, sus descubrimientos pasaron a formar parte del patrimonio de la corona portuguesa. El rey Alfonso V, llamado el Africano, que reinaba desde 1438, desposeyó Lagos en beneficio de Lisboa. Se interesaba más en la política que en el descubrimiento, en Marruecos que en Guinea. Y África le había decepcionado: rodearla era más difícil de lo previsto. No le reportaba demasiado oro. Era preferible consolidar su empresa en Marruecos que pretender ir más allá.

En 1462, Alfonso V concedió a uno de sus caballeros todos los derechos sobre dos islas del Atlántico, caso de que las descubriera. Las llamó Lovo y Capraia, es decir, «Non Troubada» o «Encubierta», o también «Antilia». En noviembre de 1469, concedió a Fernão Gomez, rico mercader de Lisboa, el derecho de navegar y comerciar en la costa de África, a cambio de «descubrir cien leguas de costa cada año y de pagar al rey un canon anual de doscientos mil reales».[135] En 1470, Soeiro Costa reconoció mil kilómetros más, a partir del cabo Das Tres Pontas, en Ghana. En 1471, João de Santarem y Pedro Escobar descendieron hasta la desembocadura del Níger y luego, en dirección sur, hasta las islas de São Tomé, y franquearon por primera vez el Ecuador. El mismo año se fundó el primer fuerte en San Jorge de la Mina, que durante siglos permanecerá como principal fondeadero de la presencia europea en África. En 1472 se descubrió una isla a la que se llamó Fernando Po, al fondo del golfo de Guinea. Pero cuando, una vez franqueado el Ecuador, otra expedición portuguesa constató que el Gabón era otro río, fue de nuevo la decepción.

TRIUNFAR

Durante este tiempo el joven Cristóbal Colón, en Génova, aprendía el oficio de tejedor y se iniciaba en la cartografía, con sus dos hermanos, en la taberna donde trabajaba su padre, frecuentada por mercaderes y marinos. Leía mucho. Se apasionaba por comprender. Pescador y marino de ocasión —a los diez años efectuó su primer viaje a Córcega—, pronto comenzó a navegar, primero para los Centurioni, principales banqueros de la ciudad, los Spinola y los Di Negro; luego fue pequeño comerciante y comisionista. En 1472 recibió el encargo de ir hasta Túnez a buscar especias, cargado de piezas de tela o de barriles de azúcar. Escribió: «Me sucedió que el rey Renato (de Anjou) me envió hasta Túnez para capturar la galera *Fernandina*».[63] Allí oyó decir a los marinos que existían islas lejanas donde se encontraba oro y piedras preciosas. Extraño y ya ambiguo personaje: a los ojos de algunos era un místico; para otros sólo tenía una ambición, el poder; para otros más, sólo un sueño le dominaba: el mar. Poco se conoce sobre su físico. Su hijo Fernando escribirá: «El almirante era bien constituido de cuerpo, de talla por debajo de la media, tenía el rostro alargado, bastante lleno, de buen color, y no era en realidad ni magro ni grueso. Su nariz era aquilina, sus ojos destellaban. En su juventud había tenido los cabellos rubios; pero antes de que alcanzara la edad de treinta años se le habían tornado completamente blancos».[63]

Durante el invierno de 1473 —tenía veintidós años— optó definitivamente por la navegación. Casi en el mismo momento, el 12 de enero de 1473, el rey Alfonso V de Portugal concedía la «isla de las Siete Ciudades», avistada algunos años antes al oeste de Cabo Verde, a João Gonçalves da Camara, quien recorrió las costas de Gabón y franqueó de nuevo el Ecuador.

Colón viajaba mucho y leía siempre. Había oído hablar de aquella idea de un enlace entre Portugal y Catay, que hacía bullir los círculos portugués y genovés. El 25 de junio de 1474 un médico-astrónomo florentino, Paolo del Pozzo Toscanelli, escribió a un canónigo de Lisboa, Fernão Martins, para explicarle que existía ciertamente una ruta hacia Oriente —que «es muy rica en oro, perlas y piedras preciosas»— por el oeste. Esta «ruta es más corta que cualquier otra. La extensión de los mares que hay que franquear no es demasiado grande ... Se puede alcanzar fácilmente».[135] Toscanelli evaluaba la distancia entre las Canarias y Asia en setecientas leguas. Incluso afirmaba que existían dos rutas: una, directa, y otra que pasaba por Antilia y Cipango. Colón oyó hablar de esta carta siete años después, pero jamás reconocerá su deuda intelectual con Toscanelli.

En 1474 el rey Alfonso V de Portugal confió a su hijo Juan, apasionado por el mar, la gestión del comercio africano. Al año siguiente, éste autorizó a su intendente, Fernão Telles, a ir a descubrir la «isla de las Siete Ciudades». No se sabe si fracasó o si se dio por perdido. Fue uno de los primeros autorizados a intentar aquello en lo que triunfó Colón.

La imprenta propagaba con rapidez los detalles relativos a los descubrimientos. Ya hemos visto cómo en 1477 se editaba en Bolonia la *Geografía* de Ptolomeo. Se conocen seis ediciones anteriores a 1500. Colón la leyó. Leyó también el *Libro de las maravillas* de Marco Polo, el *Imago Mundi* de Pierre d'Ailly y los *Viajes* de Jean de Mandeville.[63] Ahora podía acceder a los mapas que los navegantes de Sagres habían rehusado publicar y que se recopilaban en Italia, Flandes, los países renanos, Saint-Dié y Nuremberg.[9] En ellos se marcaban las coordenadas en longitud y latitud, y dejaban insinuar la evidencia de un posible camino por el oeste.

En febrero de 1477 —tenía veintiséis años—, Colón partió hacia Londres para efectuar cabotaje comercial sucesivamente en el *Galway* y el *Bechalla*, dos barcos sin duda flamencos. Llegó hasta Irlanda e Islandia. ¿Qué encontraría allí? Debió oír hablar de Terranova, quizá de Groenlandia. Pudo ver cadáveres, indudablemente de lapones, a los que confundió con chinos. En ese mismo año se instalaba en Portugal.

Según la tradición, fue a parar allí porque su barco —¿era verdaderamente flamenco?—, el *Bechalla*, fue echado a pique el 13 de agosto por una escuadra francesa cerca de Lagos. Tras ganar la costa a nado, agarrado a una tabla, habría sido recogido por los habitantes de Lagos. La realidad es sin duda más prosaica: llegó a Lisboa en un barco mercante para reunirse con uno de sus hermanos menores, Bartolomé, ya instalado allí como fabricante y mercader de cartas marinas, ayudado por un rico compatriota, Manuel Pessanha, patrón de navío, que se había enriquecido de tal modo que era propietario de todo un barrio de la ciudad, el «*barrio do almirante*».[63]

Colón deseaba a la vez fama y fortuna. No pensaba todavía en la ruta del oeste. En 1478 fue enviado a Madeira a comprar azúcar por cuenta de un negociante genovés de Lisboa. Allí conoció a una joven perteneciente a una gran familia local, doña Felipa Perestrelo e Moniz. Era hija de Bartolomé Perestrelo, uno de los pioneros de la colonización de Madeira, y nieta de Gil Moniz, hombre de confianza de Enrique el Navegante, a quien éste había cedido todos los derechos señoriales y comerciales sobre Madeira en 1446.[63] Se casó con ella y se estableció en Porto Santo y luego en la misma Madeira, formando parte así de la la familia regente de la isla. Sin renunciar a sus sueños de gloria, se dedicó al comercio del azúcar. El 25 de agosto de 1479 se encuentran sus huellas en un contrato referente a la compra y el transporte de dos mil arrobas de azúcar por cuenta de Ludovico Centurioni y Paolo di Negro, armadores genoveses de navíos vascos y gallegos.[63] En Funchal, capital de Madeira, donde verosímilmente nació su primer hijo, Diego, Colón perfeccionó su castellano.

Allí escuchó mil rumores describiendo las cercanas islas de más al oeste. En septiembre de 1479, por ejemplo, un marino flamenco llamado Eustaquio de la Fosse, que viajaba en un navío español hacia San Jorge de la Mina, en África, que había sido prisionero de los portugueses, se enteró por éstos de que un barco portugués, rechazado por una tormenta lejos de Madeira, había avistado una isla situada muy al oeste, pero sin desembarcar en ella.

Tras la coronación de Isabel de Castilla, una vez regulada la guerra de sucesión, españoles y portugueses hicieron la paz, incluso en el mar. En 1480, el tratado de Alcobaça confirmó que África y las regiones situadas al sur del cabo Bojador pertenecían a Portugal, y las Canarias a Castilla. En cuanto a las eventuales rutas hacia el oeste, no pertenecían a nadie, puesto que nigún loco iba a tener interés en arriesgarse hacia allá.

Ese mismo año, un joven geógrafo de Nuremberg, Martin Behaïm, alumno del matemático Regiomontanus, recibió del rey Juan II la misión de explorar las Azores. Este extraño personaje iba a dar mucho que hablar.

Colón viajaba entonces a lo largo de las costas africanas, perfeccionando su práctica de la navegación. Aprendió a calcular y almacenar las provisiones para una larga travesía. Participó por lo menos en un viaje hacia San Jorge de la Mina, conducido en 1491 por don Diego de Azambuza, que se dirigía allí para establecer una fortaleza. En San Jorge, la Ghana de hoy, oyó hablar de misteriosos objetos encontrados en las costas de las Azores después de los fuertes vientos del oeste. Encontró un marino cuyo barco habría sido arrastrado por los vientos hasta una isla situada más al oeste. (En 1784 la misma malaventura le llegará a un navío francés, que fue propulsado en dos días ¡de Canarias a Venezuela!) Soñaba con Oriente, con las islas de las especias, con Catay y sus riquezas. La ruta de la India por el oeste le parecía, cada vez más, la única aventura digna de él.

A fines de 1481 volvió a establecerse en Lisboa en compañía de su mujer y de su hijo. Oyó hablar de la carta de Toscanelli, en la que se afirmaba la existencia de una ruta hacia la India, fácil y segura, por el oeste. Escribió al florentino para solicitarle precisiones, y él le respondió proporcionándole todos los detalles e incluso un mapa.[63] Era posible, le explicaba, hacer el viaje hasta Asia en pocas jornadas, pasando por Antilia. Colón no reconoció jamás esta correspondencia con Toscanelli. Y sin embargo, más que el mismo Colón, el italiano es el auténtico descubridor de la ruta del oeste.

Aquel año se propagó una leyenda según la cual dos barcos ingleses de Bristol, el *Trinity* y el *George*, habrían alcanzado Terranova buscando «la isla de Brasil»...

Juan II sucedió a su padre Alfonso V en el trono de Portugal. La política de expansión de Lisboa, detenida desde hacía cinco años, recibió un nuevo impulso. Para apoyar los viajes en la ruta del Ecuador, Juan II hizo fortificar la fortaleza de San Jorge de la Mina, que constituirá durante siglos el centro del tráfico de esclavos. Confió a Diego Cão el cuidado de proseguir la exploración de la costa, más allá del cabo de Santa Catalina. En 1482, Cão alcanzó la desembocadura del Congo y de nuevo creyó haber hallado el paso hacia la India. Debió desencantarse al descubrir que la mar quedaba lejos, tras navegar noventa millas aguas arriba. En agosto de 1483 llegó a la costa de Angola, a ciento cincuenta kilómetros al sur de Benguela. En 1485 descendió hasta los 22° de latitud sur, pero sin encontrar aún el paso hacia el oeste. Se comenzó a desesperar.

Colón permaneció en Lisboa durante este tiempo. Leyó y anotó gran cantidad de libros. Se conocen al menos cuatro que datan de ésta época, conservados en su biblioteca de Sevilla: la edición veneciana de 1477 de la *Historia rerum ubique gestarum* del papa Pío II, la edición de 1483 del *Imago mundi* de d'Ailly, la de 1485 de *Las maravillas de mundo* de Marco Polo y la edición de 1489 de la *Historia natural* de Plinio el Viejo.[63]

Extraño tejedor-marino-tabernero-cartógrafo autodidacta, que hablaba muy mal el genovés y el castellano, torpe lector de latín, obcecándose en hallar en los libros un camino para su sueño. Anotó al margen de la obra de d'Ailly: «El extremo de España y el principio de la India no están muy alejados, sino bastante próximos, por lo que es posible atravesar dicho mar en *algunos días*, con viento favorable».[63]

En algunos días: esta convicción, geográficamente absurda, ya no le abandonará hasta el fin de sus días, contra toda evidencia. Incluso contra su propia experiencia.

Estaba convencido de que la distancia a recorrer era inferior a dos mil quinientas millas, es decir, cuatro veces inferior a la real. Para establecer las correspondientes dimensiones de la Tierra, las más pequeñas propuestas hasta entonces, se apoyaba en el profeta Esdras,[63] de cuyo texto se deduce que el océano sólo representa una séptima parte de la superficie del globo, ya que «las otras seis partes Tú las desecaste». Dedujo que Asia se extendía por el este hasta los 116 grados de longitud. Además, confundía la milla árabe con la italiana, inferior en un tercio. Por tanto, se equivocaba a la vez en cuanto a la anchura del océano y sobre la extensión de Asia.

¿Cómo pudo cometer tales errores? ¿Realmente los cometió? ¿Sabía adónde iba? ¿Por qué hablaba siempre de «descubrir» si sólo buscaba una «ruta» hacia la India? Más tarde se hablará de un piloto desconocido, único superviviente de un navío derrotado, que antes de morir habría revelado únicamente a Colón la existencia de aquellas islas y el modo de llegar a ellas, pero ningún documento serio viene a confirmar esta tesis. En compensación, en ese mismo año, 1484, entabló conocimiento con Martin Behaïm.

¿Qué se dijeron estos dos hombres, ambos extranjeros y mal considerados, ambos convencidos de la existencia de una ruta por el oeste con destino a la India, pero que nunca imaginaron que hubiese un continente para descubrir?

En 1484, tras el regreso de Diego Cão de su decepcionante viaje por África, Colón se decidió a pedir al rey de Portugal que financiase su expedición hacia la India por el oeste. Necesitará ocho años para llegar a convencer a un monarca.

Colón solicitó de Juan II tres barcos y el equivalente a tres millones de maravedíes. El rey confió a una comisión dirigida por dos matemáticos judíos —un portugués, Abraham Zacuto, y un español, Josef Vizinho, de la universidad de Salamanca, refugiado en Portugal—, el cuidado de evaluar el proyecto, al igual que evaluaban tantos otros.[63] Estos dos grandes expertos habían confeccionado, veinte años atrás, unas tablas anotando la declinación del sol a lo largo de las costas de Guinea, y publicado un *Almanach perpetuum* escrito en hebreo. Rechazaron de plano el proyecto, considerando inverosímiles las distancias evaluadas por Colón. Juan II, amenazado en Portugal por los complots del duque de Braganza, en guerra con España y con los musulmanes de Marruecos, confirmó esta decisión y no volvió a interesarse en el proyecto de Colón.

El año siguiente —1485, año del nacimiento de Hernán Cortés— fue trágico para Colón. Murió su mujer; el rey de Portugal no quería oír hablar de su proyecto, estaba cubierto de deudas. Con su hijo de cinco años y sus libros, abandonó Portugal en uno de los barcos que comunicaban el Tajo con el Guadalquivir. Llegó a Castilla, al convento de La Rábida, en Huelva, en el condado de Niebla, donde vivía la tía de su mujer, Violante Núñez, casada con el flameco Miguel Molyarte. Ella aceptó tomar a Diego a su cargo. Colón fue recomendado

INVENTAR EUROPA

al superior del convento, el franciscano fray Juan Pérez, confesor de la reina, por un rico mercader de esclavos florentino, Berardi, a quien había conocido en Lisboa por mediación de los Centurioni de Génova. Se planteó permanecer allí, y más tarde exponer su proyecto en la corte de España.

El único documento contemporáneo sobre la llegada a La Rábida fue redactado en 1513, tras la muerte de Colón, cuando se hizo necesario establecer los derechos de sus herederos.[63] Un médico de Huelva certificó que el «dicho almirante llegó a pie a La Rábida, convento de frailes de esta ciudad, y solicitó del padre portero pan y un poco de agua para este muchachito, su hijo».[63] Historia evidentemente fantasiosa, acorde con la personalidad de Colón, que sin cesar se enmascara, se transforma y se oculta...

En todo caso, en el convento se encontró con un astrónomo, Antonio de Marchena, quien le presentó a un sabio franciscano, don Enrique de Guzmán. Éste, entusiasmado por sus ideas, se declaró dispuesto a financiar una expedición, pero se guardó bien de hacerlo, pues la Corona prohibía a cualquiera, aunque fuese grande de España, financiar proyectos de expediciones sin contar con su previa aprobación.

En el mismo año moría en Florencia el gran geógrafo Toscanelli, cuyas intuiciones convencieron a Colón de la existencia de una ruta hacia la India por el oeste. Colón jamás dejará sospechar cuánto debía al genial florentino.

En ese mismo año, Martín Behaim fue nombrado por el rey de Portugal geógrafo de la expedición de Diego Cão, que navegó costeando el litoral africano. Descendieron hasta los 22° de latitud sur, hacia la actual Namibia y luego, junto con João Alfonso de Aveiro, alcanzaron los 28° 23'. A su regreso en 1486, Martín Behaim fue nombrado caballero de la Orden de Cristo y contrajo matrimonio con la hija de Job Huerter de Moerbeke, jefe de la colonia flamenca de la isla de Fayal. Más tarde se enemistó con el rey de Portugal y regresó a Nuremberg, donde permaneció en contacto con los sabios de Lisboa —quizá también con Colón—, trabajando en un proyecto simple y grandioso a la vez: construir el primer globo terrestre. Proyecto que finalizará, precisamente, en 1492.

Colón comprendió entonces que los «grandes mercaderes» de Sevilla no podían hacer nada por él. Deseó ver a la reina, la única, según creía, que podía decidir su viaje.[63] El 20 de enero de 1486 se dirigió a Córdoba al encuentro de la corte. Pero la soberana no estaba allí. Se estableció en la ciudad, ganándose la vida como cartógrafo. Conoció gente interesante: uno de los preceptores de los infantes, Geraldini, el interventor de las finanzas de Isabel, Alonso de Quintanilla, nuncio papal en la corte de Fernando; Antonio Geraldi, arzobispo de Toledo; Mendoza, el hombre más importante del reino, y una joven de veinte años, Beatriz Enríquez de Harana, a la que se creía judía. En mayo de 1486, Mendoza le consiguió una audiencia con Isabel y Fernando en el Alcázar de Córdoba. Colón, jugando al devoto ante la reina y al buscador de oro frente al rey, causó una gran impresión. Para decidir sobre su proyecto, se convocó una comisión de expertos, en su mayoría eclesiásticos: entre otros, el padre Diego de Deza, prior del colegio de San Esteban y confesor-preceptor del príncipe heredero, y el jerónimo Hernando de Talavera, confesor de la reina y obispo de Ávila.

La comisión deliberó durante cinco años. Terminó por decir «no».

Colón no participaba solo en la carrera: el 24 de julio de 1486, un flamenco —cada vez más frecuentes en la Península Ibérica— llamado Van Olmen o Fernão d'Ulmo, «caballero de la corte real y capitán en la isla de Terceira»,[47] obtuvo del rey Juan II el derecho de dirigirse, con dos carabelas, a «esclarecer el misterio de la isla de las Siete Ciudades, a sus propias expensas».[47] Pero este viaje, exactamente en la misma dirección que el proyectado por Colón, aunque menos ambicioso y falto de recursos, parece que no tuvo lugar. En cualquier caso, Olmen desapareció de la escena. Había sido el tercero en recibir autorización para aquel viaje, después de João Gonçalves en 1473 y Fernão Telles en 1474. Este d'Ulmo u Olmen podría haber sido el primero en descubrir el nuevo continente; su proyecto demuestra, en todo caso, que Europa entera comenzaba a despertar a la idea de la ruta del oeste. El mito de un Colón solitario, triunfando contra todo y contra todos, debe pues abandonarse. Colón, sencillamente, pretendía efectuar un viaje reputado por absurdo por el hecho de que estaba fuera del alcance de las carabelas. Pero pretender ir a las islas, hacia Antilia, era un desafío razonable. Poco interesante, por cierto, pero realista. Y otros antes que Colón habían querido intentarlo.

El 5 de mayo de 1487, mientras evalúa el proyecto en profundidad, la comisión española le concede tres mil maravedíes castellanos cada tres meses. Ahora disponía de medios para subsistir durante un tiempo. Se estableció con Beatriz en Córdoba y siguió a la corte a Sevilla, Toledo, Barcelona, aportando sin cesar nuevas pruebas, ideas, conceptos. Resultaba irritante. Pero se le escuchaba. Sin embargo, la comisión rechazó el proyecto por unanimidad.

Durante este tiempo, en Portugal, el rey Juan II enviaba dos expediciones simultáneas con vistas a organizar la ruta de la India por el este. Una, terrestre, estaba al mando de Pedro da Covilha; la otra, marítima, al mando de Bartolomé Díaz. Dos viajes perfectamente coordinados y coherentes.

El primero, el viaje terrestre, debía sentar las bases del segundo, preparando los acuerdos políticos necesarios para el establecimiento de bases portuguesas en la India, a la espera de conseguir la vuelta a África por mar.

Pedro da Covilha dejó Santarem el 7 de mayo de 1487, acompañado de Alfonso de Paiva y con muy poco equipaje. Cabalgaron hasta Valencia y Barcelona, fueron por mar hasta Nápoles y Rodas y llegaron a Alejandría. Disfrazados de mercaderes alcanzaron El Cairo y luego Adén en 1488. Allí se separaron. Pedro da Covilha se dirigió a la India y Alfonso de Paiva partió para Etiopía, donde enfermó y murió. Pedro de Covilha llegó en barco a Calcuta y después a Goa. Sostuvo contactos preparatorios para el establecimiento de factorías en la India y luego partió para Ormuz, Adén y, finalmente, El Cairo. Envió a su soberano un largo informe que iba a servir de base para la preparación del viaje a la India de Vasco da Gama diez años más tarde. Uno de los mensajeros partirá hacia Lisboa con el informe. En compañía del otro, Pedro da Covilha volvió a partir para Adén y Ormuz y luego a Etiopía. Recibido por el negus en Abisinia, se estableció allí y vivió en la riqueza. Recibió la visita de numerosos portugueses. Allí murió. ¡Fabuloso destino!

La segunda expedición, orientada a contornear África por mar, se hizo a la vela dos meses después de la partida por tierra de Covilha. En agosto de 1487, Bartolomé Díaz embarcó a bordo de dos carabelas de cincuenta toneladas cada una, la *São Cristovão* y la *São Pantaleão*, y por primera vez en un viaje de descubrimiento, una nao exclusivamente destinada a abastecimientos.[9] Díaz era marino profesional, oficial de la marina real. Había tomado parte en la expedición que fundó La Mina en 1472. Esperaba encontrar el extremo de África hacia los 45° de latitud sur, es decir, a tres mil cien leguas de Lisboa. A fines de noviembre llegó a los 28° de latitud sur, el punto más meridional alcanzado por Cão. Allí abandonó la nao, que avanzaba con dificultad con el alisio en contra.

La inquietud se apoderó de Lisboa ante la ausencia de noticias. En julio de 1488, Colón recibió de Juan II un salvoconducto en el que le llamaba su «amigo personal», invitándole a visitarle. ¿Temía el rey el fracaso de Díaz? ¿O había reconsiderado su decisión? En el mismo momento, Díaz se alejaba de la costa y, en una «vuelta» audaz para beneficiarse de los vientos del oeste, alcanzaba los 35° de latitud sur. El 16 de agosto de 1488 dobló el cabo de Buena Esperanza sin llegar a verlo, en plena tempestad, por los 34° 52'. Echó el ancla en la bahía de Mossel, al otro lado del cabo, donde erigió un último *padrão*, el de San Gregorio,[47] encontrado en 1938. Pero las tripulaciones rehusaron continuar hacia el océano Índico. Entonces Díaz regresó a Lisboa, a donde llegó en diciembre de 1488, tras dieciséis meses y diecisiete días de navegación.

Colón estaba presente cuando Díaz hizo entrega de su informe al soberano. Se mostró extremadamente decepcionado por este victorioso retorno. Díaz había destruido el proyecto de Colón. Por fin,

Juan II estaba en posesión de la ruta del este. El sueño de Enrique el Navegante se había convertido en realidad.

En aquel mes de diciembre de 1488, Colón regresó, desesperado, a Castilla y al convento de La Rábida. Estaba solo. Los marinos se volcaron hacia África; el mapa de Henricus Martellus de 1489 describía con precisión el continente africano, el paso hacia la India, la península indochina y China. No había más oportunidades para alcanzar la gloria: tan sólo quedaba el comercio.

Seguía esperando la respuesta de la comisión española, de la que había recibido una primera negativa. Adivinaba en Hernando de Talavera, confesor de la reina, un irreconciliable enemigo.

A principios de 1489, envió a su hermano Bartolomé a la corte de Carlos VIII, en Amboise, a «buscar capitales para financiar el singular proyecto de su hermano Cristóbal».[63] El rey de Francia ni siquiera le recibió.

En 1490, Bartolomé viajó a Inglaterra, donde no consiguió ser recibido por Enrique VII. Volvió a Francia por invitación de Ana de Beaujeu, que parecía ser la única un tanto interesada en su proposición. Le asignó un salario como «artista» —en el nuevo sentido del término—, con la misión de redactar un memorial sobre su proyecto.

Ana de Beaujeu dudaba. Tenía en sus manos la decisión sobre el papel de Francia en la historia de los descubrimientos.

Aquel mismo año, en Málaga los expertos de la corte de Aragón expresaron nuevamente su opinión de que el proyecto era absurdo, pues se necesitaban tres años para efectuar el viaje... Colón se obstinó. En 1491 todos sus protectores se movilizaron: el duque de Medinaceli, los financieros Luis de Santángel y Gabriel Sánchez, Alejandro Geraldini, legado pontificio, el dominico Diego de Deza y el franciscano Pedro de Marchena.

Cuando 1492 se anunciaba, Colón se encontraba en Córdoba con Beatriz, que acababa de darle un hijo, Fernando. Iracundo, sarcástico, desesperado, amargado, obsesionado por su sueño, loco de ambición, enviaba memorial tras memorial a los soberanos de Europa.

SEGUNDA PARTE

1492

Excepto en Granada, el sábado 31 de diciembre de 1491 pasó completamente inadvertido para todos. Nadie tenía motivos para concederle la menor importancia; como todas las efemérides del mundo, comenzó como un día cualquiera. En el calendario cristiano, por otra parte, el año de 1492 no comenzaba hasta el 1 de abril.

Y sin embargo, se preparaban doce meses extraordinarios en los que se trazarían caminos, se desharían contradicciones, se acumularían locuras. Día tras día, acontecimientos aparentemente erráticos harán el mundo tal como es hoy, cultural, política y económicamente, apareciendo los fantasmas capitales de la modernidad.

Antes de 1492 eran posibles múltiples opciones. Después de 1492, Europa se convirtió en la dueña del mundo. Sólo le quedaba asumirlo y obligar a los demás a que lo admitiesen imponiéndoles lo esencial: su manera de contar la Historia, su manera de falsificarla o de soñarla. Comenzando por la de 1492: porque, ante todo, el *Continente-historia* tuvo que inventarse su propio nacimiento.

De ahí la dificultad que aun hoy tenemos para dar cuenta de los acontecimientos de aquel año: los escasos memorialistas de la época, como Commynes o Las Casas, falsearon el relato a mayor gloria de quienes les otorgaban sus favores, y las víctimas no disponían de cronistas, si exceptuamos al audaz Sahagún, para contarnos la barbarie de los vencedores.

En las últimas horas de diciembre de 1491, China era todavía la primera potencia del planeta; los imperios azteca e inca, Mali y Songhai, se desarrollaban con extraordinario esplendor; Barbarigo era el dux de Venecia, aún corazón del mundo mercantil, aunque sus accesos a las especias apareciesen progresivamente debilitados; Lorenzo de Médicis desvelaba la gloria de Florencia; Ludovico el Moro reinaba en Milán. En España vivían juntos, pese a todo, cristianos, musulmanes y judíos. Inocencio VIII deseaba la alianza de Ferrante de Nápoles contra Milán. El nuevo rey de Francia, Carlos VIII, soñaba con Tierra Santa, impulsado por los Sforza, que necesitaban su ayuda para terminar con el pretendiente exiliado en Nápoles. En Francia, unas hojas efímeras, los primeros «diarios», se ocupaban sólo de la próxima coronación de la nueva reina, Ana de Bretaña, y de los homenajes que los embajadores de toda Europa habían venido a ofrecerle. El archiduque Maximiliano I de Austria, dolorido por su pérdida, intentaba recuperar Borgoña, Picardía y el Franco Condado; su padre Federico III deseaba recuperar Hungría, que intuía a su alcance por primera vez después de la

1492

muerte de Matías Corvino; Enrique VII de Inglaterra ambicionaba Bretaña. Iván III, zar de la pequeña Rusia, quería acabar con la influencia de la gran Polonia, en la que Casimiro IV proyectaba conquistar Lituania. En Estambul, Bayezid II soñaba con dominar el Mediterráneo y Egipto; y también con Viena y el imperio germánico.

Europa estaba en plena expansión económica y demográfica. Portugal se aprestaba a transformar la proeza de Díaz en ruta comercial. Italia era un hervidero de nuevas construcciones.[28] En medio de la admiración general, se elevaba en Milán la iglesia de Santa María de Capanova; en Pavía, el claustro de San Ambrosio; en Florencia, el claustro de Santa Magdalena del Pazzi, en Nápoles, la capilla de Pontano; en Ferrara, el palacio de los Diamantes, en Venecia, la iglesia de Santa María Formosa y los palacios de Verona y de Brescia.[28] Aquel año, Biagio Rossetti diseñaba para Ercole I d'Este los planos para el ensanche de Ferrara. Leonardo da Vinci trabajaba en Milán construyendo cañones y maquinarias para teatro, y terminaba la maqueta en arcilla del «caballero gigante» de bronce, que Ludovico el Moro le había encomendado en memoria de su padre. Botticelli estaba en plena gloria y Florencia atravesaba una crisis religiosa.

Los libros proliferaban. El más vendido era el *Doctrinal* de Villa Dei.[133] Las profecías de Middleburg y Lichtenberger resonaban por toda Europa.[119] Marsilio Ficino reinaba como señor del pensamiento y Pico de la Mirándola era su más célebre discípulo. Nunca se había leído tanto, a despecho de un cierto Giovanni Tritemio, que escribió que «aunque se pudiera disponer de libros por millares, no habría que dejar de escribir (es decir, de recopilar manuscritos), pues los libros impresos no tendrá jamás la misma calidad».[16]

Sin embargo, al alba de 1492, por una ironía de la Historia y de la Geografía, mientras se aguardaba la guerra, llegó la conquista. Mientras se aguardaba Oriente, llegó América.

Ante todo, el destino se encargó de tranquilizar a los belicosos monarcas. En 1492 morían Inocencio VIII, Lorenzo de Médicis, Casimiro IV y Alí Ber. Maximiliano contraía matrimonio con la hija del Moro, renunciando con ello a Bretaña y sellando la alianza austropiamontesa. En España, Fernando de Aragón escapaba por muy poco a un atentado. Enrique VII daba por terminadas sus ambiciones continentales. Borgoña, irreversiblemente, se convertía en francesa, y el sueño borgoñón se desvanecía para siempre.

Muchos hombres que marcaron aquel año eran desconocidos todavía o permanecían olvidados de todos. Colón desesperaba de encontrar quien financiase su viaje. Martín Behaim se hallaba en Nuremberg, exiliado y amargado. El profesor Antonio de Nebrija era tan sólo un oscuro universitario en Salamanca. Gaffurio era maestro de capilla en Roma. Encina estaba al servicio del duque de Alba. El

Ariosto tenía dieciocho años y quizá ya pensaba en su *Orlando Furioso*. Américo Vespucio no era sino un joven comisionado de los Médicis. Nicolás Maquiavelo preparaba su ingreso en un modesto cargo de la cancillería de Florencia, mientras esbozaba la primera redacción de un libro que tenía intención de dedicar al Príncipe. El joven Miguel Ángel forjaba sus sueños. Durero estudiaba en Colmar, en el taller de grabado de Schöngauer, los dibujos de Mantegna. Copérnico era estudiante en Bolonia. Con el nombre de Erasmo, un monje agustino de veintisiete años, llamado Geertsz, se preparaba para ser ordenado sacerdote en el monasterio holandés de Steyn. El pintor Sanzio educaba a su hijo de nueve años, el futuro Rafael. En Turingia, un niño de la misma edad, Martin, hijo de un minero de nombre Lutero, aprendía el latín con escaso interés, sin sospechar que un día se realizaría en él la profecía de Middleburg.

Nada hacía pensar que Martín Behaim terminaría el primer globo terráqueo, que en Roma se iba a hablar de la primera transfusión sanguínea, que el profesor Nebrija publicaría en Salamanca la primera gramática en una lengua no latina. Que se publicaría la *Theorica Musicae* de Franchino Gaffurio, primer ensayo moderno sobre teoría musical. Que Encina organizaría la representación de la primera obra teatral, en el sentido moderno del término, que Maquiavelo estaba a punto de terminar *El Príncipe*, y Durero el primer autorretrato de la historia de la pintura. Que los europeos encontrarían el tabaco, el chocolate, el maíz, la patata... y la sífilis. Que Europa iba a fundamentar su identidad en la fascinación de Oriente a la vez que relegaba al olvido todo cuanto le debía.

Y, sobre todo, que dos continentes iban a enfrentarse a su peor enemigo, Europa. Y que Europa los aniquilaría por el bien de su alma.

ENERO

Enero comenzó en Granada con un estruendo, cuyo fragor iba a conmocionar todo el continente, trastocando incluso la concepción que tenía de sí mismo. Un continente abierto durante casi un milenio a las influencias exteriores, que resolvió terminar de una vez con toda presencia no cristiana en su seno. Decidió definirse exclusivamente por una fe originaria de otro continente, que hizo suya antes de pasar a adueñarse del resto del mundo.

El año 1492, pues, empezó simbólicamente por la *europeización del cristianismo*, que se alzó como «religión de Continente» antes de que nadie comenzase a hablar de «religión de Estado».

En la noche del sábado 31 de diciembre al domingo *1 de enero*,* la tensión había llegado al límite dentro y fuera de Granada. El emir Boabdil, cuyos propios partidarios sospechaban que preparaba una nueva traición —que a fin de cuentas sólo sería la sexta—, pidió a los Reyes Católicos, que en aquellos momentos sitiaban la ciudad, la confirmación de la validez de los acuerdos secretos establecidos el mes anterior. En particular, le interesaba saber si podía contar con el gran dominio que ambicionaba en el macizo de las Alpujarras a cambio de la rendición de la ciudad.[97] Amparado en la noche, un emisario del rey Fernando, Fernando de Zafra, se deslizó subrepticiamente hasta la Alhambra[97] para comunicarle la aquiescencia de sus soberanos. Aliviado, Boabdil decidió precipitar la rendición. Se ajustaron los últimos detalles, se confirmó, de paso, que los judíos se beneficiarían de los mismos derechos que los musulmanes, y que los cristianos convertidos al Islam no serían molestados. Se negoció meticulosamente el protocolo de la rendición, precisando las palabras que debían pronunciarse, los gestos que habría que cumplimentar, el emplazamiento de cada persona.[97]

Con ocasión de las negociaciones para la rendición de Granada, los Reyes Católicos recibieron como rehenes 500 notables musulmanes, dos caballos y una espada. Encargaron a Juan de Robles, alcalde de Jerez, que se asegurara de su recepción.

En el transcurso de la noche siguiente —*la del domingo 1 al lunes 2 de enero*—, hacia la una de la madrugada, un pequeño destacamen-

---

* Las fechas utilizadas son las que me han parecido más probables, por comparación entre distintas fuentes.

to a las órdenes de Gutiérrez de Cárdenas, gran comendador de León, penetró en la ciudad dormida, liberó a los cautivos cristianos e irrumpió en el palacio del emir, donde un sacerdote dijo la primera misa que se celebraba en Granada desde hacía varios siglos.

El *lunes 2 de enero*, al alba, el comendador de León envió la señal convenida a las tropas españolas concentradas frente a la puerta de la ciudad: tres cañonazos lanzados desde una de las torres de la Alhambra. Granada amaneció ocupada después de cinco siglos de gloria y dos de estado de sitio. Nadie opuso resistencia.[97] Los irreductibles escaparon como pudieron, confundiéndose entre la población. Fue una victoria de la deslealtad y de la corrupción.

La leyenda —primera desnaturalización de los acontecimientos de aquel año— hablará de una gloriosa victoria de las armas cristianas sobre el Islam. Un cronista español de la época, Andrea Navajero, escribió: «Fue una guerra noble, aún se utilizaba poca artillería... y era más fácil reconocer a los hombres valerosos... Combatían cada día, y cada noche se retiraban, cumplido su deber».[16] Europa se estaba inventando su propia Historia y disponía de los medios para imponerla al mundo.

Una hora después del mediodía, un largo cortejo avanzó hacia la ciudad.[97] Para no vestir de negro en una jornada tan trascendente, Isabel y Fernando se despojaron del luto por el príncipe Alfonso de Portugal, esposo de la infanta Isabel, muerto el 22 de julio de 1491.[6] El rey de Aragón abría el cortejo, seguido por la reina de Castilla —quien de este modo le entregó el papel principal— y de sus hijos, del cardenal Mendoza, al que se conocía como «el tercer rey de España», y de la nobleza del reino. El cortejo rodeó la ciudad y se detuvo en lo alto de una colina que dominaba la Alhambra.

Boabdil se reunió con ellos tres horas después del mediodía; le seguía su corte, entre la cual se hallaba su madre, una de las esposas del último sultán de Granada. Se descubrió ante el rey español e hizo ademán de bajar del caballo; Fernando, con un gesto, le detuvo. La escena, cuidadosamente ensayada, se repitió ante la reina y los infantes.[97]

—¿A quién vais a confiar la guardia de la Alhambra? —preguntó Boabdil.

—Al conde de Tendilla —respondió el rey.

—¿Puedo verle? —Y Boabdil se quitó un anillo de oro adornado con una turquesa en la que estaba grabado: «Alá es el Dios verdadero; éste, el sello de Aben Abi Abdilehi».

El conde de Tendilla, sobrino del cardenal Mendoza, avanzó. Boabdil le entregó las llaves de la ciudad y el anillo.

—Cuantos han gobernado Granada han llevado este sello. Llevadlo vos también, ya que vais a gobernarla. ¡Y que Dios os otorgue la felicidad que a mí me ha negado![97]

Según la leyenda, Boabdil se alejó,[97] volviéndose para lanzar una última mirada sobre la Alhambra. Su madre le gritó:

—¡Llora como mujer lo que no supiste defender como hombre![97]

En la torre más alta de la Alhambra, el conde de Tendilla ordenó izar sucesivamente la cruz del cardenal Mendoza, el pendón de Santiago y las armas de Castilla, emblemas de la Iglesia, de la Cruzada y del poder político.

Los heraldos gritaron por tres veces: «¡Castilla! ¡Granada! ¡Vivan la reina Isabel y el rey Fernando!»[97]

Los Reyes Católicos entonaron seguidamente un *Te Deum* que fue coreado por la multitud, entre la que se encontraban los cautivos cristianos liberados[97] y, quizá, Cristóbal Colón,[63] quien escribió: «He visto los pendones reales ondear sobre las torres de la Alhambra...» Fascinado por el espectáculo, sin duda pensó que los soberanos, libres en el futuro de los cuidados de la Reconquista, aceptarían financiar su viaje. Con este fin confirió un nuevo giro a su argumentación: todavía mencionaba las especias y los descubrimientos, pero se refería asimismo a la misión evangelizadora de España, a la cristianización de la India, como la que acababa de darse en Granada, y al oro necesario para las Cruzadas, que estaba convencido de encontrar. Un cierto número de nobles, que habían asistido a la toma de Granada, murieron en el transcurso de los meses siguientes: el 8 de febrero, Pedro Enríquez, adelantado mayor de Andalucía; en agosto, el duque de Medina Sidonia y el marqués de Cádiz.

El *jueves 5 de enero* casi ninguno de los habitantes de Granada fue importunado. Ebanistas, tejedores, comerciantes, mulateros, al igual que los ricos intelectuales del Albaicín, permanecieron en la ciudad. Por lo demás, los Reyes Católicos habían prohibido a los cristianos, bajo pena de muerte, entrar en la ciudad antes de que lo hicieran ellos mismos. Y ellos esperaban hacerlo al día siguiente, cuando todo estuviera preparado para recibirlos dignamente.

El *viernes 6 de enero* entraron en Granada en el transcurso de una grandiosa ceremonia. Fueron bien acogidos por los doscientos mil habitantes de la ciudad, a los que prometieron respetar los términos de los acuerdos con Boabdil. En toda España, cristianos y judíos celebraron el acontecimiento. Pocos fueron los judíos que vieron en él una amenaza. Después de todo, se decían, jamás habían caído en el mismo error que los musulmanes españoles: nunca habían deseado adquirir un territorio ni formar un Estado.

1492

En la corte, algunos grandes de España comenzaron a inquietarse: ¿Cuál iba a ser la actitud de los príncipes de Marruecos? ¿Ejercería Egipto represalias sobre los Santos Lugares y Jerusalén? ¿Qué iban a hacer los turcos?

El *martes 10 de enero*, en Francia, Carlos VIII se enteró de la noticia. Se mostró inquieto por el poder de los monarcas españoles y celoso de su gloria como cristianos. Se prometió a sí mismo echarlos de Nápoles, cerrándoles así los caminos de Oriente.[74] La cruzada, pensaba, era asunto suyo, no de ellos.

Entonces habría podido llegar a la conclusión de que era importante financiar a Colón. Pero no se le ocurrió: era un hombre de tierra adentro, un hombre de la Edad Media. Aficionado a juegos y torneos, apasionado por la caballería, gran maestre de la orden de Saint-Michel,[74] se preparaba para confirmar su furtiva boda del pasado mes de diciembre con una fastuosa coronación prevista para principios de febrero; en aquel momento, ninguna otra cosa le interesaba.

El mismo *martes 10 de enero*, en Venecia, el dux Agostino Barbarigo recibió en su palacio a dos ilustres patricios, Zaccaria Contarini y Francesco Capello, a quienes encargó presentar «sus más solemnes cumplidos»[6] al rey de Francia, con ocasión de sus esponsales. «Comenzaréis —les dijo— por recordarle nuestra antigua y perpetua amistad y nuestra devoción a los Cristianísimos Reyes nuestros antecesores y antepasados, amistad que siempre fue tan grande como sincera... Declararéis que fue para nosotros una bienaventurada nueva que, por el buen éxito de su magnánima expedición, Su Majestad haya obtenido el muy grande y muy noble ducado de Bretaña... Cuando vuestra estancia sea de veinticinco días (durante los cuales nada olvidaréis que pueda honrar a Su Majestad para hacerla vuestra amiga y bienhechora), solicitaréis del rey su graciosa licencia y regresaréis, *perfectamente instruidos* de cuantas cosas sean dignas de ser conocidas por nos en aquellos reinos.»[6]

«Perfectamente instruidos»... ¿Embajadores o espías? Las dos cosas, sin duda. Ya veremos cómo desempeñaron perfectamente ambas misiones.

Al día siguiente, *miércoles 11 de enero*, el rey de Francia hizo públicas las cuentas de aquel año. Eran desastrosas: si los ingresos habían sido de tres millones seiscientos mil escudos, los gastos subían a más del doble. Los impuestos no llegaban y las deudas de Ana de Bretaña, contraídas con ocasión de su «Guerra insensata» con Francia, vinieron a sumarse a las propias del reino. Por más que se ocultase la gravedad de la situación, significaba la quiebra. Aquel año se superaría como de costumbre, vendiendo beneficios e incluso algunos territorios. A los ojos del soberano, sólo contaban la conquista de Nápoles y la ruta de Oriente. Las alianzas italianas iban a ser más y más imprescindibles.

El *jueves 12 de enero,* el papa y Ferrante de Nápoles, siempre en conflicto por las deudas del segundo con el primero, a despecho del acuerdo de 1486, solicitaron el arbitraje de Lorenzo de Médicis. Era como un sueño: ¡Florencia, árbitro de la Santa Sede! Lorenzo se había convertido, verdaderamente, en el *«fiel de la balanza de la política italiana».*[60]

El *domingo 15 de enero,* Cristóbal Colón volvió a Córdoba explicando que su viaje iba a servir para financiar la Cruzada. ¿Realmente lo creía? Sin duda, pero de paso, no olvidaba insistir en que quería ser nombrado caballero, gran almirante y virrey de las Indias, y guardar para sí el diezmo de las rentas de las nuevas tierras.

En la corte, Hernando de Talavera se empleaba a fondo en desacreditarle. Quería terminar de una vez con aquel extranjero, aquel medio judío que pretendía estar al servicio de España, cuando era evidente que era hombre de los genoveses y de Lisboa. Talavera escribió a la reina para suplicarle que impidiera «esta loca aventura inspirada a este extranjero por el mismo Satán ... Si fuera voluntad de la Santísima Trinidad ver a sus hijos partir hacia mares extraños, ¿habría esperado Nuestro Señor la llegada de un extranjero anónimo del que nadie conoce los orígenes?» Talavera evoca a un anciano eremita que se le había aparecido en sueños: «Le pedí que me dijera de qué modo el criminal viaje de Colón podía dar la Tierra Santa a los judíos. No pudo explicármelo, pero me repitió lo que san Juan Bautista le dijera, a saber, que los judíos extraerían un gran beneficio del viaje de Colón, si se llevaba a cabo, y que por fin se apoderarían de la tumba de Nuestro Salvador... Si Vuesta Alteza consiente en entregar a Colón a manos de la Inquisición, puedo afirmaros que el suelo por el que Colón caminará no será la cubierta de un navío».

Personalmente, tengo muchas dudas sobre la autenticidad de esta carta, recientemente publicada en muchos libros. Por otra parte, unos años después, la Inquisición denunciaba a Talavera y a su familia como conversos.

El *lunes 16 de enero,* el proyecto de Colón fue rechazado por la comisión que la reina había nombrado cinco años antes. Hernando de Talavera conseguía una victoria. Los expertos explicaron su negativa afirmando que el proyecto era «quimérico y comprometía la dignidad de la corona de España». Sus argumentos —bien fundamentados, aunque hubieran podido invocarlos cinco años antes— insistían en las distancias: el viaje tenía que ser, por lo menos, tres veces más largo de lo que pretendía el genovés. Furioso, Colón decidió volver al convento de La Rábida. Quería recoger a su hijo y partir hacia la corte de Francia, donde hallaría a Bartolomé. Y lanzarse a otras aventuras: «Lo que deseo es ver y descubrir cuanto sea posible», escribirá en su *Diario*.

El *viernes 20 de enero*, Juan Pérez le suplicó que no abandonase España. Creía que aún era posible convencer a la corte. Colón aceptó esperar.

El *sábado 21 de enero*, Juan Pérez reunió a tres amigos de Colón —un médico, Fernández, Martín Alonso Pinzón, rico navegante de Palos, y un piloto de Lepe, Sebastián Rodríguez—, que le propusieron financiar su expedición si se obtenía la autorización de los soberanos. Colón les permitió intentar esta nueva gestión sin demasiada fe. Martín Alonso Pinzón y sus dos hermanos le acompañarían hasta el final de su viaje.

El *domingo 22 de enero* Juan Pérez escribió a la reina para solicitarle dicha autorización, argumentando que Colón no pedía dinero, sino únicamente el derecho de viajar en nombre de la Corona hacia los mares a los que sólo una expedición oficial tenía derecho a dirigirse.

El *lunes 23 de enero*, Sebastián Rodríguez llevaba la misiva a la corte, que permanecía en Santa Fe.

El *martes 24 de enero*, tras el arbitraje de Lorenzo de Médicis, Inocencio VIII y Ferrante de Nápoles se reconciliaban. Ferrante aceptaba saldar su deuda con el papa; a cambio, se concertó el matrimonio de una nieta de éste, emparentada con los Médicis, con un nieto de Ferrante. Ambos se comprometieron a participar en la Cruzada que se iba a organizar. Así se creó un nuevo lazo entre Nápoles, Florencia y Roma, tras los esponsales de la hija de Lorenzo con el hijo del papa, Francesco Cibò.

Esta reconciliación —cuyo texto fue publicado tres días más tarde— prohibió a Carlos VIII defender la Cristiandad atacando Nápoles, a menos de quedar expuesto a las iras de la Santa Sede.

El mismo día, *24 de enero*, en Santa Fe, el ministro de finanzas de la reina de España, Luis de Santángel, recibió el mensaje de Juan Pérez e intentó convencer a Isabel para que reconsiderase el fallo de la comisión y dejase partir a Colón. Portugal, dijo, había conseguido dar la vuelta a África; era preciso intentarlo todo para no dejar en sus manos el monopolio del comercio de las especias. Además, añadía, «sostener la empresa de las Indias no sería más costoso que una semana de fiestas en honor de un huésped distinguido».[9] Propuso a la reina financiar el viaje él mismo.

Hernando de Talavera se opuso una vez más. La reina dudaba. Autorizó por fin a Santángel a negociar con Colón las condiciones y privilegios del viaje. La reina especificaba que no aportaría nada de su tesoro personal.

El *28 de enero*, Luis de Santángel hizo saber a un Colón estupefacto que era admitido «a debatir sus planes y sus condiciones con los ministros de Fernando». ¡Hacía ocho años que esperaba esta invitación de todos los monarcas de Europa! La negociación duró tres meses, y por dos veces estuvo a punto de fracasar a causa de las exigencias del marino genovés, casi marino, casi genovés...

FEBRERO

Colón se estableció en Santa Fe para negociar. Reclamaba «los títulos y privilegios de almirante y virrey de todas las tierras que descubriera; el diezmo perpetuo, para él y sus descendientes, de las rentas de dichas posesiones». *Posesiones*, precisó, lo que demuestra que esperaba descubrir algo más que algunas rutas: nuevas tierras, islas o penínsulas asiáticas. No hay caso, dijo la corte, que consideraba humillantes sus exigencias. Pero los negociadores venían obligados por el acuerdo de principios otorgado por la reina. Y puesto que Colón pretendía dirigirse hacia el oeste, convenía tenerlo sumiso a la corona de España. De otro modo, existía el riesgo de que fuera a vender sus descubrimientos al rey de Portugal.

El *miércoles 1 de febrero* la noticia de la toma de Granada llegaba a Roma. Rodrigo Borgia ofreció a los romanos, cosa nunca vista, una corrida. En aquella ocasión, César mató dos toros.

El *viernes 3 de febrero*, el Consejo Real de París decidió presentarse ante Ana de Bretaña para fijar las condiciones de la ceremonia de la coronación.

El *miércoles 8 de febrero*, en la basílica de Saint-Denis, ante toda Europa, Ana de Bretaña era consagrada y coronada reina de Francia. Bretaña pasaba a ser irrevocablemente francesa, ante la desesperación de los Habsburgo y de Inglaterra, de España y Alemania. Se decía que la reina estaba encinta. El rey aprovechó la ocasión para realizar una magna demostración de la fuerza de sus ejércitos. Uno de los embajadores presentes, el de Milán, destacó aquel despliegue de poder: «El cuerpo de armas del rey está formado al presente por tres mil quinientas lanzas, tres caballos por cada lanza, y los hombres de armas llevan sus caballos provistos de bardas, y están dotados de armas blancas de las que se sirven con mayor facilidad y sabiduría que los nuestros; en dicho cuerpo se cuentan siete mil arqueros, todos hombres escogidos y de la mayor eficacia en el campo de batalla».[6]

Milán comprenderá el mensaje: si Francia atacaba, habría que pensar dos veces antes de combatirla.

El *viernes 10 de febrero*, en Florencia, Lorenzo recibía gozoso a Juan Lascaris, su bibliotecario, un erudito griego emigrado de Constantinopla, al que el año anterior había enviado a Grecia para reunir

1492

el mayor número posible de manuscritos. Lascaris volvió con más de doscientos, principalmente procedentes del Monte Athos.[38] Se celebró el éxito de esta extraña expedición, medio cultural, medio militar, destinada a salvaguardar manuscritos, algunos de quince siglos de antigüedad, como otros iban a liberar rehenes. Eminente símbolo de este período: traer la cultura griega, no dejarla en manos no europeas, para hacer de Florencia una nueva Atenas, el lugar del pasado de la antigua civilización de la que en adelante habría que olvidar la verdadera cuna, puesto que se hallaba en manos de los infieles.

El *sábado 11 de febrero*, el joven hijo de María de Borgoña y de Maximiliano de Austria, Felipe el Hermoso, gobernador de Flandes, se vio obligado a reconocer la independencia del ducado de Güeldres. En el mismo momento, su padre, que sólo tenía treinta y cinco años, se prometía a Bianca, hija de Ludovico el Moro. Para el Imperio, la alianza bretona quedaba definitivamente olvidada. Se bosquejaba así la unión piamontesa que, a través de mil peripecias, dará forma a la Europa de hoy.

El *domingo 12 de febrero*, Lorenzo el Magnífico convocó un concurso de arquitectura para terminar la fachada de Santa María de las Flores. Desde hacía tiempo soñaba con aquella catedral, oír mil misas en ella. Dos meses más tarde será enterrado en ella.

Mientras tanto, en la corte de España se preparaban dos acontecimientos capitales y contradictorios: el gran inquisidor Torquemada concluía la redacción de un plan de expulsión de los judíos; el profesor Nebrija, de la Universidad de Salamanca, ponía la rúbrica en la dedicatoria de su gramática castellana, que deseba enviar a la reina. Uno, provocará un genocidio cultural; el otro contribuirá al nacimiento de una de las grandes lenguas europeas. Los contemporáneos acogieron a uno y a otro con idéntico entusiasmo. Los grandes verdugos siempre apreciaron a los grandes artistas.

El *miércoles 15 de febrero*, en Granada, Torquemada fue a presentar su proyecto a la reina. Explicó que el proceso de Ávila, en el anterior mes de diciembre, le había convencido de que todos los judíos de España debían ser expulsados. Eran peligrosos para la Iglesia, cometían horribles atrocidades contra los cristianos —como las que se revelaron en el proceso— e impulsaban a los conversos a cometerlas a su vez. España, dijo, tenía que encontrar su identidad, purificarse, ser una verdadera hija de la Iglesia, y para ello debía expulsar a todos los judíos, a menos que renunciasen a su fe. Los soberanos dudaban. Desde hacía trece años, Fernando se veía a sí mismo como rey de las tres religiones. No estaba convencido de la oportunidad política ni económica de la expulsión.⁶⁷ Ni el pueblo, ni la burguesía, ni la nobleza la solicitaban. Los judíos constituían además una fuerza económica significativa. No capital, pero sí importante. Por si fuera poco, las pruebas aducidas por Torquemada para denunciar las atrocidades de los judíos no le convencían en absoluto. Isabel, en plena euforia por la expulsión de los musulmanes, se dejó seducir por las ideas de Torquemada; purificar era su obsesión.

La leyenda dice que jamás problema alguno engendró desacuerdos entre ambos monarcas.⁶⁷ ¿Se enfrentaron en esta ocasión? Uno de los misterios, entre otros muchos, de aquel año.

El *sábado 18 de febrero*, en Ferrara, el duque Hércules d'Este acuñaba el primer *testone*, primera moneda de Europa que representa una efigie y no, como hasta entonces, un monograma o la silueta de pie o ecuestre de un príncipe. Aquella representación de la cabeza del príncipe significaba la nueva importancia concedida a la inteligencia del jefe, y no solamente a su poderío militar. Otros *testoni* serán acuñados poco después por el dux de Venecia, el duque de Milán o el duque de Saboya. En Génova se acuñará aquel mismo año un *testone* especial al que se llamará lira, primera moneda italiana de este nombre.

El *jueves 23 de febrero*, Ludovico el Moro casa a su hija Bianca Maria con el emperador Maximiliano I, a cambio de una dote de trescientos mil florines de oro. La alianza así gestada preocupa a Carlos VIII, que contaba con Milán para conquistar Nápoles. Ludovico se proclama rey de Milán y apremia a Leonardo para construir el *Cavallo*. El artista comienza los esbozos sin dejar de trabajar en *La última cena*.

El *sábado 25 de febrero*, en Granada, Antonio de Nebrija, que ya había publicado un *Diccionario latín-español*, envió a la reina su gramática castellana, que llevaba el título de *Arte de la lengua castellana*. La reina la aceptó. Aquella audacia fundó una nación. En la dedicatoria de aquella gramática, Nebrija señala el interés y alcance de su trabajo. Ante todo, se trataba de unificar la lengua, fijando su uso a fin de evitar desviaciones. Esta pretensión situaba al castellano al mismo nivel que las lenguas «nobles», el griego y el latín. La unidad de la lengua se contemplaba en el marco de la unidad religiosa y territorial. El castellano era la lengua de la Conquista. «La lengua siempre ha sido la compañera del poder, y es cierto que ambos nacen, se desarrollan y se extienden al unísono, al igual que es simultánea su decadencia ... A los pueblos bárbaros y a las naciones de lenguas extrañas que España vaya a dominar en el futuro, hay que imponerles unas leyes y una lengua».[116] Pero había algo más: la dedicatoria subrayaba que «la lengua es la compañera del Imperio». Fue una afirmación premonitoria: el castellano se convertirá pronto en la lengua de España y en la lengua del Imperio. En el siglo XX tendrá cuatrocientos millones de hablantes. La imprenta, de la que la Iglesia pensaba hacer el instrumento de la supremacía del latín, fue, en realidad, el de su declive.

El *miércoles 29 de febrero* —el año era bisiesto— un navío francés cargado de oro, según relato del conde de Santarem, fue interceptado por la flota portuguesa a su regreso de Guinea, puesto que se dedicaba a un comercio que los portugueses consideraban como coto privado.[129]

MARZO

El *martes 6 de marzo*, Pedro de Médicis llegaba con gran pompa a Florencia para ver a su padre, Lorenzo, repentinamente enfermo.[15] Iba acompañado de su hijo Lorenzo y de su hija, casada con el hijo del papa, así como de Francesco Mateo, preceptor y hombre de confianza.[119]

El *miércoles 7 de marzo* llegó a Colmar —una de las primeras ciudades mercantiles del valle del Rin— el joven Alberto Durero para reunirse con un gran maestro, conocido por sus grabados: Martin Schöngauer, Martin el Bello. Este hijo de orfebre había terminado su aprendizaje con un pintor, Michael Wolgemut. Pero Martin Schöngauer fallecía un año después. Tres de sus hermanos, dos de los cuales eran orfebres y otro, pintor, acogieron a Durero y lo recomendaron a un cuarto Schöngauer, orfebre en Basilea. Durero partió hacia Basilea.

El *jueves 15 de marzo*, en Granada, aconsejados por Talavera, los Reyes Católicos rechazaron una vez más las condiciones, penosamente negociadas, que Colón exigía para emprender su viaje. La reina no tenía intención de otorgarle el título de almirante ni ningún privilegio derivado de ulteriores expediciones. Colón se desesperó. Creía que todo había terminado.

El *sábado 17 de marzo*, en Florencia, Savonarola aludía desde el púlpito a «la enfermedad, por la cual Dios constriñe a los poderosos a honrar a los humildes».[6]

El *martes 20 de marzo*, el Consejo Real, reunido en Granada, incluyó dos asuntos en su orden del día:
Por una parte, un proyecto de ordenanza dando a elegir a los judíos entre la conversión y el destierro. Ante los monarcas, Luis de Santángel se enfrentó a Torquemada. A los ojos de Santángel, la comunidad judía, en razón de su singularidad, era necesaria a la nación española, a la que rendía incluso eminentes servicios.[67] El segundo reargumentaba su peligrosidad, ya que «la herejía judaizante —decía— es un tumor maligno que debe eliminarse...»[67] *Tumor maligno*: a esta metáfora médica se le iba a sacar mucho jugo en el futuro. Los soberanos dudaban entre su papel de protectores de las tres religiones, al que aludían aún seis meses antes, y su deseo de ser plenamen-

te reconocidos entre sus pares, los demás monarcas cristianos. No se conocen las gestiones llevadas a cabo cuando Torquemada les expuso por primera vez su proyecto, un mes antes. ¿Habían consultado a Roma? Se ignora prácticamente todo sobre el debate que se suscitó en la corte.[67] ¿Qué dijo Isabel? ¿Y Fernando? Comoquiera que sea, parece cierto que en la comunidad judía nadie estaba al corriente de lo que se preparaba, ni estaba asociado de algún modo con la decisión: ni Isaac Abravanel, ni Abraham Señor, ni los conversos más próximos a la corona, como Caballería. ¿Fueron quizá «maniobrados»[67] por el rey Fernando, cuyos méritos alabaría Maquiavelo en *El Príncipe*?[67] En realidad, la situación, como siempre, parecía escapar de la voluntad de los actores, comprendidos los más altos príncipes. Nadie decidía nada: el príncipe seguía a la opinión y la opinión seguía al príncipe. El Islam había sido expulsado, el judaísmo debía seguir el mismo camino. Eso era todo. Europa debía volver a adueñarse de su propio territorio antes de conquistar el ajeno. Porque su territorio significaba también su memoria. Había por tanto que señalar a los no creyentes como al enemigo, o como monstruos, para mejor justificar el que se los quisiera expulsar.

Al terminar el Consejo, los monarcas se concedieron una semana de reflexión. Parece que Fernando no podía creer en las atrocidades que le habían descrito. En 1507 escribió: «Nos fue imposible obrar de otro modo. Nos contaban tantas cosas de Andalucía, que aunque hubiera sido un hijo nuestro, no hubiéramos podido ahorrarle lo que iba a ocurrir».

El *miércoles 21 de marzo*, Lorenzo vio cercano su fin. Abandonó Florencia acompañado de Marsilio Ficino y de sus amigos más allegados. Se instaló en Carregi. La ciudad se estremeció: cada uno sentía que, sin él, la Señoría no podría resistir mucho tiempo frente a los ataques del papa, Milán y Savonarola. Su hijo Pedro era demasiado joven y la compañía demasiado frágil desde el punto de vista financiero como para constituir un amparo duradero.

El *jueves 22 de marzo*, la reina Isabel se apartó de su confesor, el obispo Hernando de Talavera. Gran servidor del Estado, creador de la Santa Hermandad, había desaprobado con excesiva franqueza tanto la Inquisición como el viaje de Colón. La reina, que aún le admiraba y respetaba, le envió a Granada como arzobispo, para ayudar al conde de Tendilla, su gobernador, y con la misión de convertir a los moros.

El *miércoles 28 de marzo*, tras una semana de reflexión, los soberanos se decantaron a favor de la expulsión de los judíos y aprobaron el texto del decreto. En la exposición de motivos se declaraba que los judíos no habían comprendido que su expulsión de Sevilla, en 1483, constituía una advertencia, «creyendo que ello bastaría para que los judíos de las demás ciudades y lugares de nuestros reinos y señoríos dejasen de hacer y cometer lo antedicho»[67] (la conversión de los nuevos cristianos). Pero los monarcas se tomaron aún dos días antes de rubricar el decreto, y un mes antes de hacerlo público.[67] ¿Les quedaba alguna duda?

El *jueves 29 de marzo*, los embajadores del duque de Milán entraban en París por la puerta de Saint-Antoine.[33] Durante los días precedentes habían atravesado con gran pompa Moulins, Étampes, Montlhéry, Corbeil, Villeneuve-Saint-George, y franqueado el puente de Charenton. Desde una ventana, el rey y la reina asistían de incógnito a su llegada, asegurándose de que eran bien recibidos. Las ambiciones italianas de Francia dependían de Milán. En una de las escasas páginas de sus memorias dedicadas a 1492, Commynes escribió: «Y, para empezar a encaminar todas las cosas, el dicho señor Ludovico envió una gran embajada ante el rey, a París, el dicho año, de la cual era cabeza el conde de Caiazze. Tuvieron lugar ceremonias públicas, como la brillante entrada por la puerta de Saint-Antoine, audiencias públicas en el Gran Palacio, y privadas en el de Tournelles».[33] Más adelante añadió: «Todo ello hizo soñar al joven rey Carlos VIII, de veintidós años, con la arrogancia y la gloria de Italia».[33]

El *sábado 31 de marzo* —fecha oficial del fin de año de 1491 en la Europa cristiana—, los Reyes Católicos firmaron el decreto de expulsión de los judíos. El edicto preveía que, hasta el 31 de julio, los judíos gozaran de libertad de movimientos para disponer como quisieran de sus bienes y propiedades. Estipulaba igualmente que, al abandonar España, podrían llevarse consigo cualquier cosa excepto oro, plata, armas y esclavos. El edicto no mencionaba explícitamente la posibilidad de la conversión. El texto ordenaba guardar en secreto la decisión durante un mes, transcurrido el cual los judíos dispondrían de tres meses para partir o convertirse.[67] Este modo de obrar aún hoy nos resulta incomprensible. ¿Acaso los monarcas se reservaban el derecho de cambiar de opinión? El rey de Aragón pensaba que se necesitaba por lo menos un mes para organizar una salida digna. En realidad, un vez firmado, el decreto fue conocido por todos los dirigentes de las comunidades judías de España. En aquel *sabat* en el que se preparaban para conmemorar la salida de Egipto, la noticia cayó como un rayo. Algunos no podían creerla. Parecía demasiado en contradicción con la política mantenida por los soberanos hasta aquel momento. En opinión de muchos —como el financiero de la reina, Isaac Abravanel, mantenido al margen de los debates—, aquella absurda decisión[67] era consecuencia de la toma de Granada. Tiempo después, Abravanel escribió desde su exilio napolitano: «Cuando el rey de Aragón hubo tomado Granada, ciudad rica y poderosa, se dijo: "¿Cómo puedo dar gracias a mi Dios, demostrar mi complacencia hacia Él, que ha puesto esa ciudad bajo mi poder? ¿Acogiendo bajo mis alas a este pueblo que camina en la oscuridad, esta oveja descarriada que es Israel, o más bien arrojándole hacia otros países sin esperanza de retorno?" Así el heraldo anunció a todos los vientos: "A vosotros, familias de la casa de Israel, os hago saber: que si recibís el bautismo y os prosternáis ante mi Dios, gozaréis como nosotros de bienestar en este país. Por el contrario, si lo rechazáis, saldréis dentro de tres meses de mi reino."»[111] Poco después, otro escritor judío contemporáneo, Josef Ha Cohen, explicará la decisión por el hecho de que «la mayoría de los cristianos nuevos permanecían vinculados a la casa de Israel».[49]

Dicho de otro modo, no se expulsaba un cuerpo extraño, sino un fermento de discordia, un «microbio» capaz de contaminar a la fracción curada del pueblo judío. La metáfora médica puede ser todavía más precisa: no se trataba de amputar un miembro gangrenado, sino de excluir un agente infeccioso. La expulsión de los judíos de España fue el primer acto político en el que se llevó a la práctica la filosofía de la patología microbiana, antes de que el concepto siquiera hubiese sido descubierto.

En el fondo no se temía a los judíos, sino, evidentemente, la fragilidad de la conversión al cristianismo. Porque la Iglesia se sentía demasiado insegura como para permitirse el menor indicio de debilidad: la expulsión, pues, constituyó una medida preventiva frente una amenaza que, en rigor, iría a concretarse mucho más tarde en el seno de la misma Iglesia: la amenaza de los que no aceptaban que la Cristiandad fuese, ante todo, un poder político, emanación del de Europa; de los que deseaban que volviese a ser portadora del mensaje universal venido de Oriente.

ABRIL

El *lunes 2 de abril*, las negociaciones entre Colón y la corte española comenzaron a desbloquearse. Los dos principales abogados de Colón, Luis de Santángel y el dominico Diego de Deza, preceptor del príncipe heredero, trataron de persuadir a la reina para que aceptase sus exigencias. El primero informó a la soberana que la ciudad de Palos, que acababa de ser condenada por haber infringido la prohibición de navegar al sur del cabo Bojador, estaba obligada a poner dos carabelas a disposición de la Corona. ¿Por qué no dárselas al genovés? El segundo sostuvo que si, a despecho de todas las objeciones de los geógrafos, Colón conseguía llegar a Asia, Dios testimoniaría a la reina toda su gratitud.[97] Ésta terminó por ceder a los requerimientos del dominico. Gracias a Deza, escribiría más tarde Colón, «los Reyes Católicos ganaron las Indias».[97]

Ignorante de todo, Colón preparaba una vez más su equipaje para salir hacia el convento de La Rábida. Quería volver ver a su hijo mayor, que permanecía con la hermana de su mujer (el segundo vivía con él y su compañera Beatriz, con la que no se había casado).

El *martes 3 de abril*, Lorenzo agonizaba en Carregi.[15] Las compañías, los mercaderes, los artistas, se estremecieron. ¿Quién podría defender la ciudad después de él? El moribundo príncipe hizo venir a Ficino y a Pico de la Mirándola para sus últimas recomendaciones. Conversó con Pico sobre todos aquellos libros que hubiera querido ofrecerle, para comentarlos después en su compañía.

El *jueves 5 de abril*, según la leyenda, un mensajero de Santángel alcanzó a Colón en el camino de La Rábida y le hizo regresar a la corte. Según otras fuentes, el episodio habría tenido lugar a finales de marzo, pero es poco verosímil. Una vez más, reemprendió las negociaciones.[63] Se habló de los barcos de Palos; la eventualidad pareció complacerle: Palos se encontraba cercano al convento de La Rábida, y conocía la calidad de los navíos de la ciudad. Pidieron a Colón que renunciase a su exigencia sobre el nombramiento de almirante de Castilla, contentándose con el de «gran almirante del mar océano»,[63] título de pacotilla inventado para la ocasión. Aceptó, pidiendo a cambio que sus dos hijos entrasen a servir en calidad de pajes en la corte de Isabel. La comisión dio su consentimiento.

El *sábado 7 de abril*, Lorenzo, agonizante, evocaba de nuevo con Pico de la Mirándola todos aquellos libros que no habían tenido tiempo de comentar. En un último gesto de desafío, hizo venir a Savonarola y le pidió que rogara por él. El monje cumplió su petición.

El *domingo 8 de abril*, hacia las tres de la madrugada —según el artista florentino Bartolomeo Masi—, «el cielo se oscureció, entre la lluvia y el viento centellearon seis relámpagos a un tiempo, el rayo golpeó la linterna de la catedral de Santa María de las Flores, dañando numerosos mármoles, tanto en el interior como en el exterior de la iglesia ... Se dijo que en el mismo instante de dicha tempestad, Lorenzo di Piero di Cosimo de Médicis liberaba un espíritu que tenía prisionero en el engaste de un anillo; y que el acontecimiento sobrevino en el mismo momento en que le dejaba partir; y que guardaba este espíritu cautivo desde hacía largos años, y que lo liberó en aquel instante a causa de su enfermedad».[16] Al alba, Lorenzo de Médicis se extinguió, a los cuarenta y tres años de edad.

El *lunes 9 de abril*, el príncipe de Florencia recibía sepultura sin ninguna pompa en presencia de una gran multitud. Le sucedió su hijo Pedro, llamado el Desafortunado.

El *12 de abril*, Isaac Abravanel consiguió ser recibido por los soberanos, de los que todavía era consejero. Esperaba convencerles de que no debían expulsar a los judíos. «Es absurdo —insistió—, tenéis necesidad de nosotros.»[111] Fue en vano. Comenzó entonces una terrible quincena en la que otros judíos —mercaderes, diplomáticos, médicos, banqueros, altos funcionarios—, nobles, obispos incluso, se sucedieron ante los monarcas para defender la causa de los expulsados. Los soberanos no se retractaron de su decisión. Se aproximaba el momento de la publicación del decreto.

El *15 de abril*, en Venecia, el responsable del tesoro de San Marcos, Alvise Foscarini, encargado de una emisión de moneda con curso en los diversos puertos dependientes del dux (en Servia, Croacia, Istria, Corinto, Éfeso, Chipre, Rodas), creaba el *primer sistema monetario internacional* de la historia moderna: en el anverso, las nuevas monedas llevaban la efigie del león de San Marcos; en el reverso, cada una de ellas presentaba la imagen del santo protector de la ciudad. Las dos monedas más importantes —el *florín* y la *osella*— se acuñaron en oro en Venecia, mientras que las otras —las *bagattini*—, eran acuñadas en cada localidad. Foscarini llegó a ser uno de los dux más importantes de la historia de Venecia.

El *martes 17 de abril*, la corte de España ultimaba los detalles de la expulsión de los judíos, pues el rey de Aragón insistía en que todo debía estar previsto antes de la publicación del decreto. Al mismo tiempo terminaban, por fin, las conversaciones con Cristóbal Colón. Se empezaron a poner a punto las *capitulaciones*, según cuyos términos Colón obtenía los títulos de gran almirante del mar océano y virrey de las tierras que pudiera descubrir.[63] En adelante, se le llamaría «don Cristóbal Colón». Debía encontrar por sí mismo los capitales necesarios para su expedición y fue autorizado a colocar su propio capital en cualquier navío que comerciara en la nueva ruta de las Indias, hasta una octava parte de la inversión total. En caso de éxito recibiría, como había solicitado, el diezmo del producto de sus viajes —incluido el oro, la plata y las perlas— y la octava parte de las ganancias comerciales posteriores obtenidas eventualmente en las rutas descubiertas.[63]

Este acuerdo era, de hecho, inaplicable, pues garantizaba a Colón beneficios realmente desmesurados. Las cosas se llevaron como si los negociadores supieran por adelantado que el tratado no se iba a respetar, o como si estuvieran convencidos que don Cristóbal Colón se perdería en el mar. Después de todo, era lo más verosímil.

El *martes 17 de abril*, Florencia se recuperaba lentamente de la muerte del príncipe. Aquel día, Marsilio Ficino escribió al matemático Pacioli para comunicarle que la situación en la ciudad estaba normalizada, y Poliziano escribía por su parte a Pedro de Médicis para felicitarle por el nombramiento de canónigo otorgado su amigo Matteo Franco, antiguo preceptor de Pedro, al que Lorenzo había elevado a la categoría de hombre de confianza de su hija Magdalena, casada con Francesco Cibò, hijo del papa Inocencio VIII.[119]

El *miércoles 18 de abril*, por tercera vez en aquel mes, Abravanel iba de nuevo a suplicar a los soberanos españoles que retiraran el decreto de expulsión, todavía secreto. En sus memorias, describirá aquellas tres patéticas audiencias: «Y yo, encontrándome en el palacio real, me fatigaba implorando, la garganta dolorida, tanto y tanto llegué a rogar al rey. Por tres veces le supliqué: "Por piedad, Señor, ¿por qué obráis así con vuestro servidores? Aumentadnos los impuestos, pedidnos gran cantidad de oro y plata, pues los judíos darán todo lo que poseen por su país". Apelé a mis amigos cercanos al rey para que suplicasen en favor de mi pueblo. Muchos príncipes se pusieron de acuerdo para dirigirse al rey, rogándole que revocase al instante el funesto edicto. ¡Inútil esfuerzo! Permanecía más y más insensible y sordo a nuestras súplicas, tanto más cuanto que la reina, junto a él, le incitaba a ser despiadado».[111]

He aquí el único testimonio directo de las dudas del rey y del fanatismo de la soberana.

1492

El *viernes 20 de abril*, los embajadores de Ludovico el Moro en París eran recibidos por el rey de Francia y le incitaban a atacar Nápoles.[74] A propósito de ello, Philippe de Commynes escribió: «Comenzó el dicho señor Ludovico a enviar mensajeros ante el rey Carlos VIII, entonces reinante, para que viniera a Italia para conquistar el dicho reino de Nápoles, destruyendo y dispersando a quienen lo poseían, a quienes ya he nombrado: porque, mientras aquellos permanecieran en toda su fuerza y valor, el dicho Ludovico no hubiera osado concebir ni emprender cuanto hizo después. Nápoles es una conquista difícil y nadie puede arriesgarse a ella con ligereza: porque en aquel tiempo los dichos Ferrante, rey de Sicilia, y su hijo Alfonso, eran fuertes y ricos, muy experimentados en el oficio de la guerra y tenidos por muy valientes, aunque después se evidenciase lo contrario, y el dicho señor Ludovico era hombre muy sabio, pero temeroso y débil cuando tenía miedo (y hablo de quien he conocido mucho y con quien he tratado muchos asuntos), y hombre sin fe cuando le convenía quebrantarla para su provecho».[33]

Los embajadores milaneses esgrimieron ante Carlos «el derecho que el rey tenía al hermoso reino de Nápoles»;[33] se apoyaron en los consejeros del rey, Étienne de Vesc («convertido en senescal de Baucaire y enriquecido, aunque no lo suficiente en su opinión»)[33] y Guillaume Briçonnet («hombre rico y entendido en finanzas, gran amigo del senescal de Beaucaire, que aconsejó al dicho Briçonnet que se ordenara sacerdote, prometiendo hacerle cardenal, mientras él mismo se hacía con un ducado»).[33]

El *viernes 20 de abril*, Colón hizo añadir a su contrato su decisión de nombrar a Bartolomé y Diego, sus hermanos, lugarteniente general y gobernador de las tierras descubiertas respectivamente, y que deseaba libertad para escoger a sus marinos, aunque se tratara de gentes perseguidas por la justicia. Extraña cláusula. ¿Estaba al corriente de la expulsión de los judíos, teóricamente secreta aún? Parece inverosímil. Y sin embargo...

Se dedicó a buscar los dos millones de maravedíes que necesitaba para pagar los equipamientos, salarios y víveres de sus tripulaciones. Para obtener su parte en los posibles beneficios, tuvo que aportar la octava parte, es decir, doscientos cincuenta mil maravedíes, suma extraordinaria. Tres mercaderes italianos de Sevilla la adelantaron: el banquero florentino Juanoto Berardi y los mercaderes genoveses de la ciudad, Riparolio, que había españolizado su nombre en Riberol, y Francisco Pinello. Quedaba por reunir la suma principal; un millón setecientos cincuenta mil maravedíes. Para ello Colón se dirigió a Luis de Santángel, quien le prometió encontrarlos.

1492

El mismo día, en Arezzo, veía la luz Pietro Bacci, al que se conocerá como el Aretino.

El *miércoles 25 de abril*, un joven y desconocido holandés llamado Geertsz se ordenaba sacerdote en el convento de Steyn; lo abandonará, con el nombre de Erasmo, para convertirse en secretario del obispo de Cambrai.

El *sábado 28 de abril* Santángel entregó a Colón los maravedíes que faltaban. Según algunas fuentes,[63] una parte de dicha suma (trescientos cincuenta mil maravedíes) procedían de su propia fortuna; el resto, de la caja de la Santa Hermandad, que él mismo administraba y cuyas reservas, nutridas por las contribuciones de los propietarios terratenientes y por limosnas, eran prácticamente ilimitadas.

La actuación de Santángel no era inédita: en 1480, Juan de Lugo, entonces tesorero de la Hermandad, mercader y navegante, ya había utilizado el dinero de la caja para financiar la colonización de las Canarias.[47]

Según otras fuentes,[97] Santángel adelantó de su propio peculio un millón ciento cuarenta mil maravedíes, que se hizo reembolsar por el tesorero de la bula de la Cruzada de la diócesis de Badajoz, caja alimentada por el «cristiano pueblo de Extremadura con modestas limosnas».[97] El resto procedía de Palos y fue reunido por Pinzón.

Disponemos una vez más de dos versiones contradictorias: según una de ellas, fueron los nobles, y según la otra, el pueblo, quienes financiaron a Colón. La primera tesis parece la más probable; la segunda pretende dar una excesiva idea de que la aventura de Colón fue «hispánica» en razón de su financiamiento popular. Sin embargo, Pinzón, sobre cuya persona descansa la segunda hipótesis, tuvo, con toda evidencia, un papel capital en el conjunto de las aventuras de Colón y llegaría a reprochar al almirante su ingratitud.

Aquel mismo día Colón partió para Palos para examinar las naves surtas en el puerto, a fin de escoger las que se le habían prometido. Le habían hablado de dos navíos, pero él quería tres.

El *lunes 30 de abril*, a pesar de las últimas tentativas del gran rabino, Abraham Señor, y de grandes señores como Alfonso de la Caballería, los reyes publicaron el decreto de expulsión. Isaac Abravanel describe sus impresiones en aquella jornada: «Cuando la terrible nueva fue conocida por nuestros hermanos, hubo un gran duelo entre ellos, un profundo terror, una angustia tal como no se había sentido desde que Judá, el pueblo de Israel, fuera llevado cautivo por Nabucodonosor. No obstante, trataron de reconfortarse unos a otros. "¡Valor! —se decían—, por el honor de nuestra fe y la Ley de nuestro Dios debemos salvaguardarnos de los blasfemos. Si nos dejan la vida, bien está; si nos matan, pereceremos; pero no seremos infieles a nuestra Alianza, nuestro corazón no debe retroceder. Partiremos invocando el nombre del Eterno, nuestro Dios." Y, desfallecientes, se prepararon para partir».[111]

Este texto hubiera podido escribirse cuatro siglos y medio más tarde en Polonia o Alemania, países a los que precisamente se dirigieron, al cabo de tres meses, muchos judíos de España.

Aquel mismo lunes y en aplicación de los acuerdos firmados, los Reyes Católicos ordenaron a los tribunales: «A todos y cada uno de vosotros, en vuestros lugares y jurisdicciones, ordenamos no juzgar ninguna causa criminal que toque a las personas que parten con el antedicho Colón en las citadas carabelas».

Impresionante coincidencia la existente entre este edicto y la publicación del decreto de expulsión de los judíos. Parece como si se hubiera querido incitar a éstos a partir igualmente hacia lo desconocido. Como si la corte hubiera deseado empujar a los judíos a desaparecer en el océano.

MAYO

El *martes 1 de mayo*, el decreto de expulsión fue dado a conocer en ambos reinos y el pánico se apoderó de las comunidades judías. ¿Qué hacer? Convertirse era peligroso: era exponerse a la tentación de volver a su antigua religión y arriesgarse a perecer en la hoguera. Ocultarse era igualmente peligroso, aunque los grandes señores de Aragón ofrecieron su ayuda para ello. Partir abandonando los cementerios sería sacrílego. Además, ¿adónde ir? ¿A Portugal, a Navarra? En ambos países permanecerían también bajo la amenaza del antisemitismo. ¿A Flandes? Demasiado lejos. ¿A Italia? ¿A Francia? ¿A Turquía?

Las familias se dividieron. La Inquisición, encargada por el poder real de supervisar el conjunto de las operaciones, empujaba a los judíos, no a convertirse, sino al exilio. Les incitaba a liquidar lo antes posible todas sus propiedades. La mayor parte decidieron huir; pero no tenían derecho a llevar consigo oro ni plata. Era preciso, por tanto, saldarlo todo. No había que olvidar ocuparse de los pobres, ni de los objetos de culto. El tiempo transcurría. Los oportunistas disfrutaban. Los Reyes Católicos aseguraron que el éxodo quedaba bajo su protección, pero las palabras no servían para cambiar los hechos. En Cádiz, cerca de ocho mil familias judías dispersaron sus bienes y negociaron su viaje con capitanes bien decididos a despojarles de todo el oro que, de cualquier forma, no podían llevar consigo.[67]

El *sábado 5 de mayo*, de acuerdo con las mismas fuentes,[97] la bula de la cruzada reembolsó a Santángel el dinero que habría adelantado a Colón. Un pequeño adelanto de tesorería.

El *domingo 6 de mayo*, los embajadores del dux abandonaban Venecia para dirigirse a Francia con un nutrido séquito. Su viaje será largo. Día tras día, confeccionarán una detallada relación, que constituye uno de los primeros ejemplos conocidos de despachos diplomáticos.[6]

El *jueves 10 de mayo*, emprendiendo el viaje en sentido inverso, los embajadores milaneses abandonaban la corte de Carlos VIII. Jubilosos, estaban seguros de haber convencido al soberano francés para lanzarse al asalto de la doble corona de Nápoles y Jerusalén.[74] Los Beaujeu, que se oponían a esta guerra, fueron apartados del poder. Étienne de Vesc, senescal de Beaucaire, y Guillaume Briçonnet, obispo de Saint-Malo, ambos a sueldo de Ludovico el Moro, se convirtie-

1492

ron en los nuevos favoritos.[74] Un desconocido descendiente de la familia Visconti se encontraba también allí, junto con algunos exiliados napolitanos de la época de la corte angevina de Nápoles. Pero Carlos VIII dudaba en pasar a la acción. Sabía que el papa no le permitiría atravesar sus territorios. Además, era aliado de Florencia, y ésta, sin duda, iba a cruzarse en su camino. Nadie sabía cómo convencer a Roma. Y Carlos VIII era demasiado creyente para arriesgarse a una excomunión en nombre de la cruzada.

Aquel mismo día, los embajadores de Venecia, de camino hacia París, entraban en Padua con gran pompa.[6] Como en todas las ciudades por donde pasaban, se organizaban entradas, recepciones y partidas suntuosas, que describían concienzudamente en sus informes, comparando las ceremonias organizadas por unos y otros a fin de evaluar mejor el prestigio del dux.[6]

El *viernes 18 de mayo* el matemático Lucca Pacioli estimaba en doscientas mil libras el peso de la aleación necesaria para la estatua ecuestre encomendada por Ludovico el Moro. Leonardo escribió: «Prometo trabajar cuanto esté en mi poder en el caballo de bronce, que será gloria inmortal y honor eterno del reverendo Señor, vuestro difunto padre».

El *domingo 20 de mayo*, la reina de Castilla promulgó las cartas previstas en las capitulaciones, ennobleciendo a Colón. Se le citaba en tercera persona, llamándole «el almirante don Cristóbal Colón», su tercer nombre después de Cristoforo Colombo y de su variante Cristofo Colón. En su diario, él se designará siempre del mismo modo, refiriéndose a sí mismo en tercera persona.

El *lunes 21 de mayo*, los embajadores venecianos llegaron a Milán. Fueron recibidos por Ludovico el Moro, quien les rogó encarecidamente que apoyasen al rey de Francia contra Nápoles. Conforme a sus instrucciones, los embajadores se mantuvieron prudentemente evasivos, o amablemente negativos.[6]

El *martes 22 de mayo*, Fernando reiteró a los grandes señores de España, llegados para interceder por sus amigos judíos, que el decreto de expulsión no contemplaría excepciones y que toda persona, aunque fuera Grande de España, que protegiera u ocultase a un judío, por rico que fuera, en sus tierras, sería severamente castigada. Añadió que incluso los judíos de Granada debían partir, violando así los acuerdos tomados con ocasión de la conquista de la ciudad.[67]

El *miércoles 23 de mayo*, en la iglesia de San Jorge, y en presencia de fray Juan Pérez, se dio lectura a la orden según la cual los vecinos de Palos estaban obligados a proporcionar a Colón, en un plazo de diez días, dos carabelas y «el avituallamiento necesario al más justo precio, quedando exentos de contribuciones».[97]

El *viernes 25 de mayo*, se festejaba la toma de Granada entre los españoles de Amberes. En la catedral tuvo lugar la ofrenda de un manto de oro a la Virgen, y en la Plaza Mayor se construyó una maqueta de la ciudadela conquistada, se la abasteció de «vituallas» y los espectadores se lanzaron al asalto. Los festejos se cerraron con una justa.[58] Los judíos españoles, desde tiempo atrás residentes en Amberes, participaron en las fiestas. Y sin embargo, hacía tres semanas que la decisión de expulsar a los judíos había sido hecha pública en España; aparentemente, los judíos de Amberes, mercaderes en su mayor parte, ¡permanecían ignorantes del hecho! Decididamente, las noticias no corrían demasiado en la Europa de entonces.

El *miércoles 30 de mayo*, los embajadores venecianos alcanzaban el ducado de Saboya, donde eran recibidos por la duquesa Blanca, hija del marqués de Montferrat y de Elisabetta Sforza, viuda de Carlos de Saboya, muerto en 1489. En el informe destinado al dux anotaron: «Nos reunimos con Madame en el castillo, en una habitación cubierta de paños negros, en uno de cuyos extremos estaba ella con monseñor de Bresse y monseñor el Gran Canciller; el otro extremo estaba ocupado por unas once damiselas y todo el resto de la habitación estaba lleno de gente, exactamente como una iglesia un día de indulgencia plenaria. Madame es de edad de unos veintiséis años, alta, entrada en carnes, blanca y encantadora de rostro, y es tan bien parecida, que a mis ojos apareció como una alegre y bella dama».[6]

Aquel mismo miércoles, los armadores de Palos eligieron, sin excesivas recriminaciones, las dos carabelas destinadas a Colón. La primera, la *Pinta* —cuyo nombre, como decían algunos, recordaba al de los Pinzón, que en otro tiempo fueron sus propietarios—, era un barco de veinte metros de eslora, seis de manga, tres metros de calado y sesenta toneladas. Construida en los astilleros de Riotinto, era una excelente nave y Colón la aceptó con placer. Su último propietario, Cristóbal Quintero, la entregó muy a su pesar. Colón apreció menos la segunda, la *Niña*. Un poco más pequeña que la *Pinta*, salida de los astilleros de Moguer y cuyo primer nombre fue el de *Santa Clara*, patrona de la ciudad, se convirtió en *Niña* cuando la compró Juan Niño, armador de Moguer,[97] a menos que este apelativo signifique simplemente niña. Colón opinaba que era «maravillosamente maniobrera».[63] Puesto que no encontró otra, la aceptó, pero hizo sustituir la vela latina del palo mayor por varias velas cuadradas más pequeñas, «para que pueda seguir a los demás navíos».[63] Colón comentaría más tarde que «ambos navíos hicieron aguas por culpa de los calafates de Palos, que las habían calafateado muy mal y que, viendo que el almirante había reparado en su pésimo trabajo y pretendía que se volviera a realizar, habían desaparecido de la circulación».[16]

El *jueves 31 de mayo*, Colón reclamó un tercer navío, pero la población de Palos se negó. Como el tiempo apremiaba, alquiló a sus propias expensas la *María Galante*, perteneciente a un patrón de Galicia, el vasco Juan de la Cosa, nave que había tenido ocasión de ver en el puerto de Palos.

Era un barco mucho más grande que los otros y dos veces más pesado. A Colón, sin embargo, no le gustaba demasiado; la juzgaba «demasiado pesada y poco adecuada para una misión de descubrimiento».[63] «Pero si se llega a encontrar en apuros —escribirá—, es porque las gentes de Palos no habían respondido a las órdenes de los soberanos, pues habían prometido navíos convenientes para tal expedición y no lo habían cumplido».[63]

He aquí a Colón retratado en toda su mala fe: las gentes de Palos estaban obligadas a armar dos barcos. ¿Acaso no lo habían hecho?

Así pues, los tres barcos se llamaban la «niña», la «pintada» y la «María Galante». Una vez más, ambigüedad. En la aventura de Colón, siempre es posible este tipo de doble lectura: todo se mueve entre lo ridículo y lo sublime.

En el mismo momento, al otro extremo de Europa, el amo de Turquía, el sultán Bayezid, firmaba la paz con los mamelucos de Egipto. Aprovechando la muerte de Matías Corvino, intensificó su presión sobre Austria, Hungría, Transilvania y Albania. El imperio germánico no supo reaccionar; Federico le dejó hacer y su hijo Maximiliano tenía otras preocupaciones. Venecia se encontraba más que nunca asfixiada por el este; la ruta de las especias estaba cortada. Más que nunca, Europa se vio impulsada hacia el oeste; Oriente se había convertido en su enemigo. Así, en el momento en que los portugueses se preparaban para transformar en ruta comercial la proeza de Díaz, Europa veía levantarse una muralla que cerraba sus rutas tradicionales de Oriente. Colón se apresuró: en la batalla que se avecinaba estaban en juego gigantescos intereses comerciales. Puesto que Portugal y España disputaban por una ruta de las especias, le correspondía a él descubrir la mejor.

JUNIO

El *martes 5 de junio*, la comunidad judía de España, desesperada, veía aproximarse la fecha en que expiraba el plazo fijado. Había recibido una impresión enorme: el gran rabino Abraham Señor, del que todos esperaban que terminaría por convencer a los soberanos de que retiraran el decreto de expulsión, se convirtió con gran pompa, en la catedral de Córdoba, ante el rey Fernando y la reina Isabel. Tomó el nombre de Fernando Pérez Coronel. Cuando él mismo se sometía, es que todo estaba perdido. Señor se retiró y rompió todo contacto con la comunidad judía. Luego se descubriría que, en realidad, continuaba practicando secretamente el judaísmo y que se había convertido para poder permanecer en España, proteger mejor a los suyos, esperar y dejar pasar el temporal confiando en que fuera breve.

El *miércoles 6 de junio*, gracias a uno de los escasos documentos existentes sobre la vida cotidiana en la Inglaterra de la época,[99] se registra en el proceso verbal de un consejero municipal que un tal Thomas Prince, maestro de escuela, había injuriado a la religión; el consejo había decidido interpelar al juez por si hubiera lugar a perseguirle por ello. Que un caballero a través de cuyas propiedades pasaba un camino de sirga se encontró con la orden de efectuar su reparación. Que, para dar cumplimiento a los deseos del embajador turco, un carnicero había sido autorizado a matar animales durante la Cuaresma.

Curiosa vecindad de hechos en un texto aparentemente anodino. Uno, anuncia la Reforma. El otro, las revueltas sociales por venir. El tercero señala la presencia del Islam y las dificultades de la tolerancia. Para quien sepa leer entre líneas, tres muestras de los problemas capitales de aquel país en el porvenir.

El *jueves 7 de junio* murió Casimiro IV de Polonia, dejando una familia dividida y debilitada por la pujanza de Moscú.

El *domingo 17 de junio*, cuando faltaban dos semanas para que expirara el plazo señalado por el decreto de expulsión, un rabino de Zaragoza, Levi Ibn Santo, confesó bajo la tortura de los inquisidores que el célebre judío converso Alfonso de la Caballería,[49] grande de España y protector de los judíos de Aragón, había permanecido fiel a su religión en secreto (los rabinos se habían decidido a denunciar a los conversos judaizantes). «Ahora que los judíos han sido expulsados, vengo a descargar mi conciencia.»[49] Liberado, Ibn Santo huyó a

Portugal. Caballería, cuya familia se había convertido en 1414, fue asesinado poco después.

El *lunes 18 de junio*, Fernando extendió a Sicilia la orden de expulsión de los judíos. Les concedió hasta el 12 de enero de 1493 para obedecerla. Al día siguiente, convencido hasta el límite de que la decisión no sería revocada, Isaac Abravanel decidió abandonar España, con quien quisiera seguirle, sin esperar a la fecha límite fijada por el decreto. Obtuvo un permiso especial del rey y la reina para llevar consigo su oro y su plata, y se embarcó hacia Nápoles con su familia.

En el espacio de algunos días, los judíos españoles recibían así dos mensajes bien contradictorios por parte de sus más altas autoridades: uno, el religioso, que decía: «Convertíos y permaneced aquí»; el otro, el laico: «No os convirtáis y partid».

Extraña inversión de roles cuyo único resultado debió ser llevado al límite por la extrema confusión de los espíritus.

El *martes 19 de junio* Hernando de Talavera presionó a Isabel para que anulara la expedición de Colón.

El *miércoles 20 de junio*, al parecer, en Nuremberg y en medio de la más completa indiferencia, tuvo lugar un notable acontecimiento, sin duda uno de los más importantes de aquel año: Martín Behaim, alumno de Regiomontanus, marino cartógrafo, confidente de Colón en Lisboa en 1484, viajero de África en 1489, de vuelta en Portugal, termina la construcción del primer globo terráqueo.

Ya existían globos *celestes*, pero no se conocía ninguna representación esférica de la Tierra. Asombrosa mutación: por primera vez el hombre podía sostener el planeta entre sus manos, verlo tal como es, una simple pelota lanzada al espacio. También por primera vez ninguna parte del mundo quedaba en una posición privilegiada;[135] en aquella pequeña esfera azul oscuro de veinticinco centímetros de diámetro, bellamente dibujada, cubierta de detalladas indicaciones sobre los productos y peculiaridades de cada país, así como de banderas multicolores,[135] Behaim había representado los descubrimientos portugueses anteriores a 1486, con los nombres proporcionados por Marco Polo, y las tierras y los mares dispuestos de forma que mostraban «cuán seductora era la ruta del oeste».[57] El océano no se representa como un vacío, sino como un espacio, invadido asimismo por banderas. En él se aprecia, distintamente dibujada, una ruta marítima que parte de La Mina, en África, pasa por las islas de Cabo Verde, el sur de las Canarias, «Antilia», la «isla de San Brandon», a algunos grados bajo el Ecuador y termina justo en Cipango (Japón), que está situado aproximadamente allí donde se encuentra en reali-

1492

dad Brasil.[135] Señala Gambia como productor de malagueta, la pimienta africana.

Behaim termina África allí donde él mismo llegó en 1486, olvidando el viaje de Díaz, cuya existencia, sin embargo, no podía ignorar. Curiosamente, hace figurar en su mapa la ruta que Colón iba a tomar un mes después... ¿De qué debieron hablar, aquel día de 1484, el marino tejedor y el cartógrafo comerciante de especias, justo antes de que el primero de ellos presentara su proyecto a Juan II? Otra influencia que Colón jamás reconoció.

El *domingo 24 de junio*, en París, la alianza franco-milanesa de diciembre de 1491 fue solemnemente refrendada en el mismo instante en que los embajadores venecianos entraban en Villeneuve. Según la costumbre, se detuvieron allí para ser recibidos en nombre del rey por sus chambelanes.[6] Los embajadores se mostraron sensibles a este signo de cortesía y lo comentaron detalladamente en su relación.[6]

El *lunes 25 de junio*, por orden de Carlos VIII, que había visitado el lugar en noviembre de 1491, dos hombres, Antoine de Ville y Renaud Jubié, comenzaron a escalar los dos mil novecientos metros del monte Aiguille, en el Vercors. Fue la primera tentativa conocida de escalar una cima.[70] El mar había dejado de ser el único terreno de los aventureros: había llegado el momento de los aventureros de las montañas. Pero esta vez el objetivo no era ni una ruta comercial ni hacer fortuna. Era el momento del riesgo por el riesgo.

El *martes 26 de junio*, el rey de Francia asistía, oculto entre las cortinas entreabiertas, a la entrada de los venecianos por la puerta de Saint Antoine, por donde tiempo atrás habían llegado los embajadores milaneses.[6] El espectáculo atrajo a una gran muchedumbre. Los maestros impresores publicaron entonces los primeros *diarios* de París, que llevaban un gran titular: «Entrada de monseñores, magníficos embajadores del Estado de los Venecianos».[6]

Los propios embajadores relataron su entrada con todo detalle: «Siguiendo el aviso que se nos había dado, hacia las dieciocho horas montamos a caballo, nos y toda nuestra compañía, revestidos de nuestros magníficos atuendos; y precediéndonos todo nuestro equipaje, los nuestros se alinearon de dos en dos, y por mi fe, Príncipe Serenísimo, que era muy hermoso de ver ... Apenas habíamos cabalgado por espacio de una legua, cuando nos encontramos con cuatro chambelanes y tres maestresalas de monseñor el duque de Orleans, con todo el resto de su casa, que nos recibieron con grandes demostraciones de afecto y honor hacia Vuestra Sublimidad, ... con dos heraldos provistos de largas trompetas y vestidos con las armas de la casa de Su Majestad, *manifestación de amistad que no fue ofrecida ni a los embajadores de Milán ni a ningún otro embajador en mucho tiempo*; eran seguidos por un gran número de caballeros, que entre todos éramos quinientos o más ... toda esta compañía, en fin, formó nuestro cortejo hasta la mansión de M. de Noès, que se nos había reservado y preparado por orden del rey: era una hermosa y perfecta casa, cubierta de los más bellos tapices que poseía M. de Orleans».[6]

Para quien esté familiarizado con los modernos despachos diplomáticos, resultará evidente que lo esencial de las reglas de dicho arte data de aquella época.

El *miércoles 27 de junio*, los judíos de España trataban de vender cuanto era posible, y las comunidades procuraban ayudar a los más pobres a pagar su viaje. Las reacciones de los cristianos fueron muy diversas. El *aljama* de Gerona, en Cataluña, vendió el terreno de las sinagoga con las escuelas, los baños y el hospital. Cuando la comunidad de Palencia intentó vender la sinagoga para financiar el viaje de los más pobres, el ayuntamiento prohibió a cualquiera comprarla. Al contrario, cuando la comunidad de Vitoria donó el cementerio a la municipalidad de Vitoria para su cuidado, con el ruego encarecido de que evitase construir encima de él, no sólo aceptó el encargo, sino que cumplió su promesa hasta después de la Segunda Guerra Mundial.[97] Hubieran debido tomar ejemplo los que en 1991 hicieron construir un supermercado en Ravensbrück.

Los testigos visuales de aquel éxodo masivo son escasos. Un testigo cristiano, el cura Andrés Bernáldez, escribirá poco después: «Los judíos de España, abandonando sus bienes y su esplendor, y confiando, en su ceguera, en vanas esperanzas, vendieron cuanto pudieron en pocos meses; cambiaban una casa por un asno, una viña por una pieza de tela. Antes de partir, casaron a todos sus hijos mayores de doce años, para que cada muchacha estuviera acompañada de su marido».[49]

Aquel mismo 27 de junio, en Roma, Inocencio VIII cayó repentinamente enfermo. Los médicos se convocaron, las cancillerías se estremecieron. La cuestión era grave; el equilibrio de la península era hasta tal punto inestable, que de la elección del futuro papa podía resultar una guerra por el dominio de Nápoles. Los Della Rovere y los Borgia se dispusieron a enfrentarse. Los Reyes Católicos, que acababan de dar a la Iglesia buenas pruebas de su fe, deseaban imponer a Rodrigo, más por español que por piadoso. Carlos VIII le respaldó, sabiendo que no podía esperar nada bueno de un papa italiano, al igual que Milán, que consideraba útiles las ambiciones napolitanas de Carlos VIII. Nápoles y Florencia se alinearon en el bando de los Della Rovere. Venecia escogía su bando. Pero Rodrigo era el favorito: España navegaba viento en popa.

JULIO

El *domingo 1 de julio*, De Ville consigue llegar a la cumbre del Aiguille.[70] Se había realizado la primera hazaña en el campo del alpinismo. Durante mucho tiempo permanecerá desconocida.

El *jueves 5 de julio*, un joven florentino, Américo Vespucio, vástago de una rica familia, partió en dirección de España por cuenta de la compañía de los Médicis, para comprar equipamientos para navíos. Ya no regresará, atrapado, como tantos jóvenes de su generación, en la locura de los descubrimientos y los sueños de gloria. Curiosa coincidencia: aquel joven desconocido llegaba a España a fines de julio, cuando Colón la abandonaba. Uno descubrirá un continente que llevará el nombre del otro.

El *sábado 7 de julio*, la decisión de los Reyes Católicos consolidaba las corrientes antisemitas en toda Europa; la situación de los judíos comenzó a degradarse. Así, acusados por el príncipe de Mecklemburgo de haber comprado a un cura una hostia para profanarla, treinta judíos fueron condenados a muerte.[49] El mismo día, Carlos VIII concedió a los bretones el derecho de no pagar más impuestos que los decididos por las autoridades del ducado.

El *domingo 8 de julio*, en París, los embajadores venecianos fueron, por fin, recibidos por el rey. Sabroso retrato, el que nos dejaron del soberano francés: «Su Majestad el Rey de Francia es de edad de veintidós años, pequeño y de cuerpo mal proporcionado, feo el rostro, con los ojos grandes y claros, y más propensos a ver mal que bien; la nariz es aquilina, más grande y gruesa de lo que debiera; los labios también gruesos, y los mantiene continuamente abiertos; realiza con la mano nerviosos movimientos, poco agradables de ver, y es lento en su forma de hablar. A mi juicio, que bien podría ser falso, no vale gran cosa de cuerpo y de alma; sin embargo, es elogiado por todo París como muy ágil en el juego del frontón, en la caza y en la justa, ejercicios a los que, pase lo que pase, consagra mucho tiempo. También se le alaba porque, así como en años precedentes abandonaba el cuidado de decisiones y negocios en manos de algunos miembros del *Consejo secreto*, en la actualidad quiere ser él quien delibere y decida, lo que, según nos aseguran, cumple de la más bella manera».[6]

El rey supo hacer entender que el príncipe era él y que la era de los poderosos consejeros y los regentes encumbrados había pasado. Él mismo dio las órdenes necesarias para que se financiasen las ambiciones de Rodrigo Borgia, de quien tanto esperaba. Hizo que le enviaran la considerable suma de doscientos mil ducados.

El *domingo 15 de julio*, Colón continuaba escogiendo su tripulación. Eligió a vascos y españoles. ¿Quizás algunos de ellos conocían rutas secretas, mapas desconocidos? Parece que ninguno había estado en Guinea. Eran marinos familiarizados con la navegación en alta mar y que conocían la *volta*. Todos conocían los riesgos del viaje. Colón les habló de dos meses de navegación, pero muchos no ignoraban que sería mucho más largo y tenían sus esperanzas puestas en las numerosas islas que hallarían antes de llegar a Asia: «Antilia», «San Brandán», les hacían soñar. Colón llevó consigo médicos, un notario para registrar sus descubrimientos y un judío recién convertido, que conocía el árabe, para convertir a los indios o a los chinos que necesariamente iban a encontrar y que, seguramente, hablaban árabe. ¿Lo cree en verdad? Curiosa omisión: no se llevó ningún sacerdote.

Desde el punto de vista marítimo, la expedición quedaba en manos de los Pinzón. Dos de ellos mandaban uno de los barcos; el capitán de la *Niña* era Vicente Yáñez Pinzón, el primer oficial era el propietario del barco, Juan Niño, y el segundo oficial, Juan Martín Pinzón, hermano del capitán; llevaban una dotación de veintidós hombres. Un tercer Pinzón, Martín Alonso, era el capitán de la *Pinta*, en la que embarcó con veintiséis hombres de dotación. El vasco Juan de la Cosa capitaneaba la *Santa María*, en la que embarcó Colón con treinta y nueve hombres.[97] Se empezaron a cargar víveres para quince meses, agua para seis y abalorios destinados a los indígenas que iban a encontrar.

El *miércoles 18 de julio*, se murmuraba en Roma que un médico judío —había muchos alrededor del papa— había intentado la primera transfusión de sangre humana. En todo caso, la primera conocida. Se decía que la operación había fracasado y que tres jóvenes habían encontrado la muerte. El hecho no está confirmado, pero el rumor levantó gran polvareda en el entorno del Santo Padre.

El *miércoles 25 de julio*, el papa exhaló el último suspiro. Los dos principales candidatos conocidos a su sucesión eran el sobrino de Sixto IV, Juliano della Rovere, apoyado por el rey de Nápoles y Venecia, y Rodrigo Borgia, candidato de España, del partido de Milán y de Carlos VIII. El cronista italiano Francesco Guicciardini escribió que Borgia era entonces de «singular sabiduría y disposición, de excelente consejo, que demuestra una maravillosa capacidad de convicción y que trata los asuntos importantes con una destreza y aplicación increíbles: *sin embargo, sus virtudes son ampliamente superadas por sus vicios*».[60]

El porvenir de la Iglesia del siglo XVI se perfila claramente en esta última observación.

El *29 de julio* los embajadores de Venecia son recibidos de nuevo por el rey, «en compañía de otros hombres de calidad».[6] Se les interrogó sobre la posibilidad de que Venecia firmara un tratado con Francia. Su respuesta estaba comprendida en las instrucciones que recibieron:

«Como podría suceder, en razón de sus aspiraciones en Italia, que sondease las posibilidades de un tratado con nos, queremos, llegado el caso, que os esforcéis en no responder nada concreto a las demandas que pudiera plantear, teniendo cuidado de evitar lo que no debéis decir, aunque sin olvidar la cortesía. Le responderéis que vuestras instrucciones no contienen nada al respecto, que por otra parte no es preciso el mandato de tal alianza, ya que Su Excelencia ya debe saber que entre él y nos siempre ha habido un verdadero intercambio de amistad y benevolencia, y que siempre puede contar con nosotros en todo lo que concierna a su honor y a sus intereses, como tiene derecho a esperar de tan buenos amigos.»[6]

Cualquier diplomático moderno podría envidiar tanta elegancia en el arte de no decir nada.

El *lunes 30 de julio*, los embajadores venecianos fueron a observar discretamente la capacidad militar de Francia. Regresaron muy impresionados por la modernidad de sus armas, de las que la Serenísima apenas disponía en su lucha contra el turco. Su descripción constituye uno de los inventarios más precisos de que disponemos sobre las armas de la época:

«La artillería del rey está formada por bombardas que lanzan bolas de hierro que, si fuesen de piedra, pesarían casi cien libras; se afilan sobre unos carritos de admirable artificio, de suerte que, sin zócalo ni otros preparativos de sostén, lanzan muy bien sus golpes. Tiene también espingardas, calzadas sobre pequeñas carretas. Estas artillerías se emplean en dos ocasiones; una, cuando el campo está preparado y disponen las carretas como parapeto, volviéndose así casi inexpugnables; la otra, cuando quieren desmantelar cualquier lugar, y entonces destruyen las murallas con las mismas bombardas mucho más fácilmente *y en mucho menos tiempo que nosotros con las nuestras.*»[6]

Dicho de otro modo, Francia podía invadir Italia sin disparar un solo tiro. Y si lo hacía, nosotros los venecianos no debemos mezclarnos en ello... Que es justamente lo que ocurrirá dos años después.

El *martes 31 de julio* los mismos embajadores fueron recibidos por la reina, de quien hicieron un cruel retrato: «La Reina tiene diecisiete años [*sic*]; es pequeña y sensiblemente coja de una pierna aunque se ayuda con calzado de altos tacones, morena y muy linda de rostro y, para su edad, muy astuta; de suerte que una vez se empeña en cosa alguna, pretende obtenerla de mil maneras, tenga que reír o llorar para ello».[6] Le entregaron los regalos del dux: «Una pieza de brocado de oro y una pieza de paño verde con franjas, y otras dos piezas de tela, una de terciopelo violeta y la otra de satén carmesí, cada una de veintidós brazas y las más bellas que es posible encontrar».[6]

Luego viene un comentario que ningun embajador de hoy se arriesgaría a hacer: «Es celosa y deseosa de Su Majestad en gran manera, aunque desde que es su mujer, han sido pocas las noches que no ha pasado con el rey, y en esto se ha conducido muy bien, pues está embarazada de ocho meses».[6] Si el matrimonio se remontaba a diciembre... Es difícil de creer en aquel tiempo. De hecho, el niño nació dos meses y medio después, fecha más razonable. Francia iba a tener un heredero; las Cortes de Europa se llenaron de rumores sobre su futuro matrimonio. Pero el niño murió prematuramente y todos aquellos planes se vinieron abajo.

El mismo martes 31 de julio, conforme al decreto de expulsión —y no el 2 de agosto, como se ha escrito con frecuencia—, los judíos de España comenzaron a abandonar Castilla y Aragón. Primer *boat-people* de la Historia, partieron por mar hacia Italia, Flandes, el Magreb, Oriente Medio. Por tierra, en dirección a Navarra, Francia y Portugal. El cura Bernáldez escribió: «Se pusieron en camino, abandonando su tierra natal, grandes y chicos, viejos y jóvenes, a pie, a caballo, a lomos de asno o en carretas; muchas desventuras les esperaban en su camino, cayendo unos, remontando otros, unos muriendo y otros naciendo; algunos enfermando, y no hubo cristiano que les compadeciera, y los rabinos les animaban, haciendo cantar a niñas y niños al son de tamboriles y flautas, y así fue como salieron de Castilla. Unos pasaron a Portugal, otros se embarcaron en los puertos».[49]

AGOSTO

El *jueves 2 de agosto* —que en el calendario judío correspondía al 9 del mes de Ab, señalando el día de la destrucción de Jerusalén por los romanos—, los judíos proseguían su marcha fuera del país. Un cronista genovés anotó: «Parecían espectros, pálidos, demacrados, con ojos extraviados; daba la impresión de que temían morir si no marchaban cuanto antes. Muchos murieron en el muelle».[49]

¿Cuántos partieron? ¿Cuántos se quedaron? Desde Nápoles, Abravanel escribió en 1496: «Por el temor que tengo al cielo y por la gloria de la divinidad, doy testimonio de que el número de hijos de Israel en España era de *trescientos mil* en el año en que les fue arrebatado su esplendor; y el valor de sus bienes y su fortuna en inmuebles y muebles y la abundancia de sus bendiciones era de más de mil millones de ducados de oro puro, riquezas que guardaban para los tiempos de necesidad. Y hoy, cuatro años después de nuestro exilio y nuestra destrucción, todo ha perecido, amargo final; porque no quedan sino cerca de *diez mil hombres, mujeres y niños en los países donde habitan*; y en las regiones de su exilio acabaron sus riquezas y todo cuanto habían llevado consigo desde su país natal».[1]

Más verosímil es que cincuenta mil se quedaran y se convirtieran, y más de doscientos cincuenta mil se exiliaran. De cuantos se quedaron, una gran mayoría se exiliarían también. Los Reyes Católicos se sorprendieron del número de judíos que eligieron dejar España. Esperaban una gran mayoría de conversiones.

Aquel mismo jueves 2 de agosto, en Roma, el cónclave se tiñó de sangre. Hubo intimidación y doscientas personas murieron en quince días.[97] Rodrigo Borgia, esta vez, estaba bien decidido a no dejar pasar su oportunidad. Con el apoyo financiero de los Reyes Católicos y del rey de Francia, compró, voto a voto, a todo el Sacro Colegio, asegurando a todos los cardenales que, tan pronto fuera elegido papa, aumentaría sus rentas personales hasta quince mil ducados venecianos, es decir, más de medio quintal de oro.[16]

El *viernes 3 de agosto*, las tres carabelas de Colón partían del puerto de Palos en presencia de una considerable multitud, con víveres para quince meses y agua para seis, es decir, mil trescientos kilos por hombre. «Seis meses»: ¡qué audacia, qué locura, si era seguro que habría que atravesar la mitad del planeta! La expedición se componía de ochenta personas en total. La enseña almirante se desplegó en la *Santa María*. Los hermanos Pinzón —Martín Alonso en la *Niña*,

1492

Vicente Yáñez en la *Pinta*— comandaban la maniobra. Colón había dejado de ser un aventurero; él se veía ya virrey. Escribió sobriamente: «Viernes 3 de agosto, puesta la proa hacia las islas Canarias, pertenecientes a Vuestras Altezas, para tomar desde allí mi ruta, navegando hasta alcanzar las Indias... Para que mi deseo llegue a buen fin, será necesario que olvide el sueño».[63] Es uno de los escasos textos de Colón en los que aún habla de sí mismo en primera persona.

El *sábado 4 de agosto* comenzó en Irlanda la revuelta de Perkin Warbeck. Era un aventurero flamenco que se hizo pasar por Ricardo de York, hijo de Eduardo IV, muerto sin duda alguna en la Torre de Londres. Apoyado por la hermana de Eduardo IV, Warbeck se hizo reconocer como rey de Inglaterra por Maximiliano, con ayuda de Jacobo IV de Escocia. Su aventura terminará lamentablemente, dos años más tarde, con su ejecución.

El *domingo 5 de agosto*, un relato anónimo de la época,[136] traducido al francés por L. Cardaillac, narra un emotivo diálogo en el puerto de Cádiz, entre un judío toledano expulsado, Abraham ben Salomon de Torrutiel, y un musulmán de Granada, aún en su tierra, llamado Tulaytulli:

«Parto con mi padre y todos los míos. Nuestro pueblo ha olvidado la ley de Israel por la sabiduría del mundo. Dios se ha manifestado contra su pueblo, porque le ha sido infiel; sólo los pobres y los desventurados permanecen aún en la fidelidad... Justo castigo para este pueblo, que ha preferido salvar su fortuna antes que su alma.»[136]

Tulaytulli «presiente que su propio destino será el de los judíos exiliados. Se plantea un interrogante. Ahora que el Islam ha perdido todas sus posesiones en tierras de España, ¿aceptará las generosas condiciones ofrecidas a los vencidos en el momento de la rendición de la ciudad? Es bien cierto que las autoridades cristianas se comprometieron a dejar vivir en su fe a los fieles del Islam, a permitirles conservar su lengua y sus costumbres, y para siempre. Pero ¿de qué valdrían tales acuerdos, concedidos por los cristianos en la euforia de la victoria? ¡Qué hermosa estaba la noche! Decidió permanecer allí, frente a las costas de África. Ahora sabía que pronto abandonaría aquel continente y se sintió invadido por el pasado, por su propio pasado. En la suavidad de aquella noche de verano hubiese querido apoderarse de él, revivirlo, traerlo a aquel momento, para disfrutar más intensamente aún de los días que le quedaban por vivir en aquellas tierras de España».[136]

Hermoso relato del doble aniquilamiento con el que Europa completaba su cristianización. Quedaba a la espera de lo que se estaba preparando, llevado por los barcos que acababan de dejar el puerto, contra los habitantes de otro continente, donde también se dirigía a cristianizar unas tierras previamente despojadas de su humanidad.

El *lunes 6 de agosto*, en alta mar, la Pinta tenía problemas con el gobernalle. Comenzó a rezagarse. Colón se quejaba: ¡ya sabía que aquel barco le iba a retrasar![47]

El *miércoles 8 de agosto* Colón avistó la Gran Canaria, pero no se detuvo en ella.[47]

El *jueves 9 de agosto* los judíos expulsados continuaban abandonando el país. Según uno de los escasos testigos oculares de aquellos días, Josef Ha Cohen, «del puerto de Cartagena salieron, el 16 del mes de Ab, dieciséis grandes navíos cargados con ganado humano. Lo mismo ocurrió en las demás provincias. Los judíos se dirigían allá donde les llevaba el viento, a África, Asia, Grecia y Turquía, países en los que han vivido hasta nuestros días. Padecieron interminables sufrimientos y agudos dolores. Los marinos genoveses les maltrataron cruelmente. Aquellas infortunadas criaturas morían de desesperación en su camino: los musulmanes los desventraban para sacar de sus entrañas el oro que habían tragado para esconderlo, y echaron a otros al mar; unos, se consumieron por la peste y el hambre; otros, fueron desembarcados desnudos por el capitán del barco en islas desiertas; otros más, en aquel año de infortunio, fueron vendidos como esclavos en Génova la soberbia y en las ciudades sometida a su obediencia».[49]

No hay duda de que hay que considerar este testimonio más polémico que realista.

El mismo jueves 9 de agosto, Rodrigo Borgia consiguió comprar el voto más caro, el del patriarca de Venecia, que cambió así de bando, contrariando las instrucciones del dux. Pero Venecia, república laica, no podía exigir nada de su patriarca: el cardenal era un hombre libre y el cónclave, en principio, secreto.

El *sábado 11 de agosto*, por la mañana, el humo blanco se elevó desde la chimenea de la Santa Sede. Rodrigo Borgia había sido elegido en el cuarto turno del escrutinio. Escogió el nombre de Alejandro VI. Tenía sesenta años, una amante encantadora y cuatro hijos, entre ellos César y Lucrecia. El mismo día envió mensajeros, pagados con cincuenta ducados cada uno, a propagar la noticia por toda Europa, e hizo acuñar un ducado con su efigie.[29]

El *domingo 12 de agosto*, la *Niña* y la *Santa María* alcanzaron La Gomera, una de las islas Canarias. La *Pinta*, al mando de Martín

Alonso Pinzón, se retrasaba más y más. Mal calafateada, comenzaba a hacer agua. Tronando contra las gentes de Palos, Colón se desplazó de isla en isla a la búsqueda de otro navío para reemplazarla. Fue en vano. En Tenerife, la expedición asistió a la erupción de un volcán.[47]

El *jueves 16 de agosto*, Carlos VIII hacía saber a Enrique VII que no tenía intención de pagar las deudas de Ana de Bretaña, contraídas, por otra parte, para hacerle la guerra.

El *sábado 18 de agosto* se imprimió por primera vez en Venecia el tratado de Boecio *De Institutionae Musica*, libro capital escrito en el siglo VI, que relacionaba la arquitectura de los lugares sagrados con la de los cantos litúrgicos, y que fue comentado durante toda la Edad Media.

El *domingo 19 de agosto* proseguía el éxodo de los judíos españoles. Algunos lo pasaron muy mal. Un relato anónimo de la época cuenta que «entre los que se embarcaran hacia Italia se encontraba un chantre de sinagoga llamado Josef Gibbon, que tenía un hijo y varias hijas, y una de ellas despertó el amor del capitán del navío. Enterada de ello, la madre prefirió la muerte, y echó a sus hijas al mar, y ella las siguió. Los marineros se estremecieron de horror al conocer la noticia, y bajaron a buscarlas para devolverlas al barco, pero sólo consiguieron rescatar a una de ellas. Una de las hermanas se llamaba Paloma, y el padre la lloraba en estos términos: "Y ellos cogieron la paloma y la arrojaron al mar"».[83]

Otro relato: «Porque hubo entre ellos quienes fueron abandonados en las islas vecinas de Provenza, como un judío con su anciano padre, quienes, muertos de hambre, mendigaron un pedazo de pan sin que nadie quisiera dárselo en aquella tierra extraña. Entonces aquel hombre quiso vender a su hijo menor a cambio de pan para reanimar al anciano, pero cuando volvió junto a su padre sólo encontró un cadáver. Desgarró sus vestiduras y volvió a casa del panadero para recuperar a su hijo, pero el panadero no se lo quiso devolver; lanzó gritos desgarradores y vertió las lágrimas más amargas, y nadie vino en su ayuda».[49]

El *lunes 20 de agosto*, Colón atracó en San Sebastián, en las Canarias. Seguía buscando un barco para reemplazar a la *Pinta*. En vano. En aquellos parajes no se podía encontrar navío alguno de aquel tamaño.[47]

El *sábado 25 de agosto*, Colón acostó de nuevo a la Gran Canaria con sus tres naves. Tendrá que conservar la *Pinta*. Dudó un momento antes de lanzarse a la travesía.

1492

El *domingo 26 de agosto*, Alejandro VI fue coronado en la basílica de San Pedro en el transcurso de una suntuosa ceremonia.[29]

El *martes 28 de agosto* uno de los mensajeros enviados por Roma para anunciar la elección del papa llegó a Valencia, cuna de la familia Borgia, donde la noticia dio lugar a grandes fiestas populares.[29]

El *viernes 31 de agosto*, Alejandro VI, fiel a su promesa, distribuyó entre cuantos le apoyaron más de ochenta mil ducados en rentas de abadías, obispados y feudos. Su hijo César recibió el arzobispado de Valencia, que le aseguraba una renta global de veinte mil ducados.[29] Su sobrino Juan recibió la púrpura. El cardenal milanés Ascanio Sforza, hermano de Ludovico, que tanto le había ayudado, se convirtió en vicecanciller. Incluso el cardenal Juan de Médicis, que no votó por él, recibió una dotación[32] para evitar que Pedro, el nuevo amo de Florencia, apoyara al rey de Francia. Éste aún tenía la esperanza de que el papa le permitiera intervenir en Nápoles. El papa no se pronunciaba, pero iba preparando nuevas alianzas que algunos calificarían de traiciones.

A *fines de agosto*, Alí Ber, emperador de Songhai, murió accidentalmente, según parece ahogado en el Níger, al volver de una campaña militar. Fue sucedido por uno de sus generales, Sarakollo Mohamed Turé, que fundó la dinastía islámica de los Askia. Un enorme imperio se desmembraba. Songhai se despegó de la órbita de Mali y aceptó plenamente al Islam que, recién expulsado de Europa, ganaba influencia en África, llegando hasta el oeste del continente.

SEPTIEMBRE

El *sábado 1 de septiembre*, los embajadores venecianos abandonaron París, después de una estancia más larga de la prevista en sus instrucciones.[6] Redactaron un informe sobre la Francia de 1492, curioso documento sobre la geografía francesa de la época vista por un extranjero:

«El reino de Francia es muy extenso, mayor, según mi parecer, de lo que se cree comúnmente; su dominio, que comprende la provincia de Bretaña, en la que se encuentran nueve ciudades de obispado y dos sufragáneas, posee en total cuarenta y siete provincias o países, en las que se cuentan treinta y seis ciudades de arzobispado y ciento veintiocho obispados, lo que, sumado el conjunto, forma un número de ciento veinticuatro ciudades; de todas ellas, la más digna es París... Es una ciudad muy rica y abundante en toda clase de oficios y admirablemente poblada; los que menos, le reconocen trescientos mil habitantes.»[6]

Sobreestimación comprensible por la admiración suscitada en gentes llegadas de una ciudad marítima carente de traspaís.

El *domingo 2 de septiembre* Colón regresó a La Gomera; había conseguido, mal que bien, calafatear sus naves.[47]

El *jueves 6 de septiembre*, Colón decidió por fin encaminarse hacia el oeste. Comenzaba la aventura. No abrigaba dudas ni sobre la ruta ni sobre los vientos. Tenía el mapa de Toscanelli. Premonición: sabía adónde se dirigía, y cómo. Todavía hoy, la ruta que escogió es una de las mejores...

El *sábado 8 de septiembre*, en su diario de a bordo —por lo que conocemos a través del relato que hará más tarde Bartolomé de Las Casas, único texto que la llegado hasta nosotros— Colón anotó: «A las tres el viento comenzó a soplar del noroeste, y el Almirante puso proa al oeste. Las olas barrían la proa, lo que hacía inquietante la navegación».

El *domingo 9 de septiembre* Colón perdía de vista las Canarias. A partir de aquel día, iba a subestimar sistemáticamente la distancia para no inquietar a la tripulación.[47]

El *martes 11 de septiembre*, la expedición ve pasar un trozo de madera procedente de los restos de un navío... Sombrío presagio.[47]

1492

El *jueves 13 de septiembre*, vio la luz Lorenzo II de Médicis, nieto de Lorenzo e hijo de Pedro. En 1513 sucederá a su tío Juliano. Contraerá matrimonio con Madeleine de la Tour d'Auvergne. Catalina de Médicis, reina de Francia, será su hija.

El *viernes 14 de septiembre*, una golondrina de mar y un faetón —que, en teoría, apenas se alejan unos cientos de kilómetros de tierra— pasan junto a los navíos. Magnífica señal.[47]

El *sábado 15 de septiembre*, Colón anotó, siempre según Las Casas: «Noche y día el Almirante seguía la ruta del oeste, a veintisiete leguas y más. Al comienzo de la noche, vieron caer del cielo al mar una maravillosa banda de fuego a una distancia de cuatro o cinco leguas».[47]

El *domingo 16 de septiembre*, la expedición se encontraba en el mar de los Sargazos, cubierta por «hierbas» de un verde intenso... Los marineros se atemorizaron. Querían volver. Pero el Almirante les tranquilizó.[47]

El *lunes 17 de septiembre* Colón anotó: «Encontraron muchas algas que parecían proceder de un río, y un cangrejo vivo, que el Almirante examinó. Dijo que era ciertamente un signo de que la tierra estaba cerca, pues este animal no se alejaba nunca a más de treinta leguas de la costa. Percibieron asimismo que el agua del mar era menos salada que cuando abandonaron las Canarias, y que la brisa era más suave. Prosiguieron el viaje con gran alegría».[47]

El *martes 18 de septiembre*, Martín Alonso Pinzón, desde la *Pinta*, que sigue penosamente a las demás, observó el vuelo de una gaviota dirigiéndose hacia el oeste. El cielo se ensombrecía por el norte. Todo el mundo esperaba avistar tierra. Martín Alonso adelantó a Colón. Se preparaba para disputar la prima de diez mil maravedíes prometida por la reina al primero en descubrir una nueva isla.[47]
El mismo día, Enrique VII amenazaba al rey de Francia con represalias si no regularizaba inmediatamente las deudas de Ana de Bretaña. El rey de Francia no disponía de un solo céntimo.

El *miércoles 19 de septiembre* la expedición de Colón pudo ver dos palmípedos, que también clasificaron entre los que no se alejan más de veinte leguas de la costa.[47]

El *jueves 20 de septiembre*, más y más pájaros: cuatro plangas, una golondrina de mar. La hierba abundaba. Creyeron que eran pájaros de tierra.[47]

1492

El *viernes 21 de septiembre* el mar parecía casi sólido, tan espesa era la capa de hierbas... Aquello no agradó a los marinos, que esperaban ver surgir de allí mil monstruos.[47]

El *sábado 22 de septiembre*, Fernando de Zafra, secretario de los Reyes Católicos, les comunica el exilio de toda la familia de los Banu Abd al Barr, de la que procedían muchos visires de la dinastía de los nazaríes.

El *domingo 23 de septiembre* los pájaros se fueron haciendo más y más numerosos. «El mar estaba tan liso y tranquilo que la tripulación comenzó a murmurar, diciendo que, puesto que no había mar gruesa, no habría tampoco viento para volver a España. Pero el mar se embraveció, lo que les dejó aturdidos.» Colón no se inquietaba, como si hubiera dispuesto de las más modernas informaciones sobre los vientos del Atlántico.[47]

El *lunes 24 de septiembre* el clima entre Francia e Inglaterra se enrareció. Para obligarle a pagar, Enrique VII comenzó a preparar una expedición militar contra su recalcitrante deudor, no para hacerle verdaderamente la guerra, sino para intimidarle.

El *martes 25 de septiembre*, Martín Alonso Pinzón creyó avistar una isla. Falsa alarma. A pesar de la multiplicación de las señales, las tripulaciones continuaban inquietas. Pinzón se reunió con Colón a bordo de la *Santa María* para discutir la medidas a tomar en caso de motín.[47]

El *jueves 27 de septiembre* pescaron una dorada.[47]

El *viernes 28 de septiembre*, pescaron dos doradas...[47]

El *sábado 29 de septiembre* vieron pasar una fragata en rápido vuelo.[47]

El *domingo 30 septiembre*, Colón registró una bandada formada por cuatro plangas y dos de cuatro faetones.[47] Según él, Cipango se encontraba a setecientas cincuenta leguas de Canarias. Puesto que creía haber recorrido esta distancia, dejó de navegar de noche, por temor a dejar atrás la tierra que *sabía* próxima. Dijo a su hombres que, pese a la presencia de islas en aquellos parajes, pensaba dirigirse a las Indias sin detenerse; podrían visitarlas al regreso.[63] Anotaba las variaciones de la aguja magnética de la brújula. Curiosamente, utilizaba los términos *nordestear* y *noroestear*, que no volveremos a encontrar en otro documento marítimo antes de comienzos del siglo

1492

siguiente, en Portugal.[47] ¿Premonición? ¿Quizá los portugueses conocían estas nociones, y también otras gentes, antes de lo que se cree? ¿Quizás uno de los que las conocían era Colón?

El mismo día, domingo 30 de septiembre, la Iglesia hizo destruir sistemáticamente los cementerios judíos para borrar hasta el recuerdo de la presencia judía en España. El rabino Abraham Señor, convertido en Fernando Pérez Coronel, asistía a misa. Isaac Abravanel permanecía en la corte del rey de Nápoles y trabajaba en sus memorias.

OCTUBRE

El *lunes 1 de octubre*, los pilotos de los tres navíos compararon sus cálculos. El de la *Santa María* evaluó la distancia recorrida desde las Canarias en quinientas setenta y ocho leguas, el de la *Pinta*, en seiscientas treinta y cuatro leguas, y el de la *Niña* en quinientas cuarenta leguas. Colón calculaba dicha distancia en setecientas siete leguas, pero mencionó quinientas veinticuatro para no asustar a sus marineros.

El *martes 2 de octubre*, en Calais, Enrique VII hizo desembarcar un ejército de quince mil hombres para intimidar al rey de Francia.

El *sábado 6 de octubre*, Enrique VII puso sitio a Boulogne.
El mismo día, Colón se preguntaba si no habría rebasado Cipango. Algunos marineros, inquietos, murmuraban.[47]

El *domingo 7 de octubre*, nueva falsa alarma en la *Niña*. Se vieron pájaros migradores que venían del sudoeste. Colón, al verlos, decidió cambiar de rumbo, dirigiéndose al sudoeste. Esta maniobra le desvió del continente, que habría podido alcanzar a la altura de Florida.[47]

El *lunes 8 de octubre*, la mar permanecía en calma. Se avistaron algunos patos.[47]

El *miércoles 10 de octubre*, la reina de Francia da a luz a Carlos Orlando, delfín de Francia. El nombre de pila del niño dice mucho sobre el sueño italiano del rey. En Italia sonó como una amenaza. El papa, al igual que sus protectores los Reyes Católicos, estaba bien decidido a oponerse a las ambiciones de Francia. Ya se comenzaba a hablar del matrimonio de aquel recién nacido, que moriría poco después.
El mismo día los marineros, que llevaban treinta y cinco días navegando, sin ninguna escala, se amotinaron a bordo de la *Santa María*. El capitán Pinzón decidió arrojarlos al mar, pero Colón prefirió negociar. «Las gentes de la tripulación se lamentaron de la duración del camino; no querían ir más lejos. El Almirante hizo cuanto estuvo en su mano para devolverles el valor, hablándoles de los beneficios que les esperaban. Añadió, por lo demás, que ninguna queja haría variar su resolución; que se había embarcado para llegar a las Indias y que continuaría su ruta mientras tuviera la asistencia de Nuestro Señor.»

1492

El *jueves 11 de octubre* Colón escribió: «El Almirante navegaba con rumbo oeste-sudoeste. Tuvieron que afrontar la mayor tempestad de todo aquel viaje. Vieron pájaros marinos y una rama verde cerca del barco. Los de la carabela *Pinta* percibieron una caña y un tronco, y repararon en otro pequeño tronco, tallado, según les pareció, y con una hoja; vieron asimismo otro pedazo de caña, otra hierba de las que crecen en tierra y un pedacito de madera. Los de la carabela *Niña* observaron a su vez signos de que la tierra estaba cerca y una rama de árbol cargada de bayas. Así todos recuperaron la esperanza...» Por la noche, a las diez, Colón percibió una luz sobre las aguas del mar. Temiendo una alucinación, lo comunicó confidencialmente a dos de sus compañeros, Gutiérrez y Sánchez, de la *Santa María*, que distinguieron también la luz, pero guardaron silencio.[47] Colón prefirió conservar el secreto para ganar la prima. Según algunas fuentes, hacia las once un marinero de la *Pinta*, Rodrigo de Triana, dio el grito de «¡Tierra!»; según otras, la costa se avistó hacia las dos de la madrugada desde el castillo de popa. En todo caso, Colón anotó en su diario que fue el primero en avistar tierra. Guardará para sí los diez mil maravedíes de recompensa. No hay beneficio pequeño.

En la mañana del *viernes 12 de octubre* descendió a tierra con un notario, «llevando en la mano derecha el pendón con la Cruz y los monogramas de Fernando e Isabel, rematados por su corona». El lugar estaba habitado por los taínos, de lengua arawak, llegados del Orinoco siglos atrás y que llamaban a su isla Guanahaní. Colón la bautizó San Salvador (este islote, situado al este del archipiélago de las Bahamas, llevó el nombre de Watling hasta 1926). Colón cayó de rodillas y oró: «¡Eterno y todopoderoso Dios, que por la energía de la palabra creadora has alumbrado el firmamento, el mar y la tierra! ¡Que Tu nombre sea bendito y glorificado en todo el mundo! ¡Que Tu majestad y Tu soberanía sean exaltadas por los siglos de los siglos, Tú, que has permitido al más humilde de Tus esclavos dar a conocer Tu santo nombre, y extender por *esta mitad* hasta ahora oculta de Tu imperio!»[63]

Impasibles, los indígenas acudieron a su encuentro. «Están desnudos, tal y como su madre los trajo al mundo. Son muy bellos de cuerpo, de rostro muy agradable, de cabellos tan gruesos como las crines de la cola de un caballo, y los llevan cortos y cayendo sobre la frente hasta las cejas». Tienen «la frente y la cabeza muy anchas», «los ojos muy bellos y grandes», «las piernas rectas» y «el vientre plano». «Reman con una especie de pala de panadero, con la que se avanza de maravilla.» El Almirante «repartió entre ellos algunos bonetes rojos, perlas de cristal y otras cosas de poco valor, en las que hallaron gran contento».

1492

Los indígenas —a los que llamó *Indios* puesto que creía estar cerca de las Indias— le mostraron el tabaco.

No conocían las armas, y cuando les enseñaron las espadas, las tomaron por el filo, cortándose con ellas.

Colón no los consideró como hombres. Sin embargo, pretendió comprenderles, a fin de convencerse a sí mismo y probar a sus hombres que se encontraba en Asia.

El mismo viernes 12 de octubre, Piero della Francesca, ciego, moría en Borgo San Sepolcro, entre Toscana y Umbría, donde había nacido. Aquel gigante universal, apacible y único, descubridor de un continente de perspectivas y formas, desapareció el mismo día en que otro continente entraba en la historia de Europa. También aquel viernes 12 de octubre Gante, que había permanecido fiel al hijo de la duquesa y a su padre Maximiliano, regente de los Países Bajos, capituló, pasándose al bando francés. Amberes resistía.

El *sábado 13 de octubre*, bautismo del delfín, con el nombre de Carlos Orlando.

El *domingo 14 de octubre* Colón abandonó el islote a bordo de la *Niña*, llevando consigo a seis taínos. Dejó a los otros navíos y partió para explorar dos islas situadas más al sur, donde los indios decían, o así creyó entender, que encontraría oro. Los indios las llamaban Colba (que se llamó Cuba) y Bohío (que bautizó La Española, hoy Haití y Santo Domingo). Colón creía estar en la vecindad de Catay. Se obstinaba en captar cualquier señal que confirmara su tesis.[47]

El *lunes 15 de octubre* costeó varias islas menores, a las que denominó sencillamente Santa María de la Concepción, Fernandina, Isabela y Juana.

El *miércoles 17 de octubre*, Carlos VIII decidió negociar con los representantes de Enrique VII. Los dos monarcas tenían prisa por llegar a un acuerdo. Sin embargo, ni uno ni otro asistieron a las conversaciones que tuvieron lugar en Étaples.

El *domingo 28 de octubre*, Colón llegaba a Cuba. Descubrió nuevos habitantes y les vio cultivar el maíz y la patata. Convencido de estar en el Catay de Marco Polo, interpretaba las palabras que oía según su entender. De lo que decían los indígenas dedujo que grandes navíos pertenecientes al Gran Khan visitaban regularmernte aquellas costas. Se obcecaba en creer que se le hablaba de oro y especias, y que los indios comprendían todo cuanto él hablaba.

Se sentía cercano al Paraíso en la tierra. «Estas gentes no conocen

el pudor: ¿no será que están más próximos a Adán, antes de la caída?»
El europeo empezaba a interpretar el Nuevo Mundo a su manera. Y hacía del indio un hombre perfecto, no contaminado por Europa.

Colón sentía a Europa como civilizadora, pero también como culpable: purificada de los dos monoteísmos rivales del suyo, se aprestaba a apropiarse de un continente virgen, en el que un *hombre nuevo*, no contaminado por la cultura laica, estaba disponible para ser el cristiano perfecto.

NOVIEMBRE

El *jueves 1 de noviembre* Colón, desplazándose a bordo de la *Niña*, desembarcó en el cabo Palmeras, al oeste de Cuba.

El *sábado 3 de noviembre* murió el célebre médico parisino Mathieu Dolet,[121] decano de la facultad de medicina de París desde 1481.

El mismo día, en Étaples, los negociadores franceses e ingleses firmaban un tratado, según el cual Carlos VIII aceptaba pagar setecientos cuarenta y cinco escudos de oro. A cambio, Enrique VII reconocía Bretaña como francesa. Este tratado marcó la oscilación del imperialismo inglés hacia ultramar y el fin de las aventuras continentales de la monarquía británica, y puso los cimientos del poderío Tudor.

Para pagar su deuda y a la vez recuperar su fianza, Carlos VIII decidió restituir el Rosellón a Fernando de Aragón. El mismo día escribió a los habitantes de Perpiñán para ponerles sobre aviso. Esta transacción concluirá con un tratado firmado en Barcelona, el 19 de enero siguiente. Perpiñán pasó definitivamente a ser aragonesa el 10 de septiembre de 1493. Francia, el país más extenso de Europa, vivía de las oportunidades.

El *domingo 4 de noviembre*, Cristóbal Colón viajaba una vez más y descubría una nueva isla, a la que llamó Dominica, puesto que era domingo.

Aquel mismo día aún se empeñaba en ver el mundo tal y como él quería que fuese. Escribió, según dijo Las Casas: «Dio a entender que más allá había hombres con un solo ojo, y otros con hocico de perro». Decidió no aventurarse más. Era preciso prepararse para volver.

El *sábado 10 de noviembre*, los Reyes Católicos autorizaron a regresar a España a los judíos exiliados en Portugal que así lo desearan, a condición de bautizarse inmediatamente.

El *miércoles 14 de noviembre*, Colón continuaba dando nombre a cuantos lugares nuevos encontraba, e interrogando incansablemente a los indígenas en lo referente al oro. Creía que estaban cerca de una mina; observó los collares de oro que llevaban las mujeres y se apoderó de ellos.

El *lunes 19 de noviembre*, Colón efectuó una tentativa para dirigirse al nordeste de Cuba a fin de descubrir nuevas islas. A causa de una tempestad, volvió atrás, perdiendo la segunda oportunidad de alcanzar el continente.

El *jueves 22 de noviembre* los víveres comenzaron a agotarse. Martín Alonso Pinzón, a bordo de la *Pinta,* fue el primero en partir para Europa.

El *martes 27 de noviembre*, en Génova, uno de los síndicos de la ciudad, Jehan Mailliard, solicitó licencia para cuidarse del «mal de san Melanio.[120] La expresión es sinónimo de viruela. Al igual que santa Clara, era invocada por los ciegos, san Luis por los que no oían, san Claudio por los cojos, los que padecían de angún mal en las manos (lepra, sarna, dermatosis, viruela) se dirigían a san Melanio.[120]

Fue el primer caso declarado de lo que podía ser sífilis. «Los ediles genoveses se comportan como si se encontrasen en presencia de una plaga desconocida, como si no tuviesen la menor experiencia de la especial naturaleza de la enfermedad».[120] De todas formas, nada permite suponer que hubieran existido otros casos anteriormente.

El *28 de noviembre*, Colón precisa en su diario el doble objetivo de su viaje: «Podría haber en estos parajes un lugar de *comercio* para toda la Cristiandad, y principalmente para España, a la que todo debe quedar sometido... [Pero] sólo los *buenos católicos* cristianos deben poner aquí los pies, porque el objetivo esencial de la empresa ha sido siempre acrecentar la gloria de la religión cristiana».

Astutamente, sabía que este texto sería conocido, y pensaba ya en la financiación de las futuras expediciones para las que la aquiescencia de Isabel y Fernando iba a ser necesaria. *Comercio* y *conversión*: doble objetivo para su aventura.

DICIEMBRE

El *domingo 2 de diciembre*, aprovechando las dificultades de Carlos VIII con Inglaterra, Maximiliano de Austria, deseoso de recuperar la dote de su hija, invadió el Franco Condado sin encontrar demasiada resistencia.

El *martes 4 de diciembre* Colón abandonaba Cuba con la *Santa María* y la *Niña*; quince días después le seguía la *Pinta*. Llevaba consigo perlas y joyas de oro; seis indios taínos le acompañaban.

El *jueves 6 de diciembre*, Colón, en ruta hacia Europa, recalaba en La Española.

El *viernes 7 de diciembre* hubo un atentado contra Fernando de Aragón en Barcelona. Un hombre, aparentemente desequilibrado, atacó a Fernando con una espada, hiriéndole seriamente.[6] Jean Mailliard abandonaba Génova con destino desconocido. A principios de enero de 1493 volvía, curado, a su cargo en el Consejo.[121]

El *sábado 8 de diciembre*, Pablo de Middleburg publica *Invectiva in superstitium quadam astrologum*, en el que se lamenta de que Lichtenberger, en sus *Practica* de 1490, haya plagiado sus *Prognostica*. Pablo de Middleburg repetía que él era el autor del descubrimiento del pequeño profeta, que «llegará» en el momento de la conjunción de Saturno y Júpiter. Saturno: los campesinos. Júpiter: el poder. «Un monje», repitió, se levantará contra el clero.[119]

En un ejemplar de la edición del libro de Lichtenberger publicada aquel año en Maguncia, que se encuentra en la biblioteca municipal de dicha ciudad, se puede ver escrito a mano bajo un dibujo representando a un monje con un diablo agazapado a su espalda: «Este es Martinus Luter».[119]

El *lunes 10 de diciembre*, en Florencia, Savonarola pofetiza la llegada del rey de Francia, «nuevo Ciro», «enviado por Dios para castigar a los Médicis y para anular la elección de Alejandro VI Borgia».[74]

El *martes 11 de diciembre*, Colón persistía en creer que entendía a los indios, y que éstos le entendían a él. «Cada día entendemos mejor a estos indios y ellos a nos, aunque algunas veces confunden una cosa con otra.» Pensaba utilizar este argumento para convencer a los monarcas de que debían financiar un segundo viaje.

1492

El *jueves 13 de diciembre*, Carlos VIII firmaba en París el tratado de Étaples sin haberse encontrado con Enrique VII, quien a su vez lo rubricó, un mes más tarde, en Londres.[74]

El *domingo 16 de diciembre*, Colón pensaba fundar una colonia en la isla La Española, donde se encontraba todavía. Quería llamar a dicha colonia Natividad, y dejar allí a unos voluntarios.

El *martes 18 de diciembre* Colón recibió a bordo de la *Santa María* a un jefe local. Una vez más, al ver que llevaba objetos de oro, se los quitó sin vacilar.
La *Niña* había llegado para reunirse con él.

En la noche del martes 25 al miércoles 26 de diciembre, la *Santa María* chocó con un arrecife al norte de la isla.[47] Colón anotó: «Juan de la Cosa, contramaestre de la *Santa María*, confió el timón de su nave a un grumete, pese a las recomendaciones del Almirante. El niño se adormeció, y luego no pudo gobernar el barco, que había derivado hacia un banco de arena, en el que encalló. Despertaron a Colón, quien hizo abatir el mástil y trató de arrastrar el casco por medio de barcas y cuerdas, pero todo fue inútil: la *Santa María* se hundía irremisiblemente. Sólo fue posible salvar los hombres y la carga. Juan de la Cosa pudo huir a nado».
Colón se encontraba, pues, en una bahía de Haití, con un solo barco.
La suerte estaba echada. Puesto que le faltaba un barco, no tenía más remedio que colonizar.
Con los materiales de la *Santa María* hizo construir una especie de fortín al que denominó La Española, primera colonia europea en el Nuevo Mundo. Dejó treinta y nueve voluntarios con víveres, semillas y algunos útiles.[47] Prometió volver a buscarlos. En un año, «habrían podido reunir una tonelada de oro y especias». Al siguiente viaje les encontrarían muertos.

El *martes 25 de diciembre*, en una sala del castillo del duque de Alba —el primer teatro cubierto—, Juan del Encina, a la vez poeta, músico y draumaturgo, organizaba la representación de dos textos, con actores, ante espectadores instalados en un espacio cerrado. La *Égloga Primera*, en latín, muy próxima por su temática a los misterios medievales, ponía en escena a dos pastores representando a los evangelistas, de los que uno hacía el elogio de los protectores del poeta.[42] La *Égloga Segunda* parafraseaba asimismo al Evangelio, pero esta vez, el texto era castellano: nuevo paso hacia la secularización del teatro.[42]

Parece irónico que este año, escenificado una y otra vez a partir de entonces, termine con la primera representación teatral en una sala cerrada de la Historia moderna.

TERCERA PARTE

Inventar la Historia

Según el Zohar, no se puede comprender el pasado sino por el presente, pues sólo éste le confiere sentido. Yo también creo en ello: los actos de un hombre se juzgan por sus consecuencias y, del mismo modo, la historia de un año sólo puede ser comprendida a la luz de los acontecimientos que engendra.

Cada año es el escenario de nuevas aventuras, el ámbito posible de nuevas bifurcaciones. Visto desde hoy, 1492 tendría un cariz muy diferente si los hombres, al filo de los decenios y de los siglos siguientes, hubieran extraído de él otras consecuencias. Tal como se desarrolló, aquel año abrió unas puertas y cerró otras de manera irreversible. Si las cosas hubieran ocurrido de otro modo, Europa hubiera podido encauzarse hacia el Mediterráneo, abrirse al Islam y a Oriente; América y África hubieran visto consolidarse sus imperios, casi en pie de igualdad con los de Europa, como más tarde lo hicieron los imperios chino y japonés.

Las hipótesis no hacen la Historia, pero ayudan a reflexionar sobre ella.

En todo caso, los acontecimientos que anunciaba aquel año se vieron confirmados durante el decenio siguiente sin posibilidad de vuelta atrás. Sin embargo, casi nadie entre los contemporáneos reparó en su importancia.

En Francia, Philippe de Commynes, que había descrito con tanto detalle los acontecimientos de los treinta últimos años del siglo,[33] tan sólo dedicó algunas líneas a contar la visita de un embajador milanés a París, que tan útil le hubiera sido para el análisis de las ulteriores ambiciones de Carlos VIII en Italia.[33] Igualmente, en 1534, ni Cristóbal Colón ni Américo Vespucio figuraban entre los geógrafos y descubridores —como Marco Polo, Jacques Cartier o Pedro Álvarez Cabral— que Gargantúa aseguraba haber encontrado en el «país de Satán».[35]

Tampoco en Italia los memorialistas importantes —ni Maquiavelo ni Guicciardini— se refieren a los hechos de 1492. Incluso en España, el descubrimiento de América no figura en la lista de los principales sucesos de todos los tiempos aparecida en la *Crónica de los acontecimientos mundiales*, que fue publicada en 1534 por el poeta García de Resende, inspirándose en un texto un poco anterior debido a la pluma de dos autores franceses: la *Recollection des merveilles advenues en nostre temps*, de Georges Chastelain y Jean Molinet. Y sin embargo, su selección no es excesivamente rigurosa, pues aparecen en confusa mezcolanza «los Reyes Católicos españoles, la revuelta de las comunidades y la sublevación de Valencia, el saco de Roma, el imperialismo otomano, junto con la toma de Rodas, el Preste Juan, la ruina de Egipto y de Venecia provocada por la expansión portuguesa en el océano Índico, la conversión de los manicongos, los *amoks* malayos, las costumbres sexuales de Malabar, Pegu, Kambala y otras regiones, el uso del hierro como moneda entre los salvajes del cabo de Buena Esperanza, los sucesos de Ceilán, Siam, Coromandel, Ambón, Sumatra y las Célebes, el sacrificio ritual de las viudas y las prácticas comerciales en la India, los sufíes de Persia, el estado de Narsinga, la toma de Bintao, la antropofagia en Brasil...»[57]

Asombroso inventario, reflejo de las cosas que maravillaban a los europeos en su contacto con otras culturas, pero también de cómo olvidaban todos los acontecimientos que hicieron posible su descubrimiento.

Sólo mucho más tarde Europa comenzará a *pensar* en 1492: cuando los estados de América, ya independientes y disputándole el control de la Historia, empiecen a interesarse por él; Europa, entonces, pretenderá consolidarse como madre del Nuevo Mundo.

Visto desde la perspectiva de hoy, 1492 marcó la aceleración de un largo proceso de apropiación del mundo, el nacimiento de un *continente-historia*. *Conceptos*, *lenguas* y *ejércitos* tomaron su lugar para organizar el dominio de Europa en la memoria y en la conciencia colectivas.

Aquel año trajo consigo la clamorosa demostración de algo que trastornó a los contemporáneos: lo *nuevo* era posible; el mundo no estaba condenado a una infinita repetición de sí mismo; la cantidad de riquezas disponibles no había llegado a su fin; *crear no suponía necesariamente destruir*.

Después de 1492 el cambio es realmente brutal: las distancias ya no se medirán en unidades de longitud, sino en unidades de tiempo; el descubrimiento dará paso a la conquista y la conquista a la explotación. El exterior se transformó en periferia, en materia prima que valorar, en hombres nuevos que forjar.

1492 hizo realidad una idea alrededor de la cual giraban desde hacía tiempo otras muchas ideas, pero que nadie hasta entonces se había atrevido a formular: el progreso. Europa se impuso entonces como la fuente natural de lo *mejor*, tanto para sí misma como para los que padecieron su ley, inmemoriales víctimas de efímeros verdugos.

1. LA LÓGICA DE LA PROPIEDAD

Después de haber alcanzado tres continentes, Europa se apropió de ellos. Ante todo, *bautizó* lugares y habitantes con sus palabras y prejuicios. Después, los *representó* en un mapa, y por último, los *ocupó*. Pero cada uno de distinta manera. En el Nuevo Mundo, sus monarcas *repartieron* tierras y minas, hombres y riquezas. En África, sus mercaderes se contentaron con *llevarse* el oro y los hombres, sin establecer otra cosa que factorías costeras. En ambos casos desaparecieron pueblos enteros, estados, imperios y civilizaciones. En Asia, sus sacerdotes fueron a *convertir*, sustituidos luego por mercaderes, que se limitaron a *comerciar;* los estados orientales supieron hacerse respetar, por lo menos de momento, intimidándoles, evidentemente, con su demografía.

Así comenzó a instalarse la «civilización» por la esclavitud, el «progreso» por el genocidio. Esta situación será irreversible casi en todas partes, a pesar de las luchas libertadoras. La Historia enseña que un pueblo puede liberarse de sus tiranos, pero no de su lengua: de sus ejércitos, pero no de sus mercancías.

REPRESENTAR

Por extraño que parezca, en los libros de la época no se encuentra relación alguna de un viaje de descubrimiento, excepto el de Colón, en todo el año 1492; parecía como si el mundo retuviera el aliento esperando su retorno. En realidad, durante aquel año tuvieron lugar otras expediciones con destino a África, por lo menos de navíos portugueses; pero nadie las mencionó; verdaderamente, nada nuevo parecía merecer la atención de los cronistas. Lo esencial era ir más allá que Díaz, más allá del cabo que denominó de las Tormentas, en el océano Índico; y para ello iban a ser necesarios diez años más de extraordinaria preparación.

Durante esos diez años, españoles y portugueses se disputarían el control de rutas y tierras, bautizándolas antes de pasar a colonizarlas.

El 2 de enero de 1493, Colón se encontraba en La Española. Tras el naufragio de la *Santa María*, embarcó la mitad de sus hombres en la *Niña* y dejó a los demás en tierra en un improvisado fortín. Inició el regreso, costeando una isla a la que misteriosamente denominó «isla de las Mujeres», y el 25 de enero fondeó ante una nueva isla, bautizada Martinica; luego regresó a Europa, llevando consigo seis taínos en ropaje de ceremonia, papagayos, un poco de oro conseguido en Cuba y algunas perlas. Un nuevo enigma: no siguió la misma ruta que a la ida, como si conociera el movimiento de los alisios... Durante el viaje de regreso, redactó su informe para los soberanos españoles. El texto era, a sus ojos, muy importante, porque iba a constituir la prueba de que había alcanzado las Indias y que era preciso, por tanto, que le permitiesen regresar cuanto antes. Hizo una primera escala en las Azores, soportó una tempestad —era la estación— y después, curiosamente, desembarcó en Lisboa «para avituallar y reparar su navío», como dirá más tarde. En realidad, solicitó audiencia al rey Juan II, quien le recibió inmediatamente en Valparaíso.

¿Por qué el almirante español fue a rendir cuentas prioritariamente al principal competidor de sus patronos? Este comportamiento, que le valdrá vehementes reproches en Sevilla, aún ahora no tiene explicación. En todo caso, escuchando su relato, el soberano portugués se debió de trastornar: si era verdad que Colón había descubierto una ruta hacia la India por el oeste, los monarcas vecinos iban a solicitar al papa su propiedad, y la iban a obtener. Portugal, que desde Enrique el Navegante había volcado todos sus recursos en la empresa de la vuelta africana, perdería el beneficio comercial que calculaba obtener de dicho monopolio. Entonces Juan II decidió acelerar la preparación de nuevas expediciones siguiendo los pasos de Díaz, para rentabilizar lo más rápidamente posible la ruta del este, antes de que la del oeste —si existía— fuese puesta en servicio por España. Quizá Juan II conocía la existencia de algunas tierras allá por el oeste, pero sin saber si formaban o no parte de Asia.

Colón se dirigió a Cádiz sin haber enviado por tierra un mensajero a los soberanos de España: sin duda, deseaba llevarles por sí mismo la noticia. Pero desde aquel momento, gracias a sus contactos en la corte de Portugal, los mercaderes genoveses de Lisboa tuvieron que conocerla. La información llegará pronto a la corte de España.

Poco después, la *Pinta*, que se había extraviado en una tormenta, arribó a Galicia. ¿Por qué Pinzón se dirigió ante todo a los vascos? Otro misterio, también sin aclarar.

El 15 de marzo, la *Niña* arribó a Palos; el 31 —domingo de Ramos y entonces último día del año—, exactamente un año después de la decisión de expulsar a los judíos, Colón entraba triunfante en Sevilla y enviaba su informe, *De Insulis inventis*, a los soberanos. Solamente conocemos una versión posterior, de dudosa autenticidad. En él, Colón declaraba haber alcanzado las islas situadas justo frente a Catay y Cipango, y haber encontrado oro «y en tal cantidad que los reyes podrán antes de tres años preparar y emprender la conquista de la Santa Casa».[63] Era preciso, decía, regresar lo antes posible, a fin de extender la religión cristiana en las tierras del Gran Khan y en China, y encontrar el oro necesario para reconquistar Jerusalén. Parece que la corte no tomó muy en serio su proposición: «Cuando testimonié a Vuestras Altezas mi deseo de ver el beneficio de mi presente empresa consagrado a la conquista de Jerusalén ..., Vuestras Altezas se rieron de mí»,[115] escribirá después. ¿De qué se reirían, de su fanfarronería o de su ingenuidad?

«Agradeciendo a Dios el haberle permitido realizar estos descubrimientos», propuso también esclavizar a los indios —aquellos «monstruos»—. La reina no quiso oír hablar de ello. Aunque la esclavitud era moneda corriente en la península, la corte fingía ignorarlo. Tartufo era castellano.

Sin embargo, los Reyes Católicos tomaron muy en serio su última recomendación, a saber, que era preciso apelar inmediatamente al papa para que reconociera a España la propiedad de aquella ruta de las Indias, así como de las islas que la jalonaban; es decir «de todo cuanto se encuentra al oeste de una línea que pase a cien leguas de las Azores», línea a partir de la cual, según Colón, cambiaba «el clima del Atlántico». Los Reyes Católicos transmitieron inmediatamente esta petición a Roma, enviando además al Sumo Pontífice el relato de Colón. El documento se recibió en Roma el 18 de abril, sólo quince días después de que los soberanos tuvieran conocimiento de él en Sevilla. La noticia fue acogida en la Santa Sede como una señal de la gracia divina, recompensa por la conquista de Granada y la expulsión de los judíos. Éste fue también el punto de vista de los contemporáneos, como el marino flamenco Eugène de la Fosse, que en abril de 1493 escribió: «Después que la ciudad de Granada fue conquistada, se dirigieron a su voluntad a las dichas islas encantadas, y sin ningún peligro, mientras que antes nadie supo verlas ni encontrarlas.»[57]

El 20 de abril —es decir, dos días después de que su informe llegara a manos del papa— Colón fue recibido por los soberanos en el Palacio Real de Barcelona. Fue tratado como un miembro de la familia real y asistió a misa al lado de la reina. Se le dedicaron versos y panegíricos; un tal Giuliano Dati, autor de poemas y textos piadosos, compuso para los juglares una «*Lettera dell'isole che ha trovato nuovamente il re di Spagna*», a mayor gloria de Colón.[63]

Pero tras la apariencia de tantos elogios, la corte estaba inquieta. Todos pensaban que el descubrimiento era un asunto demasiado serio para dejarlo en manos de aquel dudoso extranjero. El 20 de mayo, menos de dos meses después del regreso de Colón, se creó una nueva administración encargada del gobierno de las tierras descubiertas, la Casa de Contratación. Colón era su administrador; el archidiácono de Sevilla, Juan Rodríguez de Fonseca, obispo de Badajoz, era su verdadera cabeza. Colón conoció entonces a quien iba a convertirse en su peor enemigo. Pero no se inquietó demasiado, preocupado como estaba en la preparación de su segundo viaje.

En aquel momento el papa Borgia, en la bula *Inter coetera*, publicada el 2 de junio con fecha del 4 de mayo, utilizando sin reparo alguno pasajes enteros del informe de Colón, atribuía a los Reyes Católicos la propiedad de todas las tierras situadas más allá de cien leguas al oeste de las Azores, hasta el otro extremo de la Tierra. Es fácil imaginar la ira del rey de Portugal ante la noticia. Y aún más cuando, el 14 de julio, recibió una carta de Martín Behaim, que se había refugiado en Nápoles, huyendo de la peste que amenazaba Nuremberg. Ignorante aún del regreso de Colón, el inventor del primer globo terráqueo le aconsejaba financiar un viaje hacia el oeste con destino a Catay, que, según él, «puede alcanzarse en pocos días de navegación, como lo prueban las cañas llevadas por las corrientes a las costas de las Azores». Cuando leyó esta carta —que confirma que Behaim conocía aquella ruta en la época en que estaba terminando su esfera, y sin duda en 1484, cuando Colón se encontró con él—, el rey de Portugal elevó ante el papa una protesta y reclamó el desplazamiento del meridiano límite trescientas leguas al oeste, argumentando que sus propios barcos habían navegado por allí al regresar de sus viajes, mucho antes de que lo hiciera Colón.

Extraña reivindicación: el desplazamiento tendría como consecuencia entregar Brasil, aún desconocido, a los portugueses. Autoriza a pensar que éstos sabían, sin duda, más de lo que confesaban, y mucho más incluso que los cartógrafos de la época. En efecto, en octubre de 1493, en el mejor mapamundi de la época —que Hartmann Schedel incluye en su *Crónica de Nuremberg*— no aparecen el océano Índico, la India, Indochina y Malaca; el golfo Pérsico está demasiado abierto y mal situado, y no figura continente alguno en el lugar ocupado por América.[57] Pero algunos dudaban: en Sevilla, aquel mes de noviembre, Pedro Mártir de Anglería, milanés al servicio de Castilla, escribió en el libro inicial de su primer *Dédalo oceánico* que «Cristóbal Colón, tras el descubrimiento de Cuba, creyó haber hallado la isla de Ofir, donde los navíos de Salomón iban a buscar oro; esta isla, y cuantas hay en su vecindad, son las islas de *Antilia*».

El papa no quiso saber nada de aquel asunto y rechazó la petición de Juan II; por consiguiente, éste decidió negociar directamente con España, sabiendo que el Borgia se inclinaría, como así ocurrió, ante las instrucciones de los Reyes Católicos.

Colón sólo pensaba en una cosa: partir de nuevo. Hombre de mar, no se sentía a gusto en la corte y se impacientaba con el paso de los días. En el ambiente místico de la España de la Reconquista, trataba de demostrar a la reina que era un enviado de Dios y que su misión era regresar al oeste. A este fin reunió pasajes de la Biblia que parecían predecir su aventura, en un libro que diez años más tarde titulará *Libro de las profecías*. En el prefacio que redactó se presenta como un casi profeta: «Para la ejecución de la empresa de las Indias, la razón, las matemáticas y el mapamundi no me fueron de ninguna utilidad. Sólo se trataba de cumplir la predicción de Isaías». Trabajará en este libro hasta su muerte.

Profeta y almirante, santo y virrey, obtuvo de Luis de Santángel, bajo el control inquisitivo de Fonseca, los medios para volver a partir muy pronto. Por fin, salió de Cádiz el 23 de septiembre de 1493, esta vez con diecisiete naves, entre ellas la *Niña*, y una nueva *Santa María* al mando de Antonio de Torres (quizá de la familia del intérprete judío que le acompañó en su primer viaje). Llevaba mil quinientos hombres. Para acompañarle, afluyeron desde todos los rincones de la península nobles sin fortuna, marinos, soldados regulares, campesinos y un verdadero médico de Sevilla, Diego Chanca, agregado por el rey al servicio de Colón. Embarcó alimentos para seis meses, espejos y miles de cascabeles. Su viaje iba a durar tres años y el almirante se revelaría en él como un pésimo administrador.

El 1 de octubre, en Gran Canaria, se adquirieron animales domésticos y semillas de naranjo, bergamota y melón. Luego se realizó sin obstáculos la travesía del Atlántico. Y de nuevo, un viaje de sorprendente precisión. Al alba del domingo 2 de noviembre llegaban a Dominica, después a una isla que Colón denominó María Galante, y a otra, a la que llamó Guadalupe, para respetar la promesa que hiciera a los religiosos del convento español de Santa María de Guadalupe. Allí fondeó, y, según su hijo Hernando —que no le acompañaba en el viaje— le esperaba una sorpresa: «El Almirante descendió a tierra ... y percibió algunas cabañas con cabezas humanas colgadas por todas partes, así como montones de huesos humanos». Era obra de los caribes, enemigos seculares de los amables taínos que encontraron en el primer viaje. Volvió entonces a La Española donde, el 27 de noviembre, descubrió los cuerpos de los treinta y nueve hombres que dejó el año anterior. Sin embargo, creyendo que seguramente los españoles eran responsables de sus propias desgracias, no buscó vengarse de los taínos; mansedumbre rara en Colón, de la que sus defensores supieron sacar partido cuando cimentaron su leyenda... Se proclamó gobernador de la isla e hizo construir más al este otro fortín, que denominó Isabela. (¡Qué falta de imaginación!) Según Las Casas, anotó en su diario: «En el nombre de la Santísima Trinidad, he determinado establecerme allí». Y reunió todo el oro que pudo encontrar sobre los indígenas, en su mayor parte joyas sencillas. El 30 de enero de 1494, envió la *Santa María* de regreso a España, con Antonio de Torres a su mando, cargado, se dice, con el equivalente en joyas a treinta mil ducados de oro.

1492

No fue una buena idea: los que volvieron se quejaron del almirante;[47] los que vieron el oro, lo codiciaron. Pero él continuó viajando, explorando, bautizando, apropiándose de más de cien islas. Sin mayores incidentes con los indígenas, pero en medio de mil rivalidades entre castellanos y aragoneses, genoveses y catalanes.

En febrero, Juan II terminó de negociar en Tordesillas con los españoles el desplazamiento de la línea divisoria de las tierras. Solicitó que pasara de cien a trescientas setenta leguas al oeste de las Azores, es decir, un desplazamiento de mil trescientos cincuenta kilómetros más al oeste. A cambio, propuso entregar una gran cantidad del oro procedente de sus expediciones de África. Los negociadores españoles, que esperaban la llegada de un enviado de Colón, aceptaron, pero estipularon que si el almirante les daba a conocer un nuevo descubrimiento dentro de los siguientes veinte días, la línea divisoria debería establecerse a doscientas cincuenta leguas al oeste de las Azores.

Cuando Torres desembarcó en España en marzo de 1494, no anunció ningún descubrimiento de este género. En junio de 1494, decepcionados, los españoles se vieron obligados a firmar al tratado tal como estaba.

Engañosa transacción: *creían dividir Asia, pero se estaban repartiendo América*.[20]

Los Reyes Católicos creían haber conseguido Asia que, según su convicción, comenzaba justo al oeste de la isla a la que había arribado Colón.[20] En realidad, obtuvieron lo que se llamará poco después las Américas —a excepción del Brasil— y, más allá, nada. O más bien todo aquello que sería conocido con el nombre de océano Pacífico, inmenso desierto de agua.

Por su parte, Portugal obtuvo cuanto quedaba situado al este de la línea divisoria, es decir, el Brasil, las rutas que allí llevaban y las tierras de África, Arabia, la India —que no se menciona—, el sudeste de Asia, las Molucas y China.

Sin saberlo, España había ganado el oro de América: en cuanto a Portugal, se adjudicaba Brasil, que no será oficialmente descubierto hasta seis años más tarde, y sobre todo, las islas de las especias del océano Índico, que no lo serán hasta treinta años después.[20] Todo se desarrolló como si los portugueses, en 1494, conociesen ya lo que pretendían estar buscando. Pero no hay en ello nada de asombroso: desde hacía un siglo, la administración portuguesa estaba infinitamente mejor preparada que la de los Reyes Católicos para esta clase de polémica. Por sus contactos en África, conocía mil cosas acerca de Oriente. Aquel año, el alemán Hieronymus Münzer describía muy bien la ciudad de Lisboa, enteramente volcada al sur, donde los mercaderes manejaban frenéticamente «esclavos, pimienta, malagueta y marfil de Guinea»,[20] lo mismo que «almizcle, mirra, papagayos, lobos marinos, monos, tejidos de fibra de palmera, canastas, algodón y otros productos».[20]

Nadie en Italia, Francia, Flandes o Inglaterra concedió la menor importancia a aquel tratado ni solicitó figurar en él como parte interesada. Sólo estaban atentos al comercio y a su beneficio. El placer de los descubrimientos se dejaba para los demás. Se reservaban la posibilidad de ir a conocerlos más tarde, en el caso de que se demostraran rentables.

Pero, en realidad, ¿qué se había descubierto?

Algunos comenzaron a decir que Colón ni siquiera se había acercado a la India, que el Asia de las especias no se había convertido súbitamente en española. Que el genovés había descubierto algunas islas perdidas en la inmensidad del océano, de las que se hablaba desde hacía siglos. Y que Asia seguía estando muy lejana. Así, el 20 de octubre de 1494, apenas unos meses después de la firma del tratado de Tordesillas, Pedro Mártir de Anglería, embajador florentino en la corte de los Reyes Católicos, utilizaba por primera vez la expresión *Nuevo Mundo* para designar las islas descubiertas. La idea estaba lanzada: en un mundo *nuevo*, era posible un hombre *nuevo*. Todo iba a partir de ahí.

Durante este tiempo Colón permanecía en La Española, convencido siempre de que el reino del Gran Khan no estaba lejos. Cada vez tenía más problemas con sus compañeros de viaje. Como genovés, era sospechoso a los ojos de los españoles. «No enviéis más gentes de su país», escribía a la corte un franciscano de Castilla.[35] Como plebeyo, era despreciado por los nobles.

Pero un golpe afortunado cambió la situación en su favor. A principios de 1495, un pequeño grupo caribe atacó el fuerte Santo Tomás, que acababan de construir en la isla de Cuba. Su jefe fue hecho prisionero. Los españoles descubrieron su mina de oro. Colón estaba jubiloso. Entonces edificaron, bajo una gran cruz, una fortaleza bautizada Concepción e hicieron explotar el filón por los indígenas. En aplicación del derecho minero español de 1378,[35] la quinta parte del oro recogido quedaba reservada al Tesoro Real, y el resto, repartido entre los hombres presentes.

Pero cada vez se precisaban más esclavos para explotar aquella mina y las relaciones con los indígenas —llamados naturalmente «indios»— comenzaron a degradarse. El comandante de las tropas españolas que acompañaron a Colón, Pedro Margarit, se dedicó a masacrarlos a placer. Los curas, como tampoco Colón, no vieron en ello nada condenable, porque, decían, los indios vivían «sin fe, ni rey, ni ley». El almirante los tenía por «bárbaros», «salvajes», «seres sin civilizar». Viéndoles trabajar en la mina, soñaba con venderlos como esclavos en España para financiar viajes posteriores. «Uno solo de estos indios —escribía entonces a los Reyes— vale tanto como tres negros. He estado en las islas de Cabo Verde, donde se efectúa un importante tráfico de esclavos, y he visto que se pagaban a ocho mil maravedíes. Aunque, por el momento, los indios mueren, no será siempre así, pues lo mismo les ocurría a los primeros negros y canarios.»[35] Encontraremos textos semejantes en la época del comercio triangular y de la economía de la esclavitud.[4] Para hacerle aceptar su proyecto, envió a la reina doscientos indios a guisa de muestrario. Pero Isabel, horrorizada, no los quiso y se los devolvió: para ella —y así se lo había dicho a Colón— la esclavitud era una abominación que toleraba en su reino, pero que no se veía capaz de practicar. Colón había cometido algo peor que un error: una falta de tacto.

Para Juan Rodríguez de Fonseca había llegado el momento de romper su monopolio, abolir las capitulaciones de 1492 y organizar los viajes para mayor y único beneficio de la corona, *vía* el organismo que administraba, la Casa de Contratación. Dejó entender que Colón era un espía al servicio de Portugal —¿por qué, si no, se había detenido en Lisboa al volver de su primer viaje?— y se aplicó a la tarea de socavar su autoridad.

Colón estaba ignorante de lo que se tramaba y vivía, como un rey caprichoso, en La Española, convertida en su cuartel general. Nombró adelantado a su hermano Bartolomé. Distribuía tierras, cargos y esclavos a todos los viajeros que llegaban para instalarse allí, inaugurando una práctica utilizada luego en todo el continente con el nombre de *repartimiento*.[35] Pero se quejaba de la pereza de los hidalgos que le rodeaban. Escribió: «No hay nadie que no tenga dos o tres indios a su servicio, perros para cazar y, muy a mi pesar, varias mujeres, tan bellas que son maravilla. Este modo de obrar me disgusta sobremanera y no me parece propio del servicio de Dios. Por ello nos serían de gran utilidad algunos religiosos devotos, más para reformar la fe de los cristianos que para extenderla entre los indios. Si en cada navío me llegasen cincuenta o sesenta personas, devolvería el mismo número de perezosos y desobedientes».[35]

Evidentemente, con este tipo de opiniones no es fácil hacer amigos. Ante la afluencia de quejas de los que regresaban a España, Fonseca decidió, a fines de 1495, enviar a La Española un investigador real, Juan Aguado. Éste anunció a Colón que había sido llamado «a consulta» a Cádiz. Llegó en la vieja *Niña* el 11 de junio de 1496, para defender su causa ante los Reyes Católicos. Pero la corte estaba en Burgos, ocupada totalmente en los preparativos de la boda de la infanta Juana con el archiduque Felipe el Hermoso, hijo de Maximiliano de Habsburgo. España se aliaba con el Imperio: extraordinario negocio. El almirante fue mal recibido. Nadie se interesó por él: el tiempo del aventurero había pasado. A pesar de que los portugueses comenzaban a propagar la especie de que Colón había pasado junto a un continente nuevo que ellos ya habían descubierto, y cuya propiedad habían obtenido por el tratado de Tordesillas, el almirante repetía que eso no era cierto, que había descubierto las Indias, que España era su propietaria y que sólo deseaba volver allí para probarlo. Estaba obcecado y lleno de irritación. Por otra parte, después de encontrarse oro en Cuba no era cuestión de dejarle el monopolio de sus descubrimientos: las capitulaciones, tan ásperamente negociadas durante seis años, quedaban nulas y sin valor a los tres años de su firma.

En Europa todo el mundo pretendía ir a conocer aquellas islas, pues el viaje no era arriesgado, ni demasiado largo. Además, en ellas había oro. Y mucho, según se decía. Las mujeres eran maravillosas y complacientes, la flora y la fauna magníficas. En 1533, Ronsard escribía que deseaba marchar «lejos de Europa y sus combates».

Muchos comenzaron a encaminarse hacia el oeste. Pronto se contaría entre ellos uno de los viajeros de segunda generación, Américo Vespucio. Algunos alcanzarían la celebridad, como los genoveses Juan y Sebastián Cabot, padre e hijo. En 1496, el rey de Inglaterra financió su viaje en dirección al oeste. Salieron de Brístol con dieciocho marineros y llegaron a una costa boscosa —sin duda la de Labrador— que identificaron también con el país del Gran Khan. Efectuaron su segundo viaje en 1497, llegando hasta Terranova, cuya existencia confirmaron; luego volvieron a viajar repetidamente. Fueron los primeros hombres de la Era Moderna en tocar el continente propiamente dicho.

Aquellas tierras eran mucho más atractivas que África, cuyos méritos nadie resaltaba y que sólo se pretendía rodear, sin establecerse allí. Precisamente, los portugueses se afanaban en preparar con meticulosidad la expedición que, después de diez años, iba a transformar el viaje de exploración de Díaz hasta el extremo de África en una ruta comercial hacia la India. Sin llegar a establecerse previamente en la costa, reforzaron las bases de Arguim y San Jorge. Estudiaron cuidadosamente todo cuanto sabían o creían saber sobre las corrientes, los árabes de la costa oriental de África, el estrecho de Ormuz, la costa de Malabar. Se tomaban su tiempo: el rey Manuel I, que acababa de suceder a su primo Juan II, escogió personalmente al comandante de la expedición. Se trataba de un antiguo oficial llamado Vasco de Gama, a quien confió el cuidado de negociar con el soberano de Calicut, en las costas de Malabar, las condiciones de la futura presencia de mercaderes portugueses en aquellas tierras, donde se encontraba la mejor pimienta del mundo. Aconsejado por Díaz, que iba a acompañarle, y ayudado por su hijo y por su hermano, Vasco de

Gama aparejó navíos más pesados y robustos que los de Díaz, mezclando velas triangulares y rectangulares. Pero justo antes de la partida, el almirante murió. Le sucedió su hijo a la cabeza de la expedición, que partió el 8 de julio de 1497 al mando de una flota de cuatro navíos y ciento cincuenta hombres. Díaz iba al mando de uno de los navíos, pero tuvo que desembarcar, enfermo, en una escala en las islas de Cabo Verde. Por segunda vez su descubridor no iba a poder contemplar el otro lado del cabo.

El 22 de noviembre de 1497, Gama daba la vuelta a aquel cabo que pronto se llamaría de Buena Esperanza. Fue el primer europeo en alcanzar el Zambeze, llegando a Mombasa en abril de 1498. Las poderosas ciudades mercantiles musulmanas le dispensaron una acogida correcta. La subida a lo largo de la costa oriental de África, en aguas desconocidas, con fuerte viento de tierra, constituyó el momento más difícil de la travesía. El navegante árabe Ibn Majid guiaba a Vasco de Gama, participando sin saberlo en la liquidación de la presencia marítima árabe en el océano Índico. Luego Gama se lanzó a la travesía, llegando a Calicut, en Kerala, antes del monzón, el 20 de mayo de 1498. Había pasado noventa y tres días en alta mar: Colón había pasado treinta y seis. Gama creyó hallar en el hinduismo una especie de cristianismo exótico. El reino de Juan volvió a la actualidad. Comenzó a negociar con los príncipes locales los contratos que iban a permitir a Portugal arrogarse, conforme al tratado de Tordesillas, el monopolio de las especias.

Comportamiento bien distinto al de Díaz en África y Colón en América: Díaz *dio la vuelta* a África, Colón *colonizó* América, Gama *comerció* en Asia.

Exactamente en el mismo momento —el 30 de mayo de 1498—, Cristóbal Colón, que había obtenido el perdón de la corte y que el buen Santángel le financiase su tercer viaje, partió con doscientos sesenta colonos, entre los que había, esta vez, treinta mujeres. Como pensaba demostrar la inexistencia de «un continente cuya existencia afirma el rey de Portugal, cercano al Ecuador», no tomó directamente la ruta del oeste, como en sus anteriores travesías, sino que descendió hasta las islas de Cabo Verde y, girando en sentido inverso, alcanzó, para su sorpresa, la costa sudamericana a la altura de la desembocadura del Orinoco, en Venezuela. Como veremos, otros desembarcaron antes que él algunos meses después. Sea como sea, no tocó tierra; el 4 de agosto de 1498 penetró en el golfo de Paria dispuesto a remontar el Orinoco. Sabiendo muy bien que semejante cantidad de agua dulce sólo podía proceder de un río, y por lo tanto de un continente —¡salvo que negase su existencia y viese allí el Paraíso terrenal!—, anotó seriamente en su diario de a bordo: «Es cosa admirable, y lo será para todos los sabios, que el río que allí desemboca sea de tal magnitud que vuelva dulce el agua del mar hasta cuarenta y ocho leguas mar adentro. Tengo la convicción de haber encontrado el Paraíso terrenal». Colón hizo su elección: o bien su teoría era falsa y se trataba de un nuevo continente, o por lo menos de una gran península, o era el Paraíso terrenal. Fiel a sí mismo, se quedó con la segunda hipótesis. De una u otra forma, el nuevo continente comenzó a considerarse como el lugar de nacimiento del Hombre nuevo, del cristiano perfecto.

Algunos días más tarde, a mediados de agosto de 1498, Colón se atemorizó. No quiso bajar a tierra, prefiriendo dar media vuelta. ¿Cómo pudo cometer tal error? Se dijo que estaba enfermo, aquejado de malaria. ¿No había comprendido —o no quería comprender— que la tesis que sustentaba desde hacía quince años era falsa? En su diario, un poco más adelante, añadió sin embargo: «Estaba persuadido de que era una *tierra firme*, inmensa, de la que nadie había tenido noticia. El gran río y la mar dulce me confirmaban con firmeza en mi convicción, pues eran las palabras de Esdras en su libro V, en el que dice que seis partes del mundo son de tierra y una de agua, y este libro fue aprobado por san Ambrosio en su *Hexameron* y por san Agustín».

Encerrado en su convicción, cada vez se veía en mayor dificultad para razonar coherentemente.

A fines de agosto de 1498 regresaba a La Española, donde las tensiones habían llegado al máximo entre las tribus que él llamaba indios, los hidalgos y los catalanes. Cada grupo había fundado su pequeño reino. Colón hizo capturar a los amotinados, al mando de Roldán. Incluso llegó a arrojar desde lo alto de una torre a uno de ellos, que se negaba a confesarse para retrasar su ejecución. La situación le desbordó. Se le vigilaba, se intrigaba en su contra. El 5 de octubre, en su despacho de Isabela, el almirante recibió a dos visitantes que viajaban por cuenta del rey de Aragón: un empleado florentino de los Médicis, Américo Vespucio, y un marino español, Alonso de Ojeda, que le había acompañado en su segundo viaje. Justamente después que él, en septiembre de 1498, habían pasado por el Orinoco. Pero, a diferencia de él, habían bajado a tierra. Allí encontraron a un compañero de Díaz, un tal Duarte Pacheco Pereira. Geógrafo y cosmógrafo, navegante y soldado, que había partido poco antes que ellos «a descubrir regiones de Occidente, atravesando la grandeza del mar océano, allí donde estuviera, y costear navegando una *gran tierra firme*»,[20] este Pereira fue el primer europeo conocido que, a principios de 1498, desembarcó sin duda alguna en el continente americano.

Porque Vespucio había comprendido, al igual que Pereira, que se trataba de un conjunto lo bastante extenso como para merecer el nombre de continente. ¿Lo comentó con Colón? Nadie lo sabe. En todo caso, el florentino regresó rápidamente a Cádiz a fines de 1498, y se preparó para dar a conocer este descubrimiento, es decir, para apropiárselo.

En el momento en que Colón y Vespucio se encontraban en La Española, el 5 de octubre de 1458, Vasco de Gama abandonaba la India para emprender un terrible viaje de regreso. A bordo de los tres navíos el escorbuto se cobró innumerables víctimas. Cerca de Mombasa, se vio obligado a quemar el *São Rafael*. Los otros dos navíos, el *São Gabriel* y el *Berrio*, doblaron el Cabo de Buena Esperanza el 20 de marzo de 1499. Llegaron a Lisboa el 9 de septiembre con sólo ochenta hombres. El enlace marítimo con la India, con el que Occidente venía soñando desde hacía tres siglos, quedaba, por fin, establecido.

A mediados de 1499, Vespucio dejaba de nuevo Cádiz en dirección al oeste, siempre por cuenta del rey de Aragón. Sabía que no iba a alcanzar la India, sino una nueva «tierra firme», y deseaba conocerla bien para poder contarlo al regresar. El 13 de marzo de 1500, Pedro Álvarez Cabral, financiado por armadores genoveses, partió a su vez con trece navíos, oficialmente en dirección a la India. Bartolomé Díaz formaba también parte de esta expedición. Pero el 22 de abril, mientras efectuaba la vuelta necesaria para descender hasta el Cabo de Buena Esperanza, Cabral llegó a Brasil —¿simple casualidad, objeto real del viaje?—. El continente quedaba oficialmente descubierto.

Cabral no insistió: registró su descubrimiento y volvió a partir hacia la India, intentando doblar muy al sur el Cabo de Buena Esperanza. Cuatro barcos desaparecieron en medio de la tormenta, entre ellos el que mandaba Bartolomé Díaz: decididamente, el gran marino jamás daría la vuelta al cabo.

Cabral decidió entonces regresar a Portugal para anunciar su descubrimiento. No hay duda de cuál había sido el verdadero objetivo de su viaje. Solo uno de sus navíos, la *Annunciada*, armado por los genoveses Bartolomeo Marchionni y Girolamo Sernigi, al mando de Diego Díaz, hermano de Bartolomé, continuó su ruta, dobló el cabo y llegó a la India en agosto de 1500. Volverá cargado de especias para el mercado genovés; el comercio era la principal obsesión de los marinos.

Muchos, como Vespucio y Pereira, comenzaban a pensar que Colón había encontrado solamente unas cuantas islas y que más abajo existía algo así como una extensa península que obstaculizaba la ruta occidental de las Indias; el nuevo continente molestaba antes de ser descubierto. Entonces intentaron rodear dicha península y a este fin algunas expediciones se dirigieron al norte. En 1500, los Reyes Católicos concedieron a dos hermanos oriundos de las Azores, Gaspar y Miguel Corte-Real, el privilegio de «descubrir y gobernar todas las tierras e islas de aquellas altas latitudes».[47] Alcanzaron Groenlandia, Terranova, Canadá, el San Lorenzo y el Hudson, y los registraron en el mapa. España los reivindicará más tarde, invocando el tratado de Tordesillas.

Durante este tiempo, Colón, en las islas, se veía en constantes problemas. Rodeado de colonos perezosos y rebeldes, su gestión era cada vez más desastrosa. Informado de ello, Fonseca envió un nuevo investigador real, Francisco de Bobadilla, quien desembarcó en La Española el 25 de agosto de 1500. Se presentó como gobernador de las Indias, es decir, por encima del virrey Colón, a quien arrestó y envió a España cargado de cadenas. Fue el segundo retorno forzoso del almirante, que llegó a Sevilla el 25 de noviembre. Mortificado, escribirá: «El rey y la reina me han obligado a sujetarme a cuanto en su nombre me ordene Bobadilla. En su nombre me han cargado de cadenas y las llevaré hasta que ellos mismos me las quiten; las guardaré como reliquias en recuerdo de la recompensa que me han valido los servicios que les he prestado».

Ante la corte, Colón obtuvo que Bobadilla fuese desautorizado, pero perdió el título de virrey y todos sus privilegios. Ya no era nadie. Enfermo, casi ciego, solo quería una cosa: volver a la mar. El falso emperador era, ante todo, un auténtico marino.

Paralelamente, el conocimiento de la geografía progresaba. Juan de la Cosa, el piloto vasco de la *Santa María* en el primer viaje de Colón, su amigo de los días amargos, hizo figurar por primera vez en un mapa fechado en 1500 las costas orientales de un vasto y desdibujado conjunto: Colón, pues, se vio desautorizado por su compañero más cercano. En 1502, en el mapa portugués denominado de Cantino, se hallan dibujados Brasil y las Antillas, África, la India y Extremo Oriente. Las costas de Escandinavia son las peor configuradas: desde hacía tres siglos nadie las frecuentaba.

En 1502, Vasco de Gama volvió a Calicut con una escuadra para un viaje declaradamente comercial. Allí estableció una colonia de mercaderes portugueses y, para asegurarles protección, dejó cinco navíos al mando de su tío: fue la primera fuerza naval permanente de un país europeo en aguas asiáticas.[47] Regresó a Lisboa con treinta y cinco mil quintales de pimienta, jengibre, canela, nuez moscada y piedras preciosas. Primer hito de la conquista portuguesa del mercado de la pimienta, hasta entonces controlado por Venecia.

Colón, viejo loco y patético, se obstinaba: ahora pretendía reunirse con Vasco de Gama pasando por el oeste. Demostrar que existía en alguna parte, donde hoy se encuentran Honduras y Panamá —que entonces se tenían por islas— un paso hacia la India. Su fiel protector, Luis de Santángel, le consiguió el dinero necesario para

1492

este cuarto viaje, y salió de Cádiz el 11 de mayo de 1503 con cuatro carabelas. Llevaba consigo a su segundo hijo, de doce años, nacido en Córdoba de su relación con Beatriz.

En agosto de 1503 el almirante encalló en Jamaica, donde permaneció bloqueado durante siete meses con un centenar de hombres, casi prisionero, mientras sus compañeros llegaban a La Española en canoa. Con ocasión del eclipse de luna de febrero de 1504, anunció a los indios que aquel fenómeno era un signo de la ira de Dios.

Finalmente fue liberado. Llegó a La Española en junio de 1504 agotado, enfermo, a punto de perder la vista. En el puerto asistió, por una ironía de la suerte, al naufragio de la flota del gobernador Bobadilla, que regresaba a España. Él también regresó, el 7 de noviembre de 1504, algunos días antes de la muerte de la reina Isabel.

Mientras tanto, Vespucio atravesaba dos veces más el Atlántico, esta vez por cuenta de la corona portuguesa. Bordeó la costa del nuevo continente y descendió hasta casi el futuro estrecho de Magallanes. A su regreso se sintió decepcionado: el rey de Portugal no le apreciaba demasiado y no reconocía sus méritos más que los monarcas españoles. «Allá conocí muchos sinsabores y recibió poco provecho —escribió—, pues, aunque merecía grandes recompensas, el rey de Portugal concedía las tierras por él descubiertas a judíos conversos.»[9] ¿Quizá se refería a Colón? A menos que no fuera a Pereira... O a Cabral...

El almirante no tendrá tiempo de darle la réplica. El 20 de mayo de 1506, ciego, amargado, perdidos todos sus derechos, en pleitos con todo el mundo, moría en Valladolid, totalmente convencido de haber estado en la India. Fue enterrado en el convento de los franciscanos. Su cuerpo será conducido a Las Cuevas, cerca de Sevilla; se cree que en 1544 se trasladó a la catedral de Santo Domingo. Y en 1795 a Cuba. En realidad nadie sabe realmente donde se encuentra: hasta en la muerte, Colón no se vería libre de la ambigüedad.

Pero nuevos descubridores continuaron buscando el paso hacia las Indias. En 1508 una colonia española alcanzó el istmo de Panamá, en el Atlántico, y fundó la ciudad de Urabá, primer establecimiento del continente. El 25 de septiembre de 1513, Vasco Núñez de Balboa atravesó a pie Panamá y descubrió un océano desconocido de estremecedora inmensidad.

Entonces comprendieron que una enorme barrera separaba Europa de Asia, y que era conveniente buscar el paso por el norte o por el sur, del mismo modo que un siglo antes se había buscado dando la vuelta a África. En 1516, buscando aquel «paso» hacia la India, Juan Díaz descubría el río de la Plata. El Nuevo Continente se convertía así en una *desagradable sorpresa*. En todo caso, constituía un obstáculo en la ruta que llevaba a la única cosa importante; las especias, de las que allí no se encontraba el menor rastro.

Durante este tiempo, en Asia, las flotas portuguesas imponían su presencia en la tierra de las especias. En 1510, Albuquerque se establecía en Goa después de incendiarla. En 1513, otros portugueses llegaron al Mar de la China y a Malaca. En 1515, ocuparon Ormuz y bloquearon la ruta de los caravanas que transportaban pimienta con destino a Venecia. Pronto todo el océano Índico estuvo bajo su control. No colonizaban, sino que «influenciaban». Y bloqueaban las rutas comerciales de los demás países hacia el este.

Terminaba la era de los descubrimientos. Concluyó en 1519 con la mayor explotación marítima de todos los tiempos. Un marino portugués de treinta y nueve años, Fernando de Magallanes, intentó dar la vuelta al mundo dando la vuelta a América por el sur. Aunque encontró la muerte, la primera tentativa ya constituyó un éxito. Rechazado en un principio por el rey de Portugal, su proyecto fue aceptado por Fernando de Aragón en marzo de 1518, pocos meses antes de la muerte del que fue soberano de todas las aventuras. No se trataba solamente de rodear América, sino de lanzarse, de un solo vuelo, a la inaudita audacia de dar la vuelta al mundo.

Magallanes salió de Cádiz el 10 de agosto de 1519 al mando de cinco naves y de doscientos sesenta y cinco hombres, entre los que se encontraban esclavos comprados en Malaca por otros navegantes portugueses, que hablaban las lenguas de los países a los que se dirigían. Le acompañaban los más formidables aventureros, que nada sabían de la anchura del Pacífico ni de los pueblos que podían encontrar. El 26 de septiembre de 1519, Magallanes se encontraba en Tenerife; pasó las islas de Cabo Verde y el ecuador, costeando Brasil en dirección sur. Llegó hasta Patagonia y fue el primero en franquear el estrecho que llevará su nombre, el 21 de octubre de 1520. Perdió un barco en los arrecifes; otro regresó a España. El 28 de noviembre se convertía en el primer europeo que navegaba por el Pacífico. Remontó las costas chilenas, se reavitualló con dificultades en territorio de los incas; también fue el primer europeo que entró en contacto con ellos, once años antes que Pizarro. Tras alcanzar las Marianas, atravesó el Pacífico Sur y llegó, el 17 de diciembre de 1521, a las islas que serían conocidas con el nombre de Filipinas. Les dio el nombre del santo del día: Lázaro. Al principio, la acogida de los indígenas fue pacífica. En una de las islas, Cebú, uno de los esclavos se dio cuenta de que comprendía la lengua de sus habitantes. Este hombre, pues, había vuelto a su casa: fue el primero en dar la vuelta al mundo.

Poco después, Magallanes encontraba la muerte en un incidente con los indígenas, en la playa de la isla de Mactán, cercana a Cebú. Sólo uno de sus barcos, el *Victoria*, regresará a Portugal, el 6 de septiembre de 1522, con dieciocho hombres a bordo, al mando del vasco Juan Sebastián Elcano.

La era del descubrimiento, comenzada en 1416 tras la conquista de Ceuta, se había cerrado. Fue de nuevo un vasco quien la terminó.

El periplo del mundo se había cerrado. Ahora, Europa lo describirá y le dará nombre, para después poder contar la Historia a su manera.

Bautizar

¿Quién puede creer en la inocencia de los nombres? Jean Paul Sartre escribió que Florencia «es ciudad y flor y mujer; es ciudad-flor, y ciudad-mujer, y niña-flor todo a la vez».[119]

Dar nombre es tanto como poseer.

Mucho antes de 1492, los conquistadores ya bautizaban las tierras que tomaban y a las que imponían su lengua. Los hebreos designaron a sus adversarios con nombres que les sobrevivieron. Roma dio nombre a una parte de Europa, China y África. China, a su vez, llamó a Japón con un nombre que significa Sol Naciente y con otro, Cipango, con el que lo conoció Marco Polo.

Casi todos los países han recibido su nombre de otros, exceptuando algunos, a los que se conoce con un nombre distinto del que se dan a sí mismos: así, llamamos Alemania, Finlandia, Hungría y Albania a Deutschland, Suomi, Magyar o Shqipëri.

En 1492 se abrió un frenético período de imposición de nombres y de lenguas. A partir de aquel año, Colón otorgó un nombre a todo cuanto hallaba en su camino. Pero, como hombre de la Edad Media, utilizaba las denominaciones de Marco Polo, tratando de que la toponimia de las nuevas islas coincidiera con la de China y el Japón de Marco Polo. Por la misma razón, llamó «indios» a sus habitantes, porque se creía en la India. Los indígenas jamás aceptaron semejante designación. Cuando comprendieron aquella palabra, preguntaron: «¿Por qué nos llamáis indios?». Ellos se llamaban a sí mismos «pueblo» o «pueblo real», y los demás eran «amigos» o «enemigos».

Ya hemos visto que Colón comenzó por repetir los nombres de Europa, porque quería construir una Europa nueva, más auténtica, más pura. Surgieron entonces Nueva España, Isabela, Fernandina, Juana, etc.

Luego se produjo un cambio real: los descubridores comenzaron a bautizar ciertos lugares con nombres que ya no eran la réplica de algo conocido. Éste fue, sin duda, el momento en que la Edad Media basculó hacia la modernidad, en el que finalmente se aceptó reconocer que lo que se acababa de encontrar era radicalmente nuevo.

Este momento llegó asombrosamente pronto: quince años después del viaje de Colón, se forjará el nombre de un *continente* a partir del de un viajero de la segunda ola, sin importancia particular: Américo Vespucio, que fue el segundo en desembarcar en el continente, seis años después de 1492. Pero no fue una denominación en el vacío: en ella jugó un papel decisivo un oscuro monje francés, cuya audacia hizo posible la universal y extraordinaria aceptación de este improbable nombre.

Vespucio era un hombre de la modernidad; no viajaba por el triunfo de la fe, sino para su propia gloria, «para perpetuar la gloria de mi nombre», para «el honor de mi vejez»,[115] escribirá. Sobrino de un canónigo de Santa María de las Flores, en Florencia, hijo de buena familia, amigo de los grandes, cuidadoso de su propia imagen, alardeaba de sus conocimientos sobre instrumentos de navegación, adquiridos gracias a su primer oficio de vendedor de equipamientos para navíos. En su correspondencia anotará: «[entre mis compañeros de viaje] gozaba de consideración; porque les enseñaba que, aunque desprovisto de experiencia práctica, gracias a lo que aprendí en las cartas marinas de los navegantes, yo era más hábil que cualquier otro piloto del mundo. Porque ellos desconocían otra cosa que las aguas por las que ya habían navegado».[115] Al regreso de sus cuatro viajes, en 1504, organizó sus propias relaciones públicas explicándolos en dos cartas, *Mundus novus* y *Quatuor navigationes*. Dedicó *Mundus novus* al joven Lorenzo, hijo de Pedro de Médicis, su primer patrono, comenzando con una dedicatoria tradicional: «Aunque Vuestra Magnificencia esté continuamente ocupada en los asuntos públicos, se tomará sin duda algunas horas de reposo para pasar un poco de su tiempo en cosas agradables y placenteras».[115] En realidad, se dirigía a los sabios de su época, y sus dos textos redactados en latín y traducidos al francés, alemán e italiano, conocieron un enorme éxito. Su objeto, decía, era «que se pudiera saber cuántas cosas maravillosas se descubren todos los días».[115] Presumía: adelantó en dos años la fecha de su primer viaje. Pretendía haber descubierto un nuevo continente mientras que, decía, «Colón no había descubierto sino islas»;[115] lo exageraba todo, describiendo a los indios como «caníbales» devoradores de sus prisioneros, sus esposas y sus hijos; evocaba un hombre que le había confiado «haber visto carne humana salada, colgada de unas vigas, como nosotros la carne de cerdo».[115] Sostenía que los indios «vivían hasta los ciento cincuenta años»,[115] que «las mujeres son tan grandes como las europeas, y los hombres mucho más grandes aún. Viven sin rey ni gobernador, y cada uno se manda a sí mismo».[115]

Pero en mi opinión, el aspecto más importante de estos textos, lo que garantizó su éxito, es, curiosamente, la *presencia del sexo* en todas sus descripciones de los indígenas: «Tienen tantas esposas como quieren, y el hijo vive con la madre, el hermano con la hermana, el primo con la prima, y cada hombre con la primera mujer que llega. Rompen sus matrimonios tan a menudo como desean y no observan, a este respecto, ley alguna. No tienen templos ni religiones, pero no son idólatras. ¿Qué más puedo decir? Viven según la naturaleza».[115] Describía alegremente las relaciones entre las indígenas y los europeos: «Cuando ellas ven la posibilidad de copular con los cristianos, impulsadas por su excesiva lubricidad, se lanzan al libertinaje y se prostituyen».[115] Para exagerar el efecto del relato, se censura a sí mismo «... que yo no mencionaré por razones de pudor»;[115] o bien: «Omitiré, por pudor, relataros el artificio del que se sirven para satisfacer su desordenada lujuria...»[115]

Creo muy de veras que estas anotaciones vagamente pornográficas aseguraron el éxito de ambas cartas y tuvieron su peso en la ulterior elección del nombre del nuevo continente. Como hemos dicho, estas cartas se leyeron en toda Europa. Tomás Moro halló en ellas inspiración para su *Utopía*. Dos años más tarde, en 1505 —mientras Colón moría, ciego y quizás arruinado, desde luego sin llegar a conocer estos textos de Vespucio—, el duque Renato II de Lorena las dio a conocer a un desconocido grupo de Saint-Dié, el Gimnasio de los Vosgos, compuesto por un canónigo impresor, Gauthier Lud, un corrector de imprenta, Mathias Ringmann y un impresor-cartógrafo oriundo de Friburg-en-Brisgau, Martin Waldseemüller. El año siguiente (1507) dicho grupo imprimió un millar de ejemplares de un primer mapa del mundo titulado *Cosmographiae introductio*.[9] En él, el nuevo mundo está representado aún como una prolongación de Asia, exactamente como Colón lo imaginó hasta el fin de su vida. Pero el mapa de Saint-Dié venía acompañado de un texto sugiriendo la conveniencia de considerar aquel territorio como un continente, y de ponerle por nombre «Ameriga» o «América», «ya que la había descubierto Américo Vespucio». Aquel nombre, decían, «poseía resonancias a la vez latinas y femeninas, y es un nombre a tono con el de los otros continentes, Europa, Asia, África».[9]

Después de dos años como piloto mayor de la Casa de Contratación de Sevilla, Vespucio había alcanzado la gloria. Moriría dos años después.

A partir de entonces, la suerte estaba echada. Aunque en 1513 —dos años después de la muerte de Vespucio— el mismo grupo de los Vosgos publicó una nueva edición aumentada de la *Geografía* de Ptolomeo, con un mapa de «las tierras nuevas» en el que el nombre *América* no aparecía; aunque en España todavía se hablaba de las «Indias occidentales» y, más tarde, de los «reinos de las Indias»; aunque en la misma época Durero se refería al «nuevo país del oro»,[35] el nombre de América se impuso poco a poco, sobre todo en Europa del norte.

Extraña conquista que dice mucho sobre la fluidez intelectual de la época. En 1514, Leonardo da Vinci —que conocía y había pintado varias veces a la familia Vespucio—[119] recogía el nombre de «América»; en Flandes, en 1538, Mercator, en su proyección, llamaba también «América» al conjunto del continente. El nombre acabó por imponerse en Europa del norte, ante todo en Inglaterra y Alemania. España defendió todavía «las Indias». Sólo en el siglo XIX comenzará a referirse a las «provincias de América», y en el siglo XX aludirá a «América latina». Insignificante compromiso con descubridores olvidados...

América fue, por tanto, el nombre elegido en Lorena por Italia y Flandes, que dominaban la economía-mundo, y no por España y Portugal, que dominaban los mares. Por una coincidencia significativa, el nombre del nuevo continente fue elegido muy cerca de donde se inventó la *imprenta* y de donde se fabricó el primer *globo terráqueo*.

Por vez primera, en 1528, en el Globo Dorado, este nuevo continente —aún sin nombre— aparecía correctamente representado, aunque permanecía unido a Asia.[135] En 1559, el portugués Andreas Homen bosquejaba las costas occidentales americanas y les ponía un nombre. En 1560 los mapas muestran distintamente separadas América y Asia, ambas con su nombre. En la misma época, de nuevo en Nuremberg, el geógrafo Johannes Schöner realizó el primer globo que representa las tierras americanas.[135]

Simultáneamente se iban precisando los nombres de las nuevas regiones. A veces, se imponían nombres locales, como *Brasil*, nombre de un árbol local que pronto desplazó a la *Santa Cruz* de Cabral. Asimismo, *Meztxihco* era un diminutivo náhuatl de Tenochtitlán (que significa «tierra de la luna»). Asimismo, mucho tiempo después, veintiséis estados de los Estados Unidos —como Alabama y Wyoming, Alaska y Wisconsin, Kansas y Minesota— llevarán nombres surgidos de las lenguas indígenas. En África, *Guinea*, que fue el adoptado por los portugueses, es un nombre de origen tuareg que significa «el país de los negros». En Oriente, serán raros los países que aceptarán los nombres que les otorgaron los europeos, excepto las Filipinas, así llamadas por Villalobos en 1542 en honor de Felipe II, hijo de Carlos V, que subirá al trono español en 1556.

Sin embargo los indígenas de América, aunque con frecuencia consiguieran conservar su nombre, vieron a menudo desaparecer su lengua.

Mientras tanto, en Europa, el latín cedía el puesto, en todas partes, a las lenguas nacionales.

En Francia, en 1539, Francisco I hacía del francés la lengua judicial oficial. En Alemania, Martín Lutero establecía las normas del

1492

alemán moderno. En Inglaterra, Caxton generalizaba el uso del inglés. En España, gracias a Nebrija, el castellano se impuso en detrimento del catalán. Paralelamente se asistió al desarrollo de una formidable industria, la del libro. Doscientas treinta y seis ciudades europeas disponían de imprenta. El formato en octavo hizo el libro infinitamente más manejable, y más fácil de conservar.

En América, y más tarde en África, las lenguas locales desaparecieron, extendiéndose las de Europa hasta sustituirlas, a partir del momento en que los conquistadores afirmaron su voluntad de integrar la población indígena en la administración local. Actualmente menos de un millón de personas hablan náhuatl o cualquiera de las lenguas que oyeron Colón, Díaz o Cabral; pero cuatrocientos millones de hombres hablan español, quinientos millones tienen el inglés como lengua materna y un centenar de millones hablan portugués o francés.

Es curioso que, en nuestros días, las lenguas de los vencedores vuelvan con fuerza de la mano de los vencidos. Aquellas lenguas del norte, convertidas en lenguas del sur, regresan fortalecidas. El inglés de América domina sobre el inglés de Europa. ¿Qué ocurrirá mañana con el español en América del Norte, o con el árabe en Europa?

La venganza de los vencidos puede hacerse esperar. Pero, aunque utilice las armas, la lengua y los conceptos del norte, el sur no ha dicho aún la última palabra.

COLONIZAR

En 1492 comenzó la colonización en el sentido moderno del término. Después de haber registrado en un mapa y bautizado al resto del mundo, la Europa cristiana tomó posesión de él.

La colonización, de hecho, no fue más que una molesta etapa previa al comercio, que no podía establecerse por sus propios medios. Se dio la vuelta a África para ir a comerciar a Asia, pero América comenzó a colonizarse cuando aquel continente, inútil y pronto deshabitado, tuvo el buen criterio de desconfiar del oro y la plata y de acoger favorablemente la caña de azúcar.

La Europa cristiana terminó, ante todo, de colonizarse a sí misma. Fijó sus fronteras religiosas para los próximos cinco siglos. En enero de 1493, Boabdil pretendió volver a Barcelona para entrevistarse con los Reyes Católicos, pero fue disuadido de ello. Las negociaciones finales tuvieron lugar a partir de marzo; Fernando de Zafra se envaneció de haber engañado a los representantes de Boabdil. El acuerdo fue ratificado por los Reyes Católicos el 15 de junio, y por Boabdil el 8 de julio. Éste abandonó España con 6 320 personas, hacia mitades de octubre.[116] A partir de 1494, la situación de los musulmanes comenzó a degradarse. Bernard Vincent estima la emigración de los habitantes del reino nazarí, en un período de medio siglo, en unas cien mil personas, sobre un total de sus casi trescientos mil habitantes de 1492.[116]

Durante el verano de 1499, al constatar que la inmensa mayoría de la población de Granada era todavía musulmana, y que los *elches* —cristianos convertidos al Islam, a quienes los acuerdos de 1491 habían dado toda clase de garantías— vivían allí libremente, los Reyes Católicos relevaron a Talavera, su fiel compañero, reemplazándole por Cisneros, quien hizo bautizar a los niños musulmanes. En el este, la Europa cristiana se había resignado a la presencia otomana y ortodoxa, excluyendo a ambas de la definición de sí misma.

Una vez definida, Europa se aprestó a colonizar al resto del mundo. En Marruecos los portugueses tomaron el control de un cierto número de ciudades costeras —ante todo, de Ceuta, desde 1415— porque el comercio sobre la base de relaciones amistosas se había demostrado imposible. Más al sur, los escasos fuertes de la primera época, como Aguim y La Mina, quedaron aislados, sin servir de cabeza de puente a una colonización continental. Únicamente se regularon los detalles de la trata de esclavos y del comercio del oro, la pimienta o aquella otra pimienta de los pobres llamada malagueta. Lo mismo ocurrió en la India: no hubo penetración masiva.

¿Por qué no existió un Cortés para el país de Alí Ber, o un Pizarro para la costa de Malabar? Sin duda, el clima y la vegetación tuvieron mucho que ver: África se consideraba impenetrable, y la India, excesivamente poblada. Allí, las sociedades estaban mucho más descentralizadas, eran más ambiguas que las de América; de hecho, resistían mejor al invasor. Pero también y sobre todo porque rodear un continente y comerciar con el otro era suficiente, y porque el comercio era demasiado rentable como para arriesgarlo con la guerra.

No ocurría lo mismo en América. A falta de especias, el sueño de la página en blanco, de la sociedad exenta de toda mancha, del Hombre nuevo, era perfectamente realizable. A pesar de la expulsión de judíos y musulmanes, la pureza era imposible en la propia casa. El pasado lo prohibía. Era preciso, por tanto, crear una sociedad pura, y los indígenas constituían un «material humano» ideal para producir cristianos absolutamente perfectos. Aquellos hombres inesperados, con los que ningún europeo había entrado jamás en contacto, parecían surgidos del Paraíso terrenal. Constituían los sujetos idóneos para el ideal cristiano.

Como si las expulsiones de 1492 hubiesen servido de ensayo general, el papa autorizó a los soberanos católicos, a partir de 1493, para que dispusieran de los bienes de la Iglesia para financiar la conversión de los indios. El mismo año, en La Española, Colón —¿colono?— *convertía por la fuerza* a los indígenas, cosa que los españoles no habían tenido la osadía de hacer con los judíos y los musulmanes.

Después, la colonización se tradujo en actos menos espirituales: Hombre nuevo, sí, pero esclavo. Se apropiaron de sus tierras, destruyeron a las autoridades políticas locales, condenaron a los indios a trabajos forzados en las minas de las Antillas. Aunque en 1500 Isabel prohibió la esclavitud y la expropiación de los indios, exigiendo explícitamente que fueran considerados como súbditos libres de la corona, jurídicamente iguales a los españoles, la Iglesia —a excepción de algunos dominicos y franciscanos— dio carácter definitivo a la doctrina de Aristóteles sobre los esclavos naturales, y consideró a los indios como seres inferiores y bárbaros.

El debate se abrió de nuevo tras la muerte de la reina de Castilla, en 1504. En 1512, en Burgos, Fernando de Aragón confirmó que el derecho de propiedad no podía ser reconocido a los indios y que la esclavitud era lícita.

Entonces las cosas se precipitaron. Ya desde los primeros años de su explotación, las minas de Cuba significaron la muerte para los esclavos. Pero la isla de La Española fue escenario del primer auténtico genocidio. Genocidio por otra parte involuntario: nadie tenía interés en aquel desastre, acelerado por la invasión microbiana. Según la estimación más baja, los trescientos mil habitantes que la isla tenía a la llegada de Colón habían caído a cincuenta mil en 1510 y a un millar en 1540. Cuando a mediados del siglo XVI se introdujo la caña de azúcar, hubo que importar esclavos de África. Cada tonelada de azúcar costaría la vida a un trabajador.

Aquella catástrofe no impidió que la colonización continuara, perpetrándose matanzas hasta en el mismo continente.

Sin embargo, aquella hecatombe no pasó inadvertida en Europa. Muchos vivieron traumáticamente la aventura de La Española. ¿Por qué masacrar a los indios? ¿Por qué enviar a los africanos? ¿Por qué destruir aquellas lenguas y aquellas culturas?

Los primeros en rebelarse fueron los religiosos. En 1511, el dominico Antonio de Montesinos declaraba en uno de sus sermones: «¿Acaso los indios no son hombres como vosotros, y no tenéis el deber de amarlos como hermanos?». Escandalizados, los colonos se quejaron a la corte. Pero la orden apoyó a su misionero.

Aquella primera reacción aislada de un representante de la Iglesia no impidió al rey de Aragón dejar que la colonización continuase, ante todo en las islas.

En 1511, el español Francisco Guerrero naufragaba frente a la costa, siendo recogido por los mayas, y convirtiéndose en su jefe. Lo mismo le ocurrió más tarde a otro español, Jerónimo de Aguilar.

INVENTAR LA HISTORIA

En 1517, durante al primera exploración española en las costas de Yucatán, se descubrieron ciudades intactas, aparentemente abandonadas sin razón alguna: Chichén Itzá, Palenque y Uxmal.

En febrero de 1519, Cortés desembarcó en Tabasco con once navíos, setecientos hombres y catorce cañones. Era un hombre distinto de sus predecesores. Utilizando a un pueblo contra otro, impresionando a las multitudes con sus gestos espectaculares,[115] quería el poder y ninguna otra cosa. Cortés no era un descubridor, ni un buscador de oro o especias: era un conquistador. Cuando alguien le sugirió que buscara oro, «respondió riendo que no había venido para cosas tan triviales». En el momento de su desembarco, el emperador Moctezuma II acababa de celebrar el comienzo de un nuevo ciclo del calendario azteca. Desde el siglo XI esperaban aquel momento, el de la llegada de los «amos de la Tierra», con el mismo peinado, la misma barba y la misma cruz que los recién venidos. Cuando le dijeron que una montaña «avanzaba sobre el mar», creyó que era el dios Quetzalcoatl y se dirigió al encuentro del recién llegado, acogiéndole como a tal: «Aquí hallaréis todo lo necesario para vos y vuestro séquito, pues estáis en vuestra casa y en vuestra tierra natal». Cortés le siguió a Tenochtitlán, estupefacto ante lo que estaba viendo: «La ciudad —escribió— tiene una plaza tan grande como dos veces la ciudad de Salamanca».[115] Luego, al descubrir que aquella civilización se sustentaba en sacrificios humanos masivos, quedó a la vez fascinado y horrorizado. Aunque admiró las obras de los aztecas, nunca los reconoció como hombres y no tuvo escrúpulo alguno en aniquilarlos.[115]

Cortés se apoderó de Moctezuma. Éste, herido, convencido de que el conquistador era su dios, se dejó morir en las cárceles de su propio palacio. Cortés, que tuvo que luchar a la vez con los indios y con los oficiales españoles, arrasó Tenochtitlán y y puso fin de este modo al imperio azteca. Dio muerte en Honduras al último emperador en 1526, y se convirtió en el primer gobernador general de lo que, a partir de 1535, recibiría el nombre de «Nueva España».

Terminada la conquista, se establecieron discretamente. Los primeros franciscanos, dominicos y agustinos comenzaron a llegar a México en 1524. En 1529, sólo vivían allí ocho mil españoles. En 1536 se fundó el primer colegio franciscano en Tlatelolco. En 1535, Carlos V envió al primer virrey de la «Nueva España», Antonio de Mendoza, quien sustituyó a Cortés, llamado a la corte en 1527.

Entonces se pasó de la conquista a la colonización. El hallazgo, en 1548, de la plata de Zacatecas otorgó un sentido al descubrimiento de América. Las cosas comenzaron a ir deprisa. Los españoles eran ya cincuenta mil en 1560 y quince mil africanos habían sido llevados desde África para trabajar en las minas en lugar de los indios, rápidamente exterminados por el trabajo y la enfermedad.

En total, los indios de México pasaron de veinticinco millones en 1519 a menos de un millón en 1605.[117]

En Perú, la colonización comenzó quince años más tarde y siguió el mismo camino que la de México: destrucción inmediata. En aquel momento, Huayna Cápac, undécimo inca, había engrandecido el Imperio, que cubría el territorio de Perú y de los actuales Colombia y Ecuador. Abandonó Cuzco y se instaló en Tomebamba. A su muerte, en 1527, el imperio se dividió entre sus dos hijos, Huáscar y Atahualpa. Enfrentados en una guerra civil, Atahualpa quedó vencedor. Pizarro, llegado en 1531 desde Panamá, fue tomado por el dios Viracocha, y un pariente de Huáscar, Manco, estableció una alianza con aquellos «Viracochas». En 1532, Atahualpa dejó Quito para establecerse en Cajamarca. Pronto comprendería, sin embargo que el español era un ser mortal. Pizarro le hizo prisionero y solicitó un rescate por su persona; al año siguiente le asesinó y después aniquiló el Imperio por medio de la esclavitud sistemática de los indios, dividiendo sus tierras entre sus compatriotas.

De los diez millones de súbditos del inca en 1530, sólo quedaban un millón trescientos mil en 1600.

La colonización se había convertido en algo demasiado serio para quedar en manos de aficionados. En 1536, los herederos de Colón obtuvieron el título de almirante, una pensión de diez mil ducados anuales, el marquesado de Jamaica y el ducado de Veragua, pero tuvieron que renunciar a las nuevas tierras.

Sin embargo, nuevas voces se alzaron contra tanta matanza. La primera de ellas fue la de Bartolomé de Las Casas, que conocía bien América. En 1494, su padre y su hermano se hallaban en los barcos del tercer viaje de Colón y se habían instalado en La Española. En 1510, fue el primer sacerdote ordenado en las nuevas tierras. Al principio, como los demás, consideraba a los indios como seres a convertir, como católicos en potencia, cristianos por predestinación, sin que en ello viese obstáculo alguno para su esclavitud. Escribió: «Jamás se vio en otras épocas y en otros pueblos tanta capacidad ni tan buena disposición y facilidad para la conversión. No hay en el mundo pueblo más dócil ni menos refractario, ni más aptos y mejor dispuestos que ellos para recibir el yugo de Cristo».[115] Era exactamente el espíritu de los tiempos: los indios constituían un material ideal para crear el Hombre nuevo. Pero cuando, en 1520, los dominicos, conforme al espíritu de su orden, le negaron la comunión porque poseía esclavos, experimentó una sacudida. En 1522 se hizo dominico, y redactó una *Brevissima relación de la destrucción de las Indias*, terminada en 1540. Mientras se producía la colonización mexicana y peruana, él luchaba contra la esclavitud de los indios, elevando su protesta ante Carlos V y hasta en la misma América.

En 1537, el papa Paulo III se refería a los indios como «hombres verdaderos». En Burgos, en 1540, en el curso de un debate entre religiosos, se llegaba a la conclusión de que los indios eran seres libres pero incapaces de organizarse, y que era por tanto legítimo reducirlos a la esclavitud en el territorio de Nueva España.[115] En su *Relación*, que leyó ente Carlos V, Las Casas replicó planteando por primera vez el principio del reconocimiento de lo que más tarde se conocería como Derechos del Hombre: «Las leyes y las reglas naturales y los derechos de los hombres son comunes a todas las naciones, cristianas y gentiles, cualquiera que sea su secta, ley, estado, color y condición, sin diferencia alguna».[115] En 1542 obtuvo que las nuevas leyes de Indias reconociesen la dignidad humana y cristiana de los colonizados. La situación había evolucionado un tanto: por ejemplo, la cría de mulas permitía que las denuncias sobre la utilización de los indios para el transporte pudieran ser atendidas.[35] Pero aún fue más lejos: en 1550, tres años después de su definitivo regreso a España, en Valladolid, en el transcurso de uno de los múltiples debates que agitaban la España de la época, se enfrentó a Sepúlveda, canónigo de Córdoba, quien consideraba que los sacrificios humanos justificaban el aniquilamiento de los aztecas. Las Casas respondió que, muy al contrario, la misma barbarie de aquellos sacrificios testimoniaba el valor humano de aquel pueblo, porque unos seres capaces de sacrificar a sus dioses lo más preciado que poseían, la vida, demostraban necesariamente su religiosidad. Es un texto asombroso: «Las naciones que ofrecen sacrificios humanos a sus dioses demuestran, con enfervorizada idolatría, la alta idea que poseen de la excelencia de la divinidad ... Y sobrepasan a todas las demás naciones en religiosidad, y son las naciones más religiosas del mundo aquellas que, por el bien de su pueblo, ofrecen en sacrificio a sus propios hijos».[115]

Y algo más: también por primera vez en la historia de los descubrimientos, alguien se interrogaba sobre cómo veían los indios a los europeos: «De igual modo que nosotros consideramos bárbaros a las gentes de Indias, ellos nos juzgan de manera parecida, porque no nos comprenden».[115] *Comprenderse*: he aquí el verdadero reto del *encuentro* y el fracaso esencial de la colonización. Los antropólogos del siglo XX, comenzando por Marcel Mauss y Claude Lévi-Strauss, tampoco fueron más allá.

Las Casas extrajo radicales conclusiones políticas: había que devolver a los indios de México su dignidad, debían ser admitidos, comprendidos, escuchados, e incluso tenían que recobrar su libertad, ser otra vez amos en su propia casa. Escribió al rey de España, entonces Felipe II, para pedirle que abandonase América y restableciera a los antiguos gobernantes, a fin de «admitirlos en el seno de una especie de unión federal en la que los jefes locales conservasen toda su autonomía».[115] En cuanto a la esclavitud de los indios, era incompatible con su *evangelización*. Sin embargo, y durante treinta años, el mismo Las Casas abogará por la trata de negros para proteger a los indios.

Por la misma época, el jesuita Sahagún entablaba su combate por el reconocimiento de las culturas amerindias. Profesor de latín en tierras mexicanas, aprendió su lengua, el náhuatl, para «proteger más eficazmente la religión cristiana», según su expresión. En realidad, Sahagún era un apasionado del mundo amerindio. Quería comprender la cultura azteca y darla a comprender a españoles y americanos. Escribió en náhuatl la *Historia general de las cosas de la Nueva España*, en la que se encuentra la descripción de un testigo ocular de los ritos religiosos amerindios, relato que fascinará, entre otros, a Marcel Mauss y Georges Bataille.

Pero aquel combate estaba perdido de antemano: la destrucción de las poblaciones indígenas prosiguió. En total, en medio siglo, perecieron setenta y cinco millones de amerindios, mientras que sólo doscientos cuarenta mil españoles iban a establecerse entre ellos. En cuatro siglos, más de treinta millones de africanos fueron desembarcados en aquellas tierras como esclavos, para reemplazar a los indios exterminados.

En el siglo XVII, los jesuitas se establecieron en Paraguay, cerca de los puestos militares de vanguardia, a fin de proteger a los indios contra los «cazadores de esclavos» que iban a buscarlos para venderlos como braceros en las plantaciones de Pernambuco y en los yacimientos de Minas Gerais.[35] El Vaticano, que deseaba quebrantar a la Compañía, abandonó a aquellos hombres y a su ideal, último sueño de una utopía cristiana en América del Sur. El mercader comenzaba a primar sobre el sacerdote.

Puesto que la población local casi había desaparecido, los colonizadores pudieron crear un continente puro, esta vez español. Llevaron allí sus locuras, imponiendo por todas partes sus *fiestas de la raza* al mismo tiempo que, sin saberlo, edificaban el continente más mestizado del planeta.[35] Quinientas mil personas abandonaron España por América durante los siglos XVI y XVII. Un estudio sobre cincuenta mil colonos llegados a América entre 1493 y 1600 permite precisar su origen geográfico: un 39,6 % eran andaluces; un 16,6 %, de Extremadura; un 28,5 % procedían de Castilla. Judíos, musulmanes, conversos y, a partir de 1559, protestantes, no tenían derecho alguno a dirigirse a América. Pese a todo, en 1569 se instituía en América la Inquisición. Entre 1570 y 1635, la Inquisición de Lima condenó a ochenta y cuatro judaizantes, de los que sesenta y dos eran de origen portugués.

Más al norte, los acontecimientos no se hicieron esperar. En 1492, una vez solucionados sus problemas territoriales en Europa, Francia e Inglaterra, excluidas de América Central y meridional, comenzaron a interesarse por las regiones del norte, más inaccesibles en razón de las tempestades. En junio de 1534, Jacques Cartier navegó entre Terranova y Labrador por cuenta de Francisco I. En 1523, Verrazano fue enviado por el mismo rey y, a partir de Dieppe, reconoció el estuario del Hudson. La colonización comenzó verdaderamente en el siglo XVII. Una vez expulsados los españoles, llegados a California en 1524, las gentes del norte hallaron un continente prácticamente desierto a consecuencia de las enfermedades importadas por los conquistadores del sur. Así, en 1620, cuatro años antes de la llegada del *Mayflower*, una epidemia exterminó docenas de miles de habitantes en la futura Nueva Inglaterra. Los colonos ingleses pretendieron fundar en aquella tierra una patria acorde con su fe, no una colonia mercantil. Necesitaban tierras vacías. Las matanzas aumentaron simultáneamente; más de los dos tercios de las tribus que vivían en América en 1492 han desaparecido totalmente. Un recién llegado, John Winthrop dirá: «Dios ha esclarecido nuestro destino en este lugar». En 1769, Cobrillo anexionaba California a Nueva España, un poco antes de la independencia de los Estados Unidos de América. En 1822 pasó a manos mexicanas. Cuando, a partir de 1850, se produjo la ocupación del oeste y California pasó a formar parte de los Estados Unidos, los indios huyeron ante los blancos: los cheyennes echaron a los sioux de Minesota; los sioux, a los cheyennes de Nebraska; los comanches resistieron en Texas, los apaches en Arizona.

Franceses e ingleses comenzaron a interesarse en los tres continentes de conquista. En 1616, los ingleses desembarcaban en Calicut.

2. LA FUERZA DEL PROGRESO

Cuando terminó 1492, el progreso se había convertido para Europa en una realidad tangible.

Hasta entonces, cada uno pensaba que existía en total una cantidad inmutable de Bien y de Mal, que los recursos del mundo eran limitados, que el bienestar terminaría por pagarse en uno u otro momento, que el pecado original devolvería siempre al hombre a su punto de partida, que la paz sucedería ineluctablemente a la guerra, la peste a la abundancia.

Después, Europa asistió al crecimiento de la natalidad, de las dimensiones del mundo, de la producción de tejidos, de trigo, de libros. Sus navíos, sus soldados, sus mercaderes, sus lenguas, invadieron el mundo. Y a cambio, recibió oro y maíz, tabaco y plata. Creyó que el cambio iría siempre en un solo sentido, el de lo *mejor*, el del progreso. El tiempo adquiría su correcta orientación. Europa pasó de un mundo en equilibrio inmóvil a un tiempo de desequilibrio, el de la marcha adelante. La *Historia* se convertía en algo posible.

PAGAR

«¡El oro es una cosa maravillosa! Quien lo posea puede tener cuanto desee. Por la gracia del oro, se pueden abrir para las almas las puertas del Paraíso...», exclamaba Colón, desde 1492, a quien quisiera escucharle.[35] A falta de especias, el oro era la única justificación para la exploración de aquellas nuevas tierras. Descubierto y robado a los mismos indios desde 1492, sólo el oro permitiría financiar los viajes sucesivos, comprar especias, controlar gobiernos, sobornar ministros u obispos. Cada vez hacía falta más oro. Junto con la plata, será durante más de un siglo el único producto de exportación de América. A causa de él, comenzaron a afluir gentes de muy distinta condición: no más marinos ni soñadores, sino hombres de fortuna. No más mercaderes, sino, simplemente, ladrones.

Todo empezó en La Española, cuando los españoles recogieron las pequeñas reservas de oro acumuladas por los indios durante siglos[23] en forma de joyas o de ídolos. Después, explotaron la primera mina descubierta, la de Cibao. En 1520 habían robado o extraído de las minas o de los ríos entre treinta y treinta y cinco toneladas, movilizando y matando para ello a decenas de miles de los indios que habitaban las islas.[23]

Desde su llegada al continente, Cortés y Pizarro consiguieron enormes cantidades de oro y de piedras preciosas mediante el saqueo de las tumbas y de los templos. Hacia mediados de 1548, se descubrieron en México central las enormes reservas de plata de las minas de los zacatecas. Locuras de la conquista: se construyeron iglesias con paredes de metales preciosos, y se edificó una soberbia ciudad que se convertiría en el eje del poder colonial. A partir de 1560, la plata tuvo incluso preponderancia en los envíos con destino a la metrópoli. Después se agotó y, en 1575, Perú alcanzó el primer lugar, con sus importantes minas de oro y plata, en especial la riquísima mina de Potosí, descubierta en 1546.

Durante el siglo XVI, sólo en las actividades mineras murieron al menos un millón de indios. Se utilizaba la técnica de la amalgama.[23] La producción era de veinticinco mil toneladas de equivalente-plata, o dos mil trescientas toneladas de equivalente-oro, es decir, el doble del total de las reservas de Europa. En América quedaron setecientas toneladas de equivalente-oro, utilizándose para revestir vírgenes y usos parecidos, decorar palacios y catedrales y financiar las administraciones. España no tenía excedente de población que exportar, y no encontraba colonos que quisieran ir sino a las tierras que tenían oro y plata. Cuando las minas se agotaron, las ciudades se extinguieron en suntuosas ruinas. El nuevo continente no fue sino una efímera fuente de metal precioso, y de gloria más efímera aún.

El resto, es decir, los dos tercios —seiscientas toneladas de equivalente-oro— llegaba a Europa, esencialmente a través de la Casa de Contratación de Sevilla. Aquel oro alimentó el crecimiento del Viejo Continente y contribuyó a establecer un verdadero sistema monetario internacional, sin por otra parte servir a sus amos ibéricos. Porque los banqueros de Sevilla y de Lisboa no sabían hacerlo fructificar como Amberes o Génova. Carlos V y Felipe II no hicieron nada por el desarrollo de España. Ni siquiera por lanzar una nueva cruzada, excepto contra Inglaterra, en la que se hundirá la Armada Invencible

A fines del siglo XVI, tras el agotamiento del oro y el exterminio de las poblaciones autóctonas, América se convirtió en un molesto continente, que no tenía ni recursos ni habitantes para forjar al «Hombre nuevo». Sólo era un conjunto de tierras de conquista, disponibles para soñadores de un ideal, hombre nuevos por sí mismos. Entonces comenzó un segundo viaje hacia América, destinado a crear la India imaginaria, el Paraíso terrenal que no habían sabido descubrir. Esta vez, con una mezcolanza de inmigrantes, esclavos y amos.

MEZCLAR

Desde hacía mucho tiempo, África y, sobre todo Asia, cambiaban con Europa sus productos y sus riquezas. Europa recibía desde hacía siglos la pimienta y las especias de Asia, o sus derivados y sustitutos de África, la malagueta y la caña de azúcar. Enviaba sus tejidos a Asia, y también el oro que conseguía en África. A partir de 1492, la circulación de estos productos se extendió a otro continente.

Aquel año marcó el principio de una formidable mezcla entre dos mundos hasta entonces sin comunicación. Intercambio de animales y plantas, de gentes y de ideas, de oro y de plata, sin duda el mayor y más violento que haya conocido la historia de la humanidad. Intercambio desigual, que destruirá a los dos tercios de los habitantes de un mundo para mayor riqueza del otro. Mestizaje de productos y de razas, en beneficio de los más ricos.

Europa envió a América más de diez millones de africanos, que conferirán a aquel continente, concebido en su origen para ser puramente europeo, su más hermosa realidad: el mestizaje. Fueron allí para producir o criar lo que Europa había llevado: el caballo, la vaca, el trigo, la caña de azúcar.

Porque América importaba productos que ya se cultivaban en las islas de África para el consumo de los europeos. El más importante fue la *caña de azúcar*, que fue introducido en La Española en 1493, en el segundo viaje de Colón, cuando se descubrió que el clima y las tierras, mucho más extensas que las de Canarias, más acogedoras que las de África, permitían producir masivamente azúcar a buen precio. Después de 1520, cuando el oro de las islas se agotó, la caña se desarrolló en las Antillas, y pronto sufrió la competencia brasileña, y luego la de América del Norte. Pero aunque la caña era más fácil de cultivar que en África, el transporte la encarecía mucho. De ahí el desarrollo de la esclavitud: América importó negros africanos para poder exportar azúcar a Europa.

A su vez, otros productos descubiertos en América llegaron para alimentar a Europa. Colón encontró la *patata*, el *tabaco*, el *maíz* y el *cacao*, la *vainilla*, el *cacahuete*, la *piña*, el *pavo*. Su hijo contaba cómo en las islas les habían ofrecido «algunas raíces cocidas, de sabor parecido al de la castaña». De hecho, Pizarro fue el primero en comprender la gran utilidad de la patata. Los incas conocían más de cien variedades. Cuando llegó el momento, Europa hizo de ella su alimento básico y el tubérculo llegó a jugar un importante papel en el establecimiento de la sociedad industrial.

Colón también descubrió el *tabaco* durante su primer viaje. En su diario de a bordo escribió: «Hombres y mujeres quemaban con un tizón una hierba para fumar». En el continente se descubrió la pipa. El tabaco se introdujo en Europa progresivamente y se convirtió en el producto principal de las colonias inglesas de América del Norte. El cultivo del tabaco aceleró sin duda alguna la destrucción de las tribus indígenas: antes del descubrimiento del oro, los colonos se vieron empujados

1492

hacia el oeste por el agotamiento de las tierras de Virginia y Maryland a causa de los cultivos de tabaco.

También fue en su primera estancia en Cuba, en 1492, cuando Colón conoció el *maíz*. Vio «un grano parecido al mijo, que ellos llaman maíz y que es de agradable sabor cuando está cocido, tostado o triturado en puré». Este cereal —conocido como «trigo turco» en muchos idiomas europeos, como para destacar su exotismo— era desde hacía siglos el alimento básico de los mayas y de los aztecas: en aquella época, el rendimiento era veinte veces superior al del trigo. En 1544 se introdujo en el valle del Po y se generalizó en Europa en el transcurso del siglo XVIII, extendiéndose hasta Turquía.

Colón encontró el *cacao* en 1502, con ocasión de su segundo viaje. En la Martinica le ofrecieron unas bayas pardas que los taínos utilizaban a la vez como moneda y para fabricar una bebida. Más tarde, Cortés lo encontrará en Tenochtitlán, donde se usaba a la vez como medicamento, producto de belleza y moneda. En náhuatl el nombre de la baya es *cacahuaquahuiti*, y el de la bebida *chocoatle*, extraña palabra náhuatl que aún sobrevive. El primer cargamento importante llegó a España en 1585 y a Italia en 1594. Una infanta de España lo introdujo en Francia. Llegó a Inglaterra en 1675. Muy pronto se convirtió en el producto de moda. En una carta escrita al papa, Pedro Mártir de Anglería comentaba que «el chocolate no predispone a la avaricia», cosa que algunos, sin embargo, sostenían muy seriamente.

El último e importante descubrimiento procedente de la flora de América fue la *quinina*. Frente a la malaria que los diezmaba, los curanderos del Perú revelaron a los colonos las virtudes de un árbol local, la *cinchona*. ¡Extraordinaria generosidad la de los indios, que así salvaban la vida de sus verdugos! Otra de las ironías de la Historia: durante la guerra de Secesión, los ejércitos del norte dispusieron de la quinina que faltaba a los del sur. A su manera, los indios peruanos del siglo XVI ayudaron en el siglo XIX a la emancipación de los negros de América del Norte.

En total, Europa del norte, ávida de alimentos «calientes», encontró en América con qué aumentar masivamente la cantidad de calorías baratas de que podían disponer sus habitantes, de donde se derivó un abaratamiento del coste relativo de las raciones alimenticias. Gusto y hábitos, productos y sabores, se diversificaron, mezclándose a la vez. Desde entonces, el movimiento no ha cesado: todavía hoy, la Europa «fría» viaja en busca de su alimentación, dispuesta a todo para obtenerla. Busca y asimila toda clase de productos «cálidos», ya sea música o nuevas especies. Se sirve de ellas para nutrir su crecimiento en un universo más mezclado, más mestizado que nunca. Éste fue el principal e involuntario aporte de la colonización: animados por la voluntad de separar o «purificar» las razas, los colonos tuvieron que ceder ante el progreso del mestizaje en tierras ajenas, antes de ver cómo se desarrollaba en su propia casa.

Europa era un caníbal que se alimentaba de todo lo que encontraba, instalándose luego en casa de su víctima.

Pero con los alimentos ocurrió como con la lengua. Europa vio retornar a ella, transformado, vigorizado, conquistador, todo aquello que creyó enviar hacia sus propias conquistas sin posibilidad de retorno.

CRECER

En aquel fin del siglo XV, hubiese sido lógico que el «corazón» de la economía-mundo hubiese basculado hacia Sevilla o Lisboa. Que los amos de las colonias y de las rutas comerciales, que se encargaron de dar a conocer la civilización europea al resto del mundo, hubiesen adquirido el control de los mercados. Pero no lo hicieron. Fue una lección para la economía moderna: 1492 o el año de los engaños, como podríamos decir.

Porque el «corazón» dejó de ser Venecia, pero se trasladó a Amberes.

El viaje de Colón tuvo en esta transferencia un papel menos importante que el de Díaz, tres años anterior, y que muchos otros, anónimos, que más tarde encaminaron a mercaderes portugueses y comerciantes flamencos de Amberes hasta Calicut.

La historia de este movimiento bascular puede servir de lección útil para los hombres que hoy en día detentan el poder: el control del espacio exterior —que es actualmente el espacio del sur— fue a la vez factor de gloria y de declive. La pujanza económica no resultó tanto de la posesión de los recursos naturales como de la capacidad, con *o sin ellos*, de reaccionar rápidamente frente a los cambios económicos y tecnológicos.

En general, la *escasez*, el placer por el desafío que inspira, estimula más que la abundancia. La historia del encuentro de la escasez de la Península Ibérica con la abundancia de las nuevas tierras constituye su más flagrante demostración.

El «corazón» de aquel momento, Venecia, tenía cada vez más problemas en asegurar la competitividad de sus productos, amenazados día a día por los obstáculos que hallaba para la circulación de sus galeras. Cualquier peligro, cualquier incidente, entrañaba un coste suplementario. El 14 de marzo de 1501, cuando se supo en Venecia que un corsario turco merodeaba por el Mediterráneo con cuarenta navíos, la prima de los seguros de las galeras que mantenían el enlace entre Venecia y Beirut pasó del 1,5 % al 10 % del valor asegurado. Lo mismo ocurrió cuando, el 29 de junio de 1518, llegó a Venecia la noticia de que se había visto frente a las costas de Apulia una galera veneciana amenazada por navíos turcos: todos los barcos de la Serenísima en vías de partir hacia Oriente permanecieron en el puerto.[118] Cuando las naves portuguesas intentaban echar de Calicut a los mercaderes árabes, bloqueando el golfo de Adén y el Mar Rojo, los barcos llegados de la India para aprovisionar a las galeras venecianas en Alejandría se encontraban en continuas dificultades para atravesar el estrecho de Ormuz. En 1504, los venecianos no encontraban pimienta en Alejandría, bloqueada por el sur. De golpe, las especias procedentes de aquella ciudad comenzaron a ser más caras que las encaminadas directamente desde la India portuguesa: la pimienta embarcada por los portugueses en Calicut era cuarenta veces más barata que la que transitaba por Alejandría.[118]

Entonces, todos los mercaderes de Europa —comprendidos los de Europa del norte, donde se encontraban los principales centros consumidores— establecieron representantes en Lisboa. La ciudad comenzó a convertirse en el pivote de la organización del comercio con Oriente.

Sin embargo, Venecia intentó mantenerse en el centro de la economía mercantil, conservando ante todo el control de la plata del Tirol, que servía para financiar las especias. Así, en 1505, el mercader Michele da Lezze era comanditario de una galera que partía de Venecia cargada con plata del Tirol para cambiarla en Túnez por polvo de oro que, una vez amonedado en Valencia, volvía a Venecia y de ahí a Alejandría, donde lo entregaba a cambio de pimienta.

Pero Venecia terminó por perder el monopolio incluso de aquel comercio estrictamente mediterráneo, y la plata del Tirol se encaminó a Flandes, donde era directamente trocada por productos de Oriente. Allí radicarán, en lo sucesivo, los principales intercambios del mercado de las especias. El dux, entonces, jugó su última carta dejando a sus galeras que comerciasen directamente entre Oriente y Flandes, sin detenerse en Venecia, reconociendo con ello al nuevo «corazón» económico. El mismo Da Lezze organizó un movimiento de galeras desde Alejandría, donde cargaba clavo, hasta Londres, de donde regresaba con paños de lana con destino a Alejandría.[118] Pero la humillación sería completa cuando ya no quedaron especias en el mercado de Alejandría. En 1531, el rey de Inglaterra, diplomáticamente, aconsejó a cinco mercaderes venecianos que renunciasen a enviar sus galeras a Londres, ya que sus especias escaseaban y se habían encarecido en exceso. Los italianos se excusaron: «*La colpa non é nostra, ma il mondo e mutato*» (La culpa no es nuestra, es que el mundo ha cambiado).[16]

Evidentemente, el mundo había cambiado: en adelante, sería posible dirigirse directamente en barco, sin transitar por el Mediterráneo, desde la India hasta los principados de Europa del norte.

Dos ciudades de la península ibérica, Sevilla y Lisboa, hubieran podido —hubieran debido— tomar el relevo de Venecia.

Sevilla y su puerto, Cádiz, desde el que partió la aventura de Colón, era el punto de partida y arribada de las carabelas de América y allí desembarcaban el oro y la plata de Zacatecas. Pero cuando llegó la «hora española», la ciudad no supo aprovecharla; no disponía de suficiente territorio interior ni de los mercaderes capaces de hacer fructificar aquel oro. Además, la expulsión de los judíos, la obsesión por la limpieza de sangre y el predominio de la ganadería sobre la agricultura contribuyeron a alejar a intermediarios, previsores e innovadores y favorecieron a conformistas y despilfarradores. Por otra parte, el oro desvirtuaba la competitividad de los productos españoles y destruía cualquier acicate para el esfuerzo; ante tantas riquezas fáciles, los emprendedores permanecían inactivos. España hubiera tenido quizá mejores oportunidades sin el oro de América. Pero ni Carlos V ni sus banqueros genoveses, ni las colonias ni los colonos navarros permitieron a Sevilla ser en los siglos siguientes algo más que una escala entre los mercados de Oriente y el Atlántico.

Mucho más que Sevilla, *Lisboa* hubiera debido convertirse en el polo del nuevo orden económico: desde Enrique el Navegante, había demostrado la extraordinaria tenacidad necesaria para el descubrimiento. Todo le sonreía. Sus mercaderes se encontraban en todas partes. En 1509 sus soldados tomaban Goa, Malaca después; llegaban a China en 1513 y a Ormuz en 1515. En Badajoz, en 1524, Portugal pudo permitirse el lujo de comprar las Molucas a España por trescientos cincuenta mil ducados de su propio oro africano, sin perder el tiempo reclamando la aplicación del tratado de Tordesillas. Los mercaderes de Lisboa detentaban de este modo el monopolio del comercio y de la navegación en todas las rutas de las especias. Tras la apertura parcial de China en 1554 y el establecimiento de la concesión en Macao en 1557, tuvieron acceso incluso a los productos chinos y japoneses.[20]

Pero los portugueses tampoco disponían de un interior consumidor. Además, abastecer los mercados del norte significaba llevar allí los productos. Para ello era preciso dominar las rutas terrestres hacia Francia, Alemania y Flandes, y Lisboa no las dominaba, ni la ciudad poseía la voluntad política de conseguirlas.[12] Pronto los barcos dejaron de detenerse en Lisboa y comenzaron a subir más al norte, allí donde era posible organizar la distribución de las especias. Curioso abandono, como si la conquista hubiese agotado las fuerzas portuguesas, como si una vez alcanzado el objetivo, hubiese renunciado a sacarle provecho. A menos que el objetivo no fuese la conquista en sí.

1492

Sevilla, Lisboa: parece como si la Península Ibérica, cien años antes del nacimiento del más genial de sus escritores, hubiese querido demostrar al mundo que los molinos de viento eran el único enemigo digno de ella.

También hubo una ciudad francesa que podría haberse convertido en el punto principal de desembarco de los productos de Oriente: *Ruán*, entonces un importante puerto. «Desde Ruán puede llegarse a África, a Sumatra, y, sobre todo, a Terranova.»[74] Desde allí se importaba lana castellana, estaño inglés, carbón de Newcastle, alumbre de Italia central, pimienta de Oriente y azúcar de América,[74] que se encaminaban a París.[74] Pero las empresas de Ruán no tenían la envergadura suficiente, y El Havre, fundado en 1517, sufría del mismo mal.[74] Las rutas que conducían desde Normandía a los mercados de consumo europeos eran especialmente desastrosas. Francia continuaba siendo una nación agrícola, sin vocación comercial; tenía muchos campos y pocas carreteras; muchos ríos y pocos canales. Es significativo que entre el reinado de Carlos VIII y el de Francisco I el valor de las tierras cultivable se multiplicase por siete.[74] No ocurrió lo mismo con el volumen de negocios de los mercaderes.

Más al norte, *Brujas* intentaba mantener su rango como primer depósito mundial de mercancías. En octubre de 1494, en un último esfuerzo, consiguió que los mercaderes españoles que se habían trasladado a Amberes volviesen a la ciudad. Pero el puerto, cimentado en la arena, no estaba a la altura del inmenso tráfico de la época: los pesados navíos llegados de la India no podían anclar en él. Los mercaderes españoles regresaron a Amberes quince años después.

En el plano económico, *Amberes* fue la inesperada vencedora de 1492. La ciudad se convirtió, por lo que a las especias y la pimienta de Oriente se refiere, en lo que había sido para los paños ingleses. Todo concurría en ella: el puerto era magnífico, las rutas hacia el interior eran buenas, reinaba en la ciudad la paz civil. Es verdad que cuando en 1501 desembarcó el primer navío portugués cargado de pimienta y nuez moscada, Amberes era un «aprendiz»[12] comparada con Venecia. Pero al cabo de medio siglo, la ciudad se había transformado en el principal centro de distribución de las especias y del azúcar por toda la Europa del norte. Contaba entonces cien mil habitantes y un millar de casas comerciales. Su flota controlaba también las mercancías procedentes de España y, para financiar este tráfico, atraía la mitad del cobre húngaro y de la plata de los Fugger —convertidos en condes de Kirchberg-Weissenhorn—, es decir, cinco veces más que lo que iba a parar a Venecia.[12] Su interior le otorgaba el poder comercial y sus banqueros —que servían a los mercaderes portugueses y españoles— le aseguraban el porvenir financiero. Será la bancarrota española de 1557 el factor que hará bascular el «corazón» fuera de Amberes, a *Génova* en cuanto a las finanzas y a *Amsterdam* en cuanto a las mercancías.

Los mercaderes de Génova se establecieron en África del Norte, Lisboa y Sevilla. Formidable cantera de marinos que navegaban por cuenta de otros, de mercaderes que invertían para otros,[12] de banqueros que manejaban capitales ajenos, Génova se preparaba para sustituir a Amberes como «corazón» de la economía-mundo,[12] abandonando sin pena sus redes comerciales del Mar Negro para volverse hacia el Atlántico.[12] La *Casa di San Giorgio*, creada a principios del siglo XV, controlaba los impuestos y la banca, los navíos y los préstamos. A mediados del siglo XVI, el puerto se había convertido en el «pivote del conjunto»[12] financiero europeo, pero permanecía comercialmente secundario con respecto al de Amberes, porque no disponía de las rutas del norte necesarias para hacer de la ciudad un depósito internacional. A partir de 1528, los genoveses prestaron a Carlos V, y luego a su hijo Felipe II, con preferencia a Amberes, y financiaron los intercambios entre España y América, arruinando a los banqueros de Augsburgo. Génova dominó entonces la economía financiera del mundo hasta 1627, en que comenzaba en Amsterdam el tiempo del burgués.

3. LOS ROSTROS DE LA BURGUESÍA

El año de 1492 señaló la victoria de ciertos aventureros. Aportó la prueba de que cada hombre era diferente, de que podía enriquecer al mundo con su libertad. Que cada uno, cualquiera que fuese su cuna, podía llegar a ser rico y célebre: un bastardo podía ser el intelectual más poderoso y respetado de su tiempo; otro, el más rico y célebre pintor del siglo.

En 1492, tres arquitectos de la modernidad estaban todavía ocupados en tareas del pasado: Vespucio vendía en España equipamientos para navíos; Erasmo terminaba sus estudios en el monasterio de Steyn y Leonardo trabajaba en Milán en la gigantesca estatua ecuestre encargada por Ludovico el Moro en honor de su padre.

La rueda de la fortuna giró para cada uno de ellos de manera bien distinta. Vespucio se dedicará a navegar. Erasmo abandonará su convento. La fundición destinada al *Cavallo* servirá para fabricar cañones. Pero en los tres cristalizó la aventura de su tiempo. Vespucio dirá que «la gloria está en el descubrimiento». Erasmo escribirá: «El hombre no nace, se hace». Y Leonardo da Vinci: «El hombre es el modelo del Cosmos».

Así nació una nuevo ideal social: el del burgués, que dominará los siglos siguientes. Porque los tres elementos claves de la modernidad se sitúan, metafóricamente hablando, alrededor de aquellas tres figuras. Para Vespucio, el hombre debe descubrir la verdad sobre el mundo y nadie, noble o sacerdote, debe decidir en su lugar; al actuar así, *desacralizaba* la Naturaleza. Según Erasmo, el hombre debe *dominar* sus impulsos y orientarlos hacia los valores sociales. A los ojos del tercero, Leonardo, el hombre debe *figurar*, soñar, estar en escena.

DESACRALIZAR

Cuando Colón desembarcó en Jamaica, creyó haber llegado al Paraíso terrenal. Vespucio dirá que el mundo descubierto era muy real. En cuanto a los indios, pronto se dieron cuenta de que los españoles no eran dioses. A partir de aquel instante, *descubrir* fue sinónimo de *desacralizar*. Así será toda ulterior exploración de la Naturaleza, como será la del cuerpo y la del cielo.

Aunque parece falso que en 1492 se consiguiera la primera transfusión sanguínea, es cierto que se intentó, y por añadidura en la persona del papa. Aquello suponía una mutación capital: se trataba de desacralizar el cuerpo humano, como se había desacralizado el espacio terrestre. El hombre se arrogaba el derecho de interesarse por su propio organismo, de explorarlo como si fuera un continente, de comprenderlo como si fuera una máquina, de disecarlo como si fuera un animal.

Detrás de cada acontecimiento, el sabio ya no buscaba una causa mágica o una analogía fonética, sino una estructura fundamental, causal, científica. El hombre ya no buscaba para sí un destino místico, sino su lugar, modesto, en un mundo que se había vuelto laico.

Es verdad que transcurrirán siglos hasta que el movimiento científico imponga su propia fe y la creencia religiosa quede relegada al campo de lo espiritual y de la revelación. Pero el movimiento que se esboza en 1492 habrá marcado una etapa capital en la *desacralización de la Naturaleza*.

En efecto, entonces comenzaron dos nuevas clases de viajes de exploración, dos viajes desacralizadores: uno, hacia el cielo y las estrellas; el otro, hacia el interior del cuerpo humano.

El telescopio astronómico se perfeccionó gracias a los progresos logrados en el trabajo del vidrio y de las técnicas ópticas, dando la salida hacia un nuevo viaje a lo desconocido que trastornará las relaciones del hombre con el Universo, contribuyendo al establecimiento de un nuevo mapa: el del cielo. La física rompió con el cualitativismo de Aristóteles. Con Copérnico —de origen polaco, astrónomo de la Santa Sede desde 1500—, la Tierra pronto dejará de ser el centro del Universo, al igual que después de Colón —genovés convertido en almirante de España— Europa ya no será el centro inamovible del planeta Tierra. Los trabajos de Behaim anunciaban esta mutación.

Sin embargo, el hombre tenía un destino en la tierra y estaba obligado a buscar sus leyes. La idea, tan querida a Leonardo, de que existían leyes matemáticas detrás de cada acontecimiento, no tardaría en verificarse. Las matemáticas continuaron progresando, esta vez fuera del ámbito de las exigencias mercantiles. Álgebra y geometría conocieron un progreso inmenso, sin que se pudiera saber aún si aquel progreso tendría utilidad práctica. El saber adquirió valor por sí mismo: un valor laico.

También se inició otro viaje de descubrimiento: hacia el interior del cuerpo. El hombre dejó de ser un ente sagrado en sí mismo, mágico, intocable. Juan Luis Vives, nacido en Valencia en 1492, sentó las bases de la fisiología experimental. El cuerpo fue poco a poco reconocido como un territorio, afirmándose el derecho de abrirlo para llegar a conocerlo. Las disecciones de cadáveres comenzaron a practicarse abiertamente; en 1493, un profesor de anatomía de Bolonia, Berengario da Carpi, aconsejó que fueran autorizadas en todas las facultades de medicina de Italia, incluida la escuela pontificia de medicina en Roma. A mediados del siglo XVI, el mayor anatomista de su tiempo, Vesalio, diseccionaba cuerpos humanos, a pesar de las prohibiciones de la Inquisición. En *De Corporis Humani Fabrica*, puso en evidencia más de doscientos errores en el análisis anatómico de Galeno; explicó que «la estructura humana no puede ser observada sino en el hombre mismo», enunciando así el postulado fundamental de la biología y la antropología. El mismo Leonardo consagró los últimos años de su vida a estudiar los músculos del cuerpo. La analogía del hombre con la naturaleza comenzaba a precisarse: en el siglo XVII, Harvey explicará los principios de la circulación sanguínea comparándolos con el ciclo del agua en el planeta.

Habrá que esperar otro siglo para que esta exploración tenga consecuencias en las técnicas terapéuticas. Pero ya el hombre empezaba a concebirse como un apéndice de la Máquina a la que se aprestaba a servir. Se veía a sí mismo como una máquina que convenía reparar, preservar, mantener.

Dominar

Otro acontecimiento de 1492, que entonces pasó inadvertido, iba a tener una considerable importancia en la formación de la moral burguesa: en el momento en que el hombre creía triunfar sobre las epidemias, cuando la peste y la lepra retrocedían, una nueva enfermedad surgió del otro extremo del mundo y trastocó cualquier idea que Europa pudiera tener sobre la transmisión de la enfermedad: la *sífilis*. Cuando se comprendió que se transmitía por vía sexual, transformará la relación del individuo con el matrimonio, acelerando la valoración de la familia y de los conceptos que constituían su fundamento: restringir, ahorrar, dominar, sexual y financieramente.

Martín Alonso Pinzón murió pocos días después de su regreso a Palos. Una tesis, *a priori* aceptable, sostiene que Martín Alonso Pinzón fue la primera víctima europea de la sífilis, que habría contraído en La Española.[116] Aunque quizás apareciera, como hemos visto, en Génova, en 1492,[120] la sífilis fue definitivamente identificada en 1494, cuando el médico de Alejandro VI, Niccolò Leoniceno, señaló la primera manifestación en Roma de lo que denominó «*morbus gallicus*», después de haber constatado su aparición tras el paso de las tropas francesas de Carlos VIII por la ciudad. En realidad, pareció evidente a los observadores contemporáneos que la enfermedad se iba extendiendo por Europa siguiendo a los ejércitos del soberano francés, primero al llegar a Génova, y luego de regreso de Italia: se ha

1492

registrado que en Lyon, el 27 de marzo d 1496, los oficiales del rey decidieron «hace salir de la ciudad a los enfermos de la gran viruela»;[120] en abril del mismo año, en Besançon, la municipalidad acordó indemnizaciones a diversas personas, entre ellas «una pobre y alegre niña», alcanzadas por el mal llamado «de Nápoles»;[120] en París, la primera mención de la enfermedad procede de un prior del Hôtel-Dieu, el conde de Jehanne Lasseline, que comprobó en septiembre de 1496 la existencia de la «gran viruela de Nápoles»[120] en el hospital.

Aunque no se comprendiera su modo de transmisión, se sabía que la enfermedad era contagiosa y se tomaban toda clase de precauciones. En Roma, aquel mismo año, un decreto prohibió a los barberos sangrar a los sifilíticos o volver a utilizar los instrumentos empleados en alguno de ellos. En Génova se hizo anunciar por el pregonero público que quedaba prohibido el acceso a la ciudad a los extranjeros contaminados o que procedieran de ciudades contaminadas.[120] Nadie pensaba entonces en la transmisión sexual. Persistía la creencia de que el aire «pestilente» transmitía aquel mal, al igual que los demás. Los médicos llegaron a culpar a los baños públicos: según ellos, el agua caliente dilataba los poros de la piel, permitiendo la entrada de la «pestilencia». A partir de entonces, solo se bañaban ¡por prescripción médica! Cuando pareció que la enfermedad se transmitía por la orina, se aconsejó orinar en una vasija... que luego se vaciaba por la ventana, al menos en París en 1531, fecha en la que un edicto prohibió dicha práctica.[125]

En el mismo año, un médico veronés, Jerónimo Frascator, tuvo la idea de que la transmisión de la sífilis, como de la otras enfermedades infecciosas, se operaba por intermedio de microorganismos invisibles. La prueba de ello no se aportará hasta tres siglos después. En aquella versión, aunque el microbio quizá fuese europeo, se activaba en todo caso por un virus procedente de América. Muy indirectamente, pues, 1492 está en el origen del descubrimiento de la patología microbiana.

Cuando se comprendió que el mal era de origen sexual y que había surgido de las relaciones de los marinos con las mujeres de las islas durante el primer viaje de Colón, la sífilis se consideró como una venganza del Nuevo Mundo. De hecho, constituye una doble venganza de los vencidos: indios de América y franceses de Italia. ¡Y en el cruce de ambos caminos Génova, ¡ciudad natal de Colón!

Curiosa vecindad: la *sexualidad*, como se ha comentado aquí, tuvo mucho que ver en la denominación del Nuevo Continente. Por ella aquel continente se vengó de quienes lo violaron. Sangre mezclada, mestizaje, rechazo del padre...

En el desastre de 1492 se clausuró en Europa el único período de libertad sexual del milenio. Hasta los breves períodos de 1970 y 1980, que terminarían con la aparición del sida.

En adelante la sexualidad no sería una fiesta, sino una manantial de muerte. Poco a poco se prohibieron las casas públicas y la prostitución dejó de ser legal. La Iglesia predicaba la *abstinencia*, la reserva, el ahorro en todos los sentidos del término, nuevo valor de la época. El poder religioso restauró el sacramento del matrimonio y extendió su influencia a la educación y a la familia.

Esta evolución fue, ciertamente, progresiva. En la Europa del siglo XVI —en particular en Francia—, la sexualidad siguió siendo libre durante mucho tiempo y los matrimonios por simple consentimiento mutuo continuaron siendo frecuentes. Los sacerdotes no tenían ni la formación ni el poder suficientes para imponer su *moral*.[128] Aún en 1529, un testigo mencionaba que en Beaufort, Jeanne Lepage reclamaba a Jean Ragon, el día del Santo Sacramento, como «prenda de matrimonio», un cinturón que el prometido y su prometida intercambiaron, de ahí su nombre de *chanjon*.*[128] Pero poco a poco los nuevos valores familiares fueron imponiéndose entre la burguesía: fidelidad, abstinencia, ahorro.

Erasmo, parangón de los nuevos valores, redactó el *Elogio del matrimonio* en 1518 y el *Matrimonio cristiano* en 1526. Treinta años después, La Boétie hacía el elogio de su esposa. Margarita de Navarra escribía que el ideal de una mujer era tener un solo hombre «como marido y como amigo».[128] Pronto, Castiglione comenzó a desear que las mujeres «tengan nociones de literatura, música y pintura, y que sepan danzar y festejar».[128]

El niño se convirtió en un ser raro y precioso. En febrero de 1556, en Francia, Enrique II prohibió la ocultación del embarazo para poner fin al infanticidio. En la burguesía los niños se criaban en familia y se educaban en la escuela. Los organismos municipales favorecieron el establecimiento de colegios. En 1501, Standonck redactó un reglamento de la *Familia pauperum studientium*. El primer colegio de Francia se creó en Angulema. Alcalá fue la primera ciudad de Europa en disponer de una escuela para niñas, a principios del siglo XV. En Francia, hubo que esperar a 1574 para que las ursulinas fundaran, en Aviñón, un establecimiento de esta clase.

El auge de la familia burguesa favoreció las herencias. Los testamentos se orientaban cada vez más exclusivamente a la transmisión de las riquezas a los hijos y no a las iglesias.

El desarrollo de la abstinencia vino acompañado de ahorro, que adquirió su sentido moderno y perdió el de gracia judicial, propio de la época feudal.

* De *changer*, cambiar. (*N. de la T.*)

1492

Es evidente la relación causal entre la aparición de la sífilis y el desarrollo del ahorro, entre el descubrimiento de América y el auge de la burguesía. Desde este punto de vista, 1492 marca una bifurcación capital, y en ella, como en la mayoría de las bifurcaciones detectadas en la Historia, la dimensión sexual constituyó un factor importante.

Pero aún iba a ser preciso poner en escena los nuevos modelos, hacerlos figurar.

FIGURAR

Tercer valor capital burgués que aparecerá con el cambio de siglo: figurar, valor cuyo vehículo fue el arte y su nuevo amo, el mercader. En 1492, tras la muerte de Piero della Francesca y de Lorenzo de Médicis, el arte europeo se desplazó de Florencia a Roma, del taller al artista individual, del misterio al teatro, de la ceremonia a la representación, del príncipe al burgués. Para «figurar» como es debido, había que mostrarse y darse a conocer. Al dejar de ser alegórica, la imagen se convirtió en sexuada.

Aún se construían para la Iglesia obras maestras del arte gótico, como el King's College de Cambridge, San Lorenzo de Nuremberg o San Pablo de Valladolid, pero la estética italiana acabó imponiéndose entre los príncipes y los burgueses de Europa. Las expediciones transalpinas de Carlos VIII, Luis XII y Francisco I contribuyeron a la extensión de las ideas italianas. Poco a poco se constituyó una estética común de Madrid a Estocolmo, de México a Moscú. En Francia, los castillos del siglo XVI edificados o reformados según el criterio de príncipes y mercaderes enriquecidos —Écouen, Chambord, Loches, Blois, Azay-le-Rideau, Chenonceaux y el mismo Amboise— estaban ampliamente influenciados por la arquitectura italiana. En Francia, en España, en Flandes, se podía encontrar a Leonardo da Vinci y a Andrea Solario.

El mecenas codiciaba las obras de arte, aunque no fueran a mayor gloria suya ni de Dios. Quería algo *nuevo*: era su criterio de belleza. Quería algo *caro*: para figurar, debía poseer y ostentar cosas costosas, que asombraran, que le ayudaran a definir su singularidad, que sustituyeran su nombre. Para el burgués, la obra de arte será un sustituto del dominio feudal.

En 1493 —quizás en 1492—, Durero terminó el primer autorretrato de la historia: el mismo artista adquiría pública dimensión, se representaba, salía a escena. Era el sujeto de su obra. Dejaba de ser marginado o anónimo; ya era un individuo digno de admiración. La creación se convirtió asimismo en un nuevo y positivo valor social. En 1540, Pablo III emancipó a Miguel Ángel de todo cuanto pudiera atarle a una corporación. En 1571, en Florencia, Cosme de Médicis hizo lo mismo con todos los artistas. Había nacido oficialmente el artista libre. No necesitaba pretexto alguno para elegir su modelo. Su patrono, cada vez más el mercader, no quería verle repetir las obras anteriores, sino que esperaba de él algo nuevo que le ayudara a manifestarse. Lo nuevo constituía un valor; el objeto de arte sólo «valía» si el mercader podía venderlo, o dicho de otro modo, si tenía mercado, si muchas personas reconocían su precio. El dinero se convirtió en el criterio de lo bello; el número, en símbolo de su valor.

De ahí emergió el teatro moderno;[42] dejó de ser un espectáculo para un grupo de privilegiados, derivándose su valor de la dimensión de su público. La obra valía más según el tiempo que se representaba. La *representación teatral* adquirió entonces su forma moderna. Asimismo, comenzó a contemplarse como una representación mundana, en la que era preciso mostrarse y figurar. La primera comedia moderna, *La Calandra*, se estrenó hacia 1504. El resurgimiento de las comedias de Plauto y de Terencio —que reclamaban unidad de lugar— impulsó la creación de decorados *figurativos*, de escenografías.[42] En 1508 se construyeron decorados para *La Cassaria* de Ariosto; en 1513 se montó en la corte de Urbino el primer escenario profundo, con escenografía lateral en perspectiva,[42] para la representación de *La Salandria*, comedia de Bernardo Davizi. Las primeras tragedias modernas —*Sophonisbe*, de Trissino y *Rosemonde*, de Jean Ruccelai— vieron la luz en 1515. En 1539, en Vicenza, Sebastiano Serlio utilizó en escena la perspectiva pictórica para dar un efecto de profundidad a los bastidores.[42]

Nació el actor, cuya profesión era específicamente laica. La primera compañía teatral conocida que actuó bajo contrato apareció en Padua en 1546.

La burguesía aparecía en escena. Quería un espectáculo destinado a sí misma, en el que el poder adquisitivo era la medida de la belleza. El arte se convirtió en la mercancía que hoy conocemos.

4. LOS VÉRTIGOS DE LA AMBIGÜEDAD

El año 1492 marcó el comienzo de un obstinado proceso de destrucción del pueblo judío que culminó cuatro siglos y medio después. Al mismo tiempo, en los intersticios de la barbarie, la expulsión de 1492 iba a favorecer una excepcional revolución intelectual. Las flores nacieron entre el estiércol.

Europa los expulsó de sí para olvidar quién era. Bajo el impulso del humanismo, quería ser romana y no jerosolimitana. La voluntad de elegir sus antepasados condujo a los cristianos a obligar a grandes intelectuales judíos a la conversión. Condenados durante dos generaciones al doble juego, a la ambigüedad, aquellos intelectuales conocieron una existencia de incertidumbre y de clandestinidad moral que agudizó su espíritu crítico hasta que se decidieron a ser libres, a pensar sin referencias continuas a aquellos dos dogmas que los reivindicaban para sí. De ahí nació el *intelectual moderno*.

Creo, por tanto, que la expulsión de los judíos de España se produjo a la vez por la obsesión de pureza de la Europa cristiana y, paradójicamente, por el resurgir del intelectual moderno, hombre del claroscuro, de la ambigüedad y de la doblez, de la distancia y del disimulo, de la impureza y de la oposición.

Purificar

El antisemitismo del siglo XV es la expresión de la voluntad de Europa de apropiarse de su fe, de escoger a su Padre —Roma—, rechazando el que la Biblia le había otorgado, Jerusalén. Para el continente fue una manera del olvidar el papel de Oriente en su nacimiento, de purificarse de un pasado suyo, pero extraño a sí mismo. Con esta expulsión, el *continente-historia* se inventaba un pasado antes de concederse el derecho de contar el de los demás.

La Iglesia, que tantas amenazas veía pesar sobre su poder temporal, sólo podía perdurar europeizándose más que los propios príncipes que se insolentaban con ella, apropiándose del monoteísmo, haciendo de la religión cristiana una religión romana, desplazando el centro del mundo de Jerusalén a Roma, negando al mismo tiempo a Bizancio, entonces bajo el yugo musulmán. Los mapas recogían este mensaje; la pintura, la música y la literatura le daban forma; se occidentalizaban los discursos, los comportamientos, los sonidos, los nombres, otorgando a Jesús y a sus apóstoles los rubicundos rostros de Occidente de los que, con toda evidencia, carecieron.

El pueblo judío permanecía como testimonio inexorable del origen oriental del cristianismo y por ello tuvo que marcharse, disolverse, desaparecer. La expulsión de 1492 no fue un episodio aislado, como la de 1391; fue exactamente una «solución final». No sólo el decreto no se derogó, sino que sus disposiciones, punto por punto, se reprodujeron en casi toda Europa.

La mayor parte de los judíos expulsados de España se refugiaron en Portugal. Allí tenían amigos y familia, la lengua era semejante; desde allí podían conservar el contacto con aquellos que, como conversos, habían decidido quedarse para guardar los bienes de los ausentes. El rey Juan II les autorizó una estancia de seis meses a cambio de un ducado por persona: no hay beneficio pequeño. Otros hallaron refugio en el reino de Navarra y el sur de Francia, los países vecinos.

Algunos, más pesimistas sobre la duración de la validez del decreto, partieron hacia países más lejanos: Inglaterra, Flandes, el norte de África, Italia, los Estados Pontificios, donde un centenar de comunidades se beneficiaron de la tolerancia de los papas. Se constituyeron en grupos autónomos, conservando sus ritos y su lengua, castellano o *ladino*. Se sentían tan profundamente distintos a los «otros» judíos, que en las sinagogas de Londres o Amsterdam no se mezclaban con ellos; en Venecia, incluso hicieron expulsar del barrio en el que se instalaron a los judíos llegados antes que ellos de Alemania.

Las tierras del Islam les reservaron la mejor acogida, y sobre todo el imperio otomano, donde Bayezid II se asombraba de la «estupidez de los monarcas cristianos, que expulsaban a tan útiles súbditos» y recomendó a su administración y a su pueblo que les facilitaran su instalación. Del mismo modo que, más tarde, Federico II se maravillaría de la «necedad» que constituyó la expulsión de los protestantes de Francia. Así fue como Estambul, Salónica, Andria, las islas griegas, tierras de mestizaje, fueron durante casi cinco siglos lugares de asilo y de irradiación de numerosas comunidades judías libres. Desde 1493 comenzó a funcionar en Estambul una imprenta en hebreo, dirigida por judíos españoles; al año siguiente, imprimieron una edición comentada del *Pentateuco*. Los judíos españoles pronto se contaron entre los médicos, los financieros, los consejeros de los príncipes.

En Polonia, asimismo, los propietarios agrícolas dispensaron una buena acogida a los judíos llegados de España y, sobre todo, de Alemania, en los que no vieron a los agentes del progreso, sino a los intermediarios ideales con las masas campesinas. Les nombraron regidores de grandes dominios, recaudadores de impuestos o de derechos de aduana, contribuyendo así a frenar el nacimiento de la burguesía mercantil y retrasando por ello la modernización de la sociedad polaca.

Por ello se instalaron en aquel país grandes comunidades hasta constituir una especie de Estado dentro del Estado. El *yiddish*, dialecto de origen alemán, se convirtió en su lengua oficial. Kazimir, ciudad gemela de Cracovia, se transformó en una gran ciudad judía. En 1520 los rabinos polacos crearon un institución política totalmente autónoma, el *Kahalt*, que durante las ferias más importantes del país reunía a los representantes judíos de Polonia, Rusia y Lituania. Allí se dirimían los litigios, se establecían los impuestos, se gestionaba la ayuda a los necesitados y se decidían los libros a proscribir. Para hacer ejecutar sus sentencias, el Kahalt podía incluso recurrir a las fuerzas del Estado. Un día pagarían muy cara aquella autonomía...

En general, los judíos expulsados de España eran mal recibidos en todas partes. Desde el 12 de junio de 1493 el rey de Aragón puso a los judíos de Sicilia, súbditos suyos, ante el dilema de elegir la conversión o el exilio de la isla. Apenas desembarcados en Marsella, el 30 de mayo de 1493, los exiliados de España fueron expulsados de allí por las multitudes. Carlos VIII, en su calidad de conde de Provenza, los arrojó de Arles. En Manosque, entre el 2 y el 6 de mayo de 1495, monjes franciscanos y carmelitas instigaron al saqueo de las casas de los judíos expulsados de Tarascón. Algunos se convirtieron; otros partieron hacia Carpentras, aún bajo el control de los siempre acogedores papas. El 5 de diciembre de 1496, los judíos españoles y portugueses fueron expulsados de Portugal por el nuevo rey Manuel I, que no quiso ser menos que sus vecinos; la ilusión de los judíos españoles se desvaneció. En 1498 fueron expulsados del último reino ibérico en el que permanecían refugiados: el de Navarra. Nuremberg les expulsó en 1499. El 23 de mayo de 1500, Provenza hizo lo mismo. Aquel año, bajo la presión de los españoles, también tuvieron que abandonar Nápoles. Refluyeron entonces sobre Venecia, conducidos por Isaac Abravanel, quien, expulsado por tercera vez —antes lo había sido de España y de Portugal— continuó hasta su muerte, en 1508, publicando obras religiosas, entre ellas un comentario de varios libros de la Biblia.

A fines del siglo XVI las únicas comunidades judías importantes de Europa estaban en algunas ciudades de Italia (los Estados Pontificios, Venecia, Génova, Livorno y Pisa), del sudoeste de Francia (Burdeos y Bayona), en las Provincias Unidas, independientes desde 1579, en Polonia y en Turquía. Así definió la Europa cristiana sus fronteras, marcó los límites geográficos de su propia capacidad para imponer su intolerancia, para elegir a su Padre. Desde este punto de

1492

vista, la hospitalidad de los Estados Pontificios queda, sin embargo, como un enigma que parece contradecir el comportamiento general de la Iglesia. Sin duda, aquellos judíos que aceptaban estaban destinados a enmascarar el rechazo de los demás: Roma jugaba a ser Pilatos.

Los jefes de algunas comunidades judías, particularmente las de Francia, pensaron entonces en instalarse en Palestina, donde ya vivían millares de los suyos, y que en aquel momento estaba bajo dominio mameluco hasta la llegada de los turcos en 1517. Según Isaac Schelo,[83] en Jerusalén ya se encontraban «muchos artesanos, principalmente tintoreros, sastres y zapateros. Otros se dedicaban a un rico comercio de toda clase de cosas y tenían hermosas tiendas: otros, se dedicaban a las ciencias, tales como la medicina, la agronomía y las matemáticas. Pero el mayor número de sabios se ocupaban día y noche del estudio de la Sagrada Ley, y de la verdadera sabiduría contenida en la Cábala. Éstos son mantenidos por la comunidad, porque el estudio de la ley era su única ocupación».[83] Muchos de los infelices judíos de Europa aspiraban a reunirse con ellos; los sueños mesiánicos se multiplicaron. En 1523 un médico judío, nacido en Aviñón y exiliado en Génova, R. Josef Ha-Cohen,[61] describió las primeras tentativas: «Un judío llamado David, llegado de la India, pidió ayuda al rey de Portugal para hacer la guerra al turco y arrebatarle Tierra Santa. El secretario del rey, un judío llamado Salomón Molko ..., cuando vio a este David, se sintió tocado por Dios en su corazón, regresó al Eterno, el Dios de nuestros padres, y se hizo circuncidar ... Ante el rechazo del rey de Portugal a prestarles ayuda, ambos hombres partieron a través de España, Francia e Italia, anunciando a los judíos que habían sido encargados por el Eterno para conducirlos de nuevo a Palestina».[61] Y lo más importante: el banquero marrano João Mendes, nacido en Lisboa en 1534, exiliado en Amberes desde 1536 y por fin radicado en Estambul en 1553, donde retornó a su fe judía bajo el nombre de Josef Ha-Nassi, que alcanzó el rango de tesorero del sultán Selim II, sucesor de Bayezid, obtuvo de él una concesión en la región de Tiberíades «para crear allí un Estado judío». Pero el primer barco fue interceptado por los piratas y Nassi tuvo que renunciar a su idea. Más tarde, algunos judíos españoles, en particular los cabalistas, se instalaron en la pequeña ciudad de Safed, contribuyendo al desarrollo de un una nueva clase de mesianismo que, a mediados del siglo XVII, volvió a cobrar actualidad con el fraude de Sabattaï Zeví.

Así, pocos años después de la expulsión de los judíos españoles, Europa se encontró «purificada» y Aragón se llevó la gloria de haber desencadenado el proceso. Y sin embargo, los más fanáticos no tenían bastante. En el año 1500, Erasmo rechazó una invitación del cardenal Cisneros para participar en Alcalá, en la elaboración de una Biblia políglota: *Non placet Hispania*, porque, para él, aquel país había dado pruebas de mansedumbre respecto a judíos y musulmanes. Más claramente, se toleraba a los judíos conversos, cuya fe cristiana, creía él, era muy dudosa.

Los judíos, decía, constituían una raza, no una religión. Un decreto de 1572 vino a darle la razón: la ley de «limpieza de sangre». Obligaba implícitamente a los mismos marranos a partir, cerrándoles el acceso a cargos de influencia o de autoridad y prohibiéndoles el matrimonio con los «cristianos viejos». Los judíos, de cualquier clase que fuesen, quedaron atrapados por su pasado. Torquemada había vencido. El proceso que se abrió en 1492 sólo podía tener un fin: la expulsión total. No existió término medio. Como terminará por demostrar el nazismo en su época, el integrismo no puede enmascararse perpetuamente tras el fanatismo religioso. Es, ante todo, un sueño de pureza racial.

Forjar al Hombre nuevo: tal era el designio del siglo. Un hombre puro de toda mancha, limpio del pecado original. Había que inventarse un padre, y darle un hijo puro y perfecto. Construir un mundo libre del pasado. Porque el judío era el pasado, el que, con su sola presencia, recordaba que Dios había sido babilonio y luego palestino, antes de ser romano y español. Pesada herencia para el Hombre nuevo, que fundamentaba su felicidad en el olvido.

Al otro lado del Atlántico, el indio constituía el material para construir aquel hombre ideal, el cristiano perfecto, en la medida en que carecía de las raíces orientales de la fe europea. Este tratamiento le aniquilará. Más tarde el mismo sueño del Hombre nuevo surgirá en la Alemania nazi y en la Rusia estalinista, suscitando nuevos genocidios.

Tomás Moro, con su *Utopía*, ignoraba que su discurso era exactamente el mismo que el de Colón descubriendo el Paraíso terrenal en el Orinoco, el de Torquemada hablando de la limpieza de sangre, el de los demiurgos que, después que él, pretendieron construir la felicidad de las generaciones venideras sobre las cenizas de sus contemporáneos.

DUDAR

Después de 1492, nadie en Europa llevaba una vida más llena de peligros que los marranos. Todos, incluso aquellos «cristianos nuevos» cuya conversión era sincera y que nunca más practicaron el judaísmo, fueron vigilados sin descanso por los «cristianos viejos», sospechosos de practicar su antigua religión y denunciados cuando constituían una molestia en su profesión o en su medio social. Estas denuncias solían llevarles a la tortura y, casi siempre, al verdugo.

Y sin embargo, para sobrevivir, muchos se convirtieron en auténticos cristianos, incluso en fanáticos. Algunos, como santa Teresa de Ávila, nacida a principios del siglo XVI en el seno de una familia de conversos, suscribieron las tesis de Erasmo y sus principios de retorno a la pureza original. Otros colaboraron con la Inquisición. Muchos conocieron a fondo ambas religiones; en todo caso, podían leer la Biblia, cuya lengua hablaban, mejor que los cardenales y los obispos.

A principios del siglo XVI, una gran proporción de aquellos miles de conversos todavía practicaban en secreto el judaísmo. Aunque acudían abiertamente a la misa dominical, oraban en secreto el viernes por la tarde, en sótanos de suelo de tierra para evitar el ruido. Permanecían allí, en espera de que el decreto se revocara, para proteger sinagogas y cementerios. Hicieron lo posible para no desprenderse del judaísmo y transmitirlo a sus hijos, pero, poco a poco, la cultura cristiana se apoderó de ellos, alejándoles de su religión ancestral. Resultaba difícil comer alimentos *casher*, respetar los ayunos, no trabajar el sábado, evitar sentirse penetrado por las oraciones salmodiadas en la iglesia. Poco a poco, se fueron impregnando del vocabulario y de los conceptos de su fe aparente. Se vieron obligados a llevar una doble vida intelectual y religiosa, situación equívoca que duró, para algunos, toda una vida; para ciertas familias, varias generaciones, e incluso, en algunos casos, hasta el día de hoy.

Judío o no, Colón fue el primer ejemplo de aquel hombre en perpetuo doble juego, de ambigüedad mantenida sin cesar, y en ello dejará su razón. Muchos lo practicaban desde antes de 1492, como Luis de Santángel. Se irán descubriendo judíos practicantes tras concienzudos cristianos. En 1505, el inquisidor de Córdoba, Lucero, hizo detener a todos los miembros de la familia del enemigo de Colón, Hernando de Talavera, sin que se opusiera el inquisidor general de la época, Diego de Deza, principal apoyo de Colón. Asimismo, se descubrió que Diego de Láñez, sucesor de Ignacio de Loyola, a quien él mismo eligiera, procedía de una familia de conversos desde antes de 1492, sin que nadie pudiera poner en duda, sin embargo, la sinceridad de su fe.

Así consiguieron sobrevivir varias generaciones en Aragón, Castilla y Portugal. Hasta que en 1572 Juan Martínez Silíceo, arzobispo de Toledo, consiguió que se aplicaran los estatutos de limpieza de sangre, es decir, que los marranos, definidos como individuos que tenían al menos un antepasado judío, abandonaran el país.

Pronto los antiguos judíos tuvieron que partir también de Portugal hacia otras tierras. Algunos se convirtieron, después de generaciones, en auténticos cristianos, y continuaron siéndolo en el exilio, como el abuelo materno de Montaigne, Antoine de Luppes. Otros retornaron al judaísmo, como el de Baruch Spinoza.

Todos ellos se cuentan entre los espíritus más libres de su época. Capaces de apreciar, de admitir, de creer en cosas contradictorias, rechazando las doctrinas absolutas, educados en el permanente sentido del doble lenguaje y de la duda, desgarrados entre las dos religiones sucesivamente adoptadas, los marranos buscaron una nueva filosofía. Deístas o racionalistas,[122] fueron una de las fuentes capitales de la modernidad. Entre Abraham Señor y Spinoza, entre Encina y Freud, entre Montaigne y Marx, existe un hilo, tenue pero muy real, que Yeremiahu Yovel, entre otros, se ha ocupado de seguir.[122] Unos fueron filósofos, otros escritores, otros más, diplomáticos, como Josef Nassi, del que ya hemos hablado, que terminará sus días en 1579 como duque de Naxos, responsable de la diplomacia turca frente a la de Venecia, en la que brillaron otros antiguos marranos.

Otros partieron hacia las Provincias Unidas, donde se encontraban las comunidades judías más prósperas, otros se instalaron en Francia, en Bayona o Burdeos. De entre la descendencia de quienes permanecieron cristianos nació el primer espíritu libre del mundo moderno, el viajero de la libertad, Michel de Montaigne, que será en 1581 alcalde de Burdeos y consejero de Enrique de Navarra. Impregnado sin saberlo de su ascendencia marrana, encarnó en sus escritos la filosofía de todos los marranos que le siguieron.

Como él, son *pesimistas*: «Todo retrocede ante nosotros; contemplad si no los grandes estados que conocemos, cristianos o de otras partes: hallaréis una evidente amenaza de cambio y de ruina».[93]

Como él, son *universalistas*: «Tengo a todos los hombres por mis compatriotas ... y soy poco aficionado a las delicias de lo natural...».[93]

Como él, son *nómadas*: «Viajar me parece un provechoso ejercicio ... Paseo por el placer de pasear».[93]

Como él, están obsesionados por sí mismos, vueltos hacia la *introspección*: «Hallándome enteramente desprovisto y vacío de toda otra materia, yo mismo me presento *a mí como argumento y objeto*».[93]

Como él, permanecen siempre *al acecho*: «Mis objetivos están en todas partes: no se trata de esperar grandes cosas, cada día constituye un fin en sí».[93]

Como él, el *libro* es su único bien: «¿Quién no se da cuenta de que he tomado un camino por el que seguiré, sin cesar y sin tregua, mientras haya en el mundo pluma y papel?».[93]

Consignó lo esencial de estas fórmulas en el capítulo mayor de su obra, *De la Vanidad*, explícitamente inspirado en el Eclesiastés y revelador —¡involuntariamente!— de la profunda inspiración de los marranos.

La mayor parte de los demás marranos se instalaron en Amsterdam. Muchos deseaban volver al judaísmo. Alguno de ellos, como Baltasar Orobio de Castro, se convirtieron en rabinos ultraortodoxos.[122] Pero fueron numerosos los que se vieron en la incapacidad de renovar una fe que habían olvidado, puesto que nunca la habían practicado. Los rabinos de Amsterdam rechazaron reconocerlos como judíos: desde hacía generaciones no se habían circuncidado ni estaban casados por su religión. Deseosos de probar a toda costa que eran judíos, algunos agravaron su caso recurriendo a singulares argumentos y haciendo referencia al concepto cristiano de la Salvación: «La salvación no está en el Cristo, sino en la ley de Moisés».[122]

Muchos rechazaron obedecer las rigurosas leyes de las comunidades judías, tan cerradas al mundo exterior. Así, hacia 1560, Uriel Acosta, hijo de un marrano establecido en Amsterdam a principios del siglo XVII, deseoso de volver al judaísmo, pero refractario a plegarse a las reglas de la ortodoxia judía, se rebeló; excluido por los rabinos, terminó por suicidarse. «¿Qué diablo me empujó hacia los judíos?», escribió al final de su patética autobiografía.[122]

Otros intelectuales marranos, como el médico Juan de Prado, el filósofo Pedro Núñez y el escritor Isaac de Pereira, se rebelaron también contra la ortodoxia de los rabinos y dejaron abiertamente de conformarse a las obligaciones de la Ley y de la comunidad, para proseguir su heterodoxo trabajo filosófico, científico o literario.

La figura capital de este trayecto, la más completa, fue sin duda el joven Baruch Spinoza, hijo de un marrano de Amsterdam, nacido en 1632. Estudió en la escuela judía, donde aprendió hebreo y español y descubrió a Maimónides y a Crescas. Amigo del médico marrano Juan de Prado, rechazó ceder ante los rabinos y fue excluido de la comunidad en 1656. El *Herem* le separó de toda vida social y le constituyó en disidente; él permaneció en Amsterdam como marrano, como gran maestro del doble lenguaje, hablando de manera diferente a los demás.[122] Se retiró a La Haya, donde se ganaba la vida como pulidor de lentes. Protegido por el gran pensionario Jan de Wit, murió en 1677 mientras traducía la Biblia al neerlandés. Para él, la tradición y las leyes bíblicas por sí mismas no debían aceptarse como verdades reveladas, sino susceptibles de ser sometidas por *cada uno* al juicio de la razón individual. «Y cada uno debe poder decidir si el dogma es compatible con su propia conciencia subjetiva fundada en la razón universal.»[122] La duda le condujo a hacer la apología del *derecho al error* —«cada uno es libre de equivocarse»—,[122] del derecho de cada uno a la libre búsqueda de su propia vía hacia la salvación, ya fuera por el saber, por la razón o por la beatitud. Cada cual, pensaba, puede encontrar a Dios, no al Dios de una fe humana identificable, fuente por tanto de conflictos e intolerancia, sino a un *Dios universal*, el único posible: *el Universo mismo*. «Hay que amar, pues, la Naturaleza no porque proceda de Dios, sino porque ella es Dios.»[122] El marranismo condujo a la apología de la *Naturaleza* como divinidad y al rechazo de la verdad en nombre de la duda.

El intelectual moderno será siempre un Montaigne o un Spinoza, un marrano implícito o explícito. A causa de su origen, de su obligación de pensar en los intersticios, de excluirse a sí mismo para encontrar lo nuevo en los vacíos dejados por las certidumbres ajenas, el intelectual rechazaba la definición comúnmente admitida de lo verdadero, lo justo, lo bello y lo normal. Ello le condenó a usar de la ambigüedad y del doble lenguaje para poder sobrevivir.

REFORMAR

En 1492 el prestigio de la Iglesia estaba bajo mínimos; un Borgia se daba importancia en el Vaticano, pero Carlos VIII no tuvo reparos en enfrentarse a él y Florencia consiguió obligarle a una solución en el conflicto territorial de Nápoles; para pagar palacios y catedrales se vendían indulgencias y beneficios a quien podía pagarlos; en nombre de Cristo, Portugal permitía matanzas en África y España hacía otro tanto en América.

Muchas voces se alzaron contra tanta degeneración. El sistema de indulgencias, creado por Bonifacio VII en 1300, era criticado en Alemania, Suiza e Inglaterra. Cundía la indignación al ver a la mayor parte de los setenta cardenales recibir cada uno las rentas de veinticinco abadías, malgastar fortunas para construir palacios, adquirir obras de arte, festejar el Carnaval, proporcionar a sus hijos los mejores maestros[132] y mantener verdaderas cortes[132] (la de César Borgia le costaba mil quinientos ducados al mes). Los nuevos intelectuales, los auténticos religiosos y los burgueses puritanos eran presa de la indignación. La fe era cada vez menos fingida, menos ciega; cada vez más cultivada; la imprenta era de gran utilidad: antes de 1500 ya existían ciento sesenta y dos ediciones de la Biblia en latín y sesenta en lenguas vulgares.

En Florencia, Savonarola se erigió en guía moral de la República. La Iglesia, decía, es «infame», es un «monstruo abominable», una «prostituta». Seguido por las multitudes, hizo quemar en las «hogueras de las vanidades» juegos, pelucas, libros de arte. En Pisa explicó a Carlos VIII: «Lo único que he hecho ha sido llamar a los hombres a la penitencia».

Pero el monje vengador anunciaba otras revueltas. Erasmo acon-

1492

sejaba a Tomás Moro, a John Colet y a Maximiliano de Austria, al cardenal Juan de Médicis y a Enrique VIII en Londres, donde redactó, en 1511, el *Elogio de la Locura*, criticando al papa y a la Iglesia, sosteniendo que la única locura razonable era la de los «locos de Dios», haciendo apología de una Iglesia puritana y de una burguesía austera.

Seis años más tarde, el 31 de octubre de 1517, otro monje, Martín Lutero, agustino de veinticuatro años, fijaba en la puertas de la colegiata de Wittenberg sus *Noventa y cinco tesis contra las indulgencias papales*, protestando contra el tráfico masivo organizado por el papa Julio II —Juliano della Rovere, que había sucedido a César Borgia— para edificar la iglesia de San Pedro de Roma. Pretendía demostrar la inutilidad de la Iglesia, sosteniendo que toda la revelación estaba en las Escrituras y sólo en ellas, que la salvación venía dada por la fe, y sólo por la fe, que los ritos eran secundarios. Puesto que, gracias a la imprenta, todo el mundo podía leer la Biblia, y puesto que se alejaba el sueño de unidad de la Iglesia, Lutero encontró apoyo en los sentimientos irredentistas de las Iglesias nacionales y en las monarquías disidentes que, en Francia, Alemania, Flandes o los cantones suizos, rehusaban desde siempre reconocer el poder de Roma.

A partir de 1520, tras el fracaso de la Dieta de Habsburgo y del encuentro de Leipzig, la Iglesia adoptó una actitud de firmeza. Temeroso por el cisma que amenazaba, Erasmo publicó en 1524 *Del libre albedrío*. Lutero le contestó en 1525 con *De la servidumbre de la voluntad* y se anunció a sí mismo como el terrible monje profetizado por Middleburg y Johannes Lichtenberger en 1492. Puso prólogo en 1527 a la redacción de las profecías de Lichtenberger,[119] realizadas por Hans Luft en Wittenberg, burlándose de las previsiones que anunciaban el Diluvio para 1524, pero que no habían pronosticado que 1525 sería, en Alemania, el año de la violencia política y de las guerras campesinas, es decir, de Júpiter y Saturno, tal y como lo dejaba entender la profecía.

En 1534, el Vaticano optó por responder a Lutero con la violencia. Enrique VIII, al principio hostil, fue ganado para el cisma por razones políticas y matrimoniales y replicó en 1535 con la ejecución del obispo Tomás Moro, fiel a Roma, amigo de Erasmo, autor de una *Utopía* inspirada en los relatos de Vespucio. La ruptura se consumó. En marzo de 1536, en Basilea, donde se vio obligado a refugiarse, el francés Juan Calvino, en el *Institutio Religionis Christianae*, se alineaba junto a Lutero en lo referente a las indulgencias, la obligación del celibato eclesiástico y el culto mariano. Fue más lejos todavía, proponiendo la supresión de los monasterios, proclamando el sacerdocio universal y permitiendo a los clérigos contraer matrimonio. La Iglesia romana contraatacó con fuerza, aprobando en 1540 la creación por Ignacio de Loyola y sus compañeros de la Compañía de Jesús. Se multiplicaron las obras devotas dirigidas a los laicos, se desarrollaron «cofradías de culto», se organizaron espectáculos sacros, procesiones, plegarias públicas. Pero todo fue inútil; el cisma y la herejía comenzaban a obrar y con ellas se alejaba la unidad de Europa. Las diferencias comenzaron a emerger por todas partes.

La hora de los nacionalismos —esa bomba de espoleta retardada— se estaba acercando.

5. LA HORA DE LOS NACIONALISMOS

En 1492 se disparó el mecanismo de encendido de una nueva explosión de nacionalismos que hará, durante cinco siglos, la desgracia de Europa.

Los sueños de unidad federal se desvanecieron. Las naciones —España, Francia, Portugal, Inglaterra— acechaban toda presa disponible: lo mismo los «corazones» de la economía mundo, las pequeñas ciudades de Italia y Flandes, como las periferias, es decir, los continentes enteros.

DISPUTAR

Con las alianzas concertadas y las ambiciones definidas en 1492, las cosas quedaron finalmente claras: Francia quería Italia y allí agotará sus energías en los tiempos de Carlos VIII; España quería conservar los Países Bajos, y en ello se consumirá en tiempos de Felipe II; Inglaterra se volvió hacia el resto del mundo hasta extenuarse en tiempos de la reina Victoria; los Habsburgo únicamente pretendían durar, y en ello se perderán en la época de Francisco José. Entre tanto, centenares de matanzas y conflictos jalonaron aquellas tentativas de hegemonía.

Después de 1492, la situación política mundial aparecía singularmente clarificada. Europa era el corazón del mundo; España dominaba la Santa Sede, Italia y parte de América; Portugal controlaba las costas de África, algunos puertos de Asia y los mares; Francia e Inglaterra parecían no ocuparse sino de sí mismas.

Sin embargo, como ya hemos visto, 1492 marcó el principio del declive económico de la Península Ibérica. Lo mismo ocurriría en el plano político; sus reyes fueron los primeros en aprender cuán ilusoria podía ser la gloria colonial. Otros no entenderán la lección y por ello sucumbirán en el empeño.

Pero todo se presentaba maravillosamente para los dos vencedores de aquel año. Ni siquiera Francia, la mayor potencia de su tiempo, podía rehusarles nada. El 19 de enero de 1493, en Barcelona, y en confirmación del tratado de Figueras de 1492, los soberanos españoles recuperaban el Rosellón de manos de un monarca francés obsesionado por la conquista de Nápoles. El 1 de septiembre, Perpiñán volvió a la corona de Aragón; el 13, los monarcas entraron en la ciu-

1492

dad. Tampoco el Vaticano podía negarles nada. El día 20, el papa casó a su segundo hijo, Juan, con una prima de Fernando, María Enríquez. Dio en matrimonio a su hija Lucrecia a Giovanni Sforza, asentando definitivamente su poder en Italia, en beneficio de España.

El Imperio cambió de manos. A la muerte de su padre, aquel mismo año, Maximiliano se convirtió en emperador. Dejó a su hijo Felipe el Hermoso el Artois, Hesdin, Aire y Béthune.

En Francia, la coronación de Ana de Bretaña trajo consigo otras repercusiones: por el tratado de Senlis, el 23 de mayo de 1493, el rey de Francia restituía a Maximiliano la dote de su primera novia, hija del nuevo emperador —el Artois, el Franco Condado y el Charolais—, conservando Arras, Mâcon, Auxerre y Auxonne. En contrapartida, Maximiliano renunciaba a sus pretensiones sobre Bretaña. El Artois, el Franco Condado y el Rosellón volverían a Francia durante el reinado de Luis XIV, en 1659.

Francia codiciaba Nápoles más que nunca. Tras la elección de un papa español, Carlos esperaba el reconocimiento de sus «derechos». Empujado por el mariscal de Esquerdes y por los exiliados de la antigua corte de Nápoles, la familia Anjou, Carlos VIII se reconcilió con su primo Luis de Orleans y preparó la guerra contra el rey de Nápoles, Ferrante. Pero en agosto de 1493, éste consiguió de los Reyes Católicos que obligasen al papa a enfrentarse a Francia. Así, cuando a la muerte de Ferrante, en enero de 1494, Carlos VIII dio a conocer sus pretensiones al trono de Nápoles contra el nuevo rey Alfonso II de Aragón, Roma apoyó a éste; el 20 de marzo, una delegación napolitana prestaba juramento de obediencia al soberano pontífice. Furioso, Carlos comprendió la traición de los Borgia, que le cerraba el camino de Italia, a pesar de los enormes gastos que había consentido para la elección del papa. Obcecado, decidió pasar a despecho de todos, encontró los dos millones de libras necesarios para el ataque y se alió a los Sforza y a los Della Rovere. Luego se instaló en Lyon para preparar la expedición, expulsando de la ciudad a los banqueros italianos. Reunió un ejército de cuarenta mil hombres, treinta mil de ellos combatientes, entre los que se encontraban estradiotes albaneses y varios miles de infantes suizos, armados con arcabuces, y unos sesenta cañones.[74]

Era preciso apresurarse, pues mientras tanto Maximiliano concitaba alrededor de su persona una confederación entre los dos enemigos de Francia. En 1494 casó a su hijo Felipe el Hermoso, que aún no tenía dieciocho años, soberano de los Países Bajos desde 1482, con Juana, hija de Fernando e Isabel. Los Reyes Católicos y los Habsburgo se habían unido. Carlos VIII se convenció de que era urgente realizar sus ambiciones: Francia quedaba apresada entre las dos tenazas de un nuevo imperio, y tenía que escapar. Sólo podía hacerlo por el camino de Italia.

En septiembre reunió cien naves; al mando del duque de Orleans, diecinueve de ellas se apoderaron de Génova. Ludovico el Moro, convertido oficialmente en duque de Milán, consciente del partido que podía sacar de la querella, permitió a Carlos VIII entrar en su ciudad el 30 de octubre de 1494, y decidió fundir el bronce destinado al *Cavallo* —cuya maqueta estaba terminando Leonardo por entonces— para fabricar cañones. En Florencia, Pedro de Médicis solicitó la intervención de Carlos VIII, quien entró en la ciudad el 17 de noviembre, mientras Savonarola le presentaba al pueblo como su salvador. Cubierto de gloria, el rey de Francia reclamó entonces al papa el paso franco por sus tierras, el reconocimiento de sus derechos sobre Nápoles y la entrega del príncipe Djem, hermano del sultán, a quien consideraba un útil rehén para una posible cruzada. El papa rehusó. Carlos VIII hizo caso omiso y, sin miedo, aparentemente, a las iras pontificias, entró en Roma el 31 de diciembre de 1494, a la cabeza de sus tropas, con la oriflama de Saint-Denis, estandarte de la monarquía francesa.[74] Sus dos mil quinientos caballeros y cinco mil hombres de caballería ligera llevaban una lanza acanalada y gran cantidad de armas. «Los hombres de armas avanzaban vestidos con sayos de seda, adornados con plumas y collares de oro.»[74] El rey se instaló en el Vaticano.

A principios de enero de 1495, recién coronado, el rey de Nápoles dejó el trono a su hijo Ferrante II, llamado Ferrandino. El papa se mostraba abrumado por la actitud de los príncipes italianos. Llegó a decir a quien quiso oírle que Carlos VIII iba a poder «tomar Italia con una tiza»,[16] aludiendo a las cruces marcadas en las puertas de las casas que los furrieles requisaban para alojar a las tropas ocupantes. El 15 de enero, el papa Borgia intentó una maniobra de sin igual duplicidad: reconoció a Carlos VIII como jefe de una cruzada cuya bula se comprometía a publicar al mes siguiente y le entregó al príncipe Djem, e incluso a su hijo César, como rehenes. El 28 de enero de 1495 Carlos VIII, satisfecho y triunfante, abandonaba Roma para dirigirse a Nápoles.

Pero aquello fue el comienzo del fin: al día siguiente, César huyó, regresando a Roma. El 22 de febrero, el rey de Nápoles abandonó la ciudad y se refugió en Sicilia. Carlos entró, sin combate, en la mayor aglomeración urbana de Europa —«mi ciudad de Nápoles», como escribió a su cuñado el duque de Borbón, que administraba el reino en su ausencia—, «llevando el manto imperial y la cuádruple corona de Francia, Nápoles, Jerusalén y Constantinopla, calzado con espuelas de madera para mostrar que entraba como amo pacífico».[74] Declaró su intención de liberalizar las instituciones.

1492

Tres días más tarde, el príncipe Djem murió. El rey de Francia, a pesar de que perdía una baza esencial para su proyecto de cruzada, prefirió tomar esta desaparición con estoicismo. En aquel momento, el papa conseguía poner de acuerdo a los dirigentes de varias ciudades italianas, junto a Fernando de Aragón y Maximiliano de Habsburgo, contra Carlos VIII. Éste se encontró atrapado en Nápoles; sólo la Toscana le permanecía fiel. Intranquilo, decidió volver a Francia después de su entronización, el 12 de mayo, como rey de Nápoles, llevando consigo estatuas, cuadros, bloques de pórfido, mármoles, tapicerías, marfiles, mosaicos, es decir, cuatro toneladas de objetos de arte y mil ciento cuarenta y tres volúmenes de la biblioteca de los soberanos aragoneses. Dejó a su primo Gilbert de Montpensier como virrey de Nápoles. La *furia francesa* —de entonces procede la expresión— le permitió rehacer en dos meses el camino anteriormente recorrido en cinco. Arrolló a los coligados, aplastando a venecianos y lombardos en la batalla de Fornovo. Forzó el paso de los Apeninos el 5 de julio de 1495, con nueve mil hombres, siempre bajo la oriflama de Saint-Denis.[74] Gilbert de Montpensier, atacado por los aragoneses llamados en su ayuda por Ferrandino, perdió Nápoles en febrero de 1496.

Apenas hubo regresado a Francia, Carlos VIII murió, el 7 de abril de 1498, de un estúpido accidente, sin dejar heredero. Pronto Europa entera se enteró de la noticia. Venecia la conocía ya el día 14. En Florencia, que tan bien había acogido al soberano francés, Savonarola había sido detenido y quemado vivo el 23 de mayo de 1498, en la plaza de la Señoría. El primo del rey, Francisco de Orleans, le sucedió con el nombre de Luis XII. Éste se apresuró a renovar el tratado de Étaples con Inglaterra, así como a firmar en Granada un tratado con Fernando, restituyendo el reino de Nápoles a Aragón (que lo conservará hasta 1713). Después, aduciendo que su matrimonio con la hija de Luis XI, a la que se había comprometido a desposar a la edad de quince años, no se había consumado, el nuevo rey obtuvo del papa su anulación a cambio del condado de Valentinois y la mano de una princesa de Francia para César Borgia, que había abandonado el estado eclesiástico.

El 8 de enero de 1499, Luis XII contrajo matrimonio con la viuda de su predecesor, Ana de Bretaña, que continuó por tanto como reina de Francia. En marzo de 1499 nombró gobernadores encargados de representar la autoridad real en cada provincia. El 6 de octubre, tras una campaña militar relativamente fácil, penetró en Milán, de donde expulsó a Ludovico el Moro, a quien capturó en 1500, encerrándolo en el castillo de Loches. En diciembre, su aliado César Borgia conquistó las ciudades milanesas de Imola y Forli. El mismo año, la paz de Basilea consagró la independencia de la Liga de Confederaciones de la Alta Alemania. Felipe el Hermoso y Juana de Aragón tuvieron un hijo, nacido en Gante el 24 de febrero de 1500, que sería más adelante Carlos V.

Alejandro VI padeció aquel año numerosos síncopes; nombró a su hijo mayor César, ahora seglar, confaloniero de la Iglesia, es decir, cabeza del poder temporal de la Santa Sede. Cuando el papa entregó su alma en 1503, Luis XII no consiguió que el cardenal Georges d'Amboise fuese elegido en su lugar, y fue Juliano della Rovere quien accedió al trono de San Pedro con el nombre de Julio II. El camino de Italia, una vez más, quedaba cerrado para Francia.

En 1504, en Blois, el rey de Francia decidió sellar una extraña alianza casando a Claudia de Francia, que sólo tenía tres años, con Carlos, nieto de Maximiliano, que tenía cuatro, concediéndole en dote Bretaña, Borgoña, el condado de Blois, el de Asti y el ducado de Milán (recientemente arrebatado al Moro). Después, arrepentido de un acuerdo que otorgaba al nieto, Carlos, lo mismo que su propia esposa, antes de casarse con Carlos VIII, había ofrecido al abuelo, Maximiliano, rompió el proyecto de esponsales y, aprovechando el deseo de Fernando de Aragón de volver a casarse, esta vez con Germana de Foix, princesa francesa, cedió definitivamente a Aragón todas sus pretensiones sobre Nápoles a cambio de novecientos mil florines. Fernando, que no quería excesivamente a su nieto, estaba radiante.

Así fue como Francia, vencida, ridiculizada, transformó en moneda sus ambiciones en Italia para llegar a fin de mes, como antaño lo hiciera con el este de los Pirineos.

En 1509, a la muerte de su padre, Felipe el Hermoso, Carlos se convirtió en soberano de los Países Bajos bajo la tutela de su abuelo Maximiliano. Sólo tenía nueve años. En 1516, a los diecinueve años, subió al trono de España bajo el nombre de Carlos I. A la muerte de su abuelo paterno, tres años más tarde, en 1519, fue elegido emperador, tomó el nombre de Carlos V y reunió bajo un solo cetro España, Alemania, los Países Bajos, y el reino de Nápoles, sin olvidar todas las tierras que le otorgaba el tratado de Tordesillas. Carlos, cuya lengua materna era el francés, tomó asimismo el control de un inmenso conjunto europeo que Cortés y Pizarro ensancharon hasta América, y otros hasta Asia. Extraño monarca: cristiano ferviente, pero tolerante, reinó sobre la España católica fortaleciendo a la vez a los Países Bajos, más tarde protestantes, e hizo de Amberes la capital de la economía mundial durante cincuenta años. Luego se retiró discretamente, para provecho de su hijo Felipe II en España y de su hermano Fernando en el Imperio, en 1556, un año antes de la gran crisis financiera española, para morir oscuramente un año más tarde, en un monasterio de su país.

1492

Treinta años más tarde, en 1588, la derrota de la Armada Invencible señalará el fin de la ilusoria potencia imperial de España: se extinguió entonces cubierta de oro, por culpa de haber cargado con un continente.

En el sudeste de Europa comenzó a levantarse una muralla entre los católicos y el resto de Europa. Después de 1492, el imperio otomano se constituyó en guardián del Islam. Sostuvo una nueva guerra, en esta ocasión naval, contra Venecia, arrebatándole sus bases en el mar Egeo. Cuando Bayezid II cayó en el fanatismo religioso y abdicó en favor del tercero de sus hijos, Selim, el 24 de abril de 1512, éste se dirigió hacia Oriente, tomó Alepo y Damasco en 1516, El Cairo en 1517 y después Jerusalén y los Santos Lugares. El imperio otomano se convirtió en una potencia en Oriente, y lo seguirá siendo hasta su fin en 1918.

También el resto de Europa se volvió hacia el este. Tras la muerte de Casimiro IV, en 1492, uno de sus nietos, Alberto de Hohenzollern o de Brandeburgo, último gran maestre de la orden teutónica, secularizó dicha orden y en 1525 transformó Prusia en un ducado hereditario en manos de su familia. Otro de sus hijos, Segismundo I, casó con una Sforza en 1518. Polonia, gobernada por un tercer hijo de Casimiro, se unió a Lituania formando un considerable conjunto territorial, pronto apetecido por Rusia cuando, en 1493, Iván III tomó Esmolensco para dirigirse hacia el este, hacia las grandes llanuras de Siberia. A su muerte en 1495, su hija casó con el hijo de Casimiro IV, Alejandro I, gran duque de Lituania, que sería después rey de Polonia. El nuevo imperio ya comenzaba a cerrarse sobre sí mismo, y durante cinco siglos vivirá con un sentimiento de exclusión y de aislamiento que él mismo contribuirá a fomentar.

La suerte estaba echada: el oeste de Europa se volcó en el colonialismo, el este en los despotismos y los imperios. Durante mucho tiempo nada vendrá a interferir esta evolución.

REUNIR

Con frecuencia se ha presentado el año 1492 como el momento en el que se bosquejó un continente basado en la reunión de pueblos y razas. Ninguna visión es más inexacta. En realidad, aunque es cierto que 1492 constituyó la fecha de nacimiento de los *países de mestizaje*, en Europa marcó sobre todo un giro capital en la lucha política entre ciudades y naciones, entre identidad y diversidad.

Las cortes de los Estados-nación crecieron a expensas de las de las ciudades.[131] El Estado moderno tomó forma, se convirtió en el representante de las nuevas clases dirigentes, desarrolló técnicas de propaganda y de intervención económica, intraquilizando a las elites. Era necesario; las intrincadas fronteras, el torbellino de pueblos, lenguas y culturas, requerían el Estado como única fuente posible de unidad. La nación no se identificaba con un pueblo, era un ideal forjado alrededor de un Estado. El *melting pot* fue europeo antes de ser americano. Tenía precisamente necesidad de un molde: el Estado.

Fue sin duda en ésta época cuando su primer teórico redactó en Florencia un texto que sería publicado a principios del siglo siguiente, en el que definía así la «razón de Estado»: «El Estado —escribía Maquiavelo— es un fin en sí mismo, un valor absoluto».[79] A causa de la «mediocridad del pueblo ..., el Estado debe hacerse fuerte, adaptarse y actuar sin interrupción para su propia grandeza. Todo debe subordinarse a la razón de Estado».[79] Con él apareció asimismo una nueva teoría de la *propaganda*: toda ascensión al poder debía ir acompañada de la ejecución «memorable» de un enemigo cualquiera del nuevo poder.

El Estado se personificó en una casta de altos funcionarios que elaboraron una reglamentación económica de las importaciones, las industrias y las profesiones, que cambiaban según las provincias para asegurar mejor la fusión de los pueblos. En Francia estuvo formada primero por grandes señores, como el borgoñón Pot, banqueros, como Florimond Robertet y Beaune-Semblançay, expertos en finanzas y mercaderes admitidos en el seno del Consejo Real,[79] y que representaban en el Estado a las nuevas clases dirigentes. Pronto fueron sustituidos por administradores que representaban al rey en las provincias: borgoñones en Provenza, bretones en Languedoc, etc.

Para definir esta nueva unidad, basada a la vez en la mezcla y la permeabilidad, era preciso encarnarla en un nuevo Ser puro, tanto más puro cuanto más diversos eran los pueblos: el *Estado*.

Al igual que soñaban con un Hombre nuevo, algunos soñaban ya con un «Estado nuevo». En 1516, en la *Institución del príncipe cristiano* dedicada a Carlos V, Erasmo planteaba el principio de que sólo la perfección moral del príncipe podía permitirle una práctica política cristiana. Según él, era mejor abandonar el poder que ejercerlo al precio de la injusticia. En 1517, en *Querela Pacis*, condenaba la guerra, catastrófica por igual para vencedores y vencidos. No provenía, creía Erasmo, de las «necesidades», sino de las pasiones humanas, de la ambición, de la codicia, de la cólera, de la estupidez. En el mismo año, su amigo Tomás Moro, fundándose en los relatos de Vespucio, imaginaba una ciudad ideal en su *Utopía o tratado de la mejor forma de gobierno*: sin propiedad individual, sin división entre trabajo manual e intelectual, sin Estado. Los «magistrados», incluido el príncipe, eran elegidos y controlados por un senado formado por una clase de intelectuales designados por el pueblo. La guerra era vergonzosa, a excepción de las guerras justas.[37] El pueblo no poseía identidad cultural fuera del Estado.

Para el caso de que el príncipe no se ajustara a este ideal, los calvinistas franceses Théodore de Bèze, Duplessis-Mornay y Hubert Languet desarrollaron la noción del «derecho divino a la rebelión».[27] «Toda falta de los reyes a la piedad, al respeto a las leyes, libera a los súbditos de la obligación de sumisión.»[27] Para ellos, los *Estados generales* debían permitir, a los «magistrados de rango inferior», «controlar» al rey. Michel de l'Hôpital, Louis Servin, Pierre de Belloy, Guy Coquille, La Noue y, desde luego, Jean Bodin, extrajeron las consecuencias de este deber de rebelión.[27] En los *Seis libros de la República*, Bodin sostiene que el Poder —monarquía, aristocracia o democracia— tiene por objeto y prerrogativa *otorgar* o *revocar* una ley, hacer la guerra, nombrar los funcionarios, juzgar en última instancia, recaudar los impuestos y acuñar moneda. Quien lo detenta, lo ejerce en nombre propio y de por vida. El poder es indivisible, de otro modo daría lugar a corrupción y desorden. No existía unidad nacional fuera del Estado.

Desde Emeric Crucé a Sully, desde William Penn al abate Saint Pierre, desde Rousseau a Jeremy Bentham y a Emmanuel Kant, otras utopías verían la luz posteriormente. Todas irán en el mismo sentido: la Nación trasciende a los pueblos que la componen, y el Estado representa a la Nación. Aunque no fueron los únicos, los Estados de América iban a ser la encarnación democrática de estas ideas.

Pero aquellas utopías anunciarán también las peores barbaries: las derivadas de la síntesis del Arte y de la Política, del Paraíso terrenal al alcance del poder. Colón, al remontar el Orinoco, creyó haberlo encontrado. Premonición capital: desde entonces, el hombre no ha dejado de querer hallar un Hombre nuevo, puro, ideal. El primero fue el indio; luego, cuando el indio constituyó una decepción, sería el inmigrante o el ideólogo. Y hoy es el Golem.

CONCLUSIÓN

La Historia oculta los fragmentos que la componen. Y 1492, olvidado como cualquer otro año, resurge solamente para su conmemoración.

Así como los funerales sirven para reunir a los vivos, cada aniversario proporciona la ocasión de comentar el presente; se habla más del hoy que de cualquier otra cosa, ilustrando la observación de Bergson sobre cómo el futuro otorga sentido al pasado, sobre el «movimiento regresivo de lo verdadero».

Porque la «verdad» de 1492 es cambiante. Depende de lo que se conozca —o se quiera conocer— en el momento de investigar sobre ella. Si es cierto que la felicidad puede «fundamentarse en el olvido», como dice Michel Serres, también lo es que la verdad histórica depende del recuerdo que contribuye a fijar los elementos de juicio. Y en este caso, existe una carencia de recuerdos. Porque el estudio de 1492 revela las lagunas de la información histórica moderna. Ya he comentado hasta qué punto 1492 fue descuidado por los contemporáneos. Incluso hoy, cuando la investigación tanto ha progresado, se conocen mal los mecanismos de las principales decisiones de aquella época: la financiación del viaje de Colón continúa siendo objeto de controversia, la expulsión de los judíos de España es todavía casi un enigma, las negociaciones que precedieron al matrimonio de Carlos VIII y Ana de Bretaña, anteriores al tratado de Étaples, la elección de Rodrigo Borgia, todavía son un misterio. Es asimismo evidente que los trabajos de Martín Behaim no surgieron de la nada y sus encuentros con Colón merecerían ser esclarecidos, así como los de Colón con Vespucio o los de Lorenzo de Médicis con Savonarola. Sin hablar de tantas cosas ocurridas entonces y tan mal estudiadas: la muerte de Alí Ber, la del inca, las negociaciones de Gama en Calicut, la sucesión de Casimiro IV en Polonia...

Además, la proximidad de las fechas establecidas por los más reconocidos historiadores estorban la reflexión, puesto que el hecho de que un acontecimiento u otro haya tenido lugar justo antes o justo después de un tercero, puede iluminarlo con una luz bien distinta. Y, por encima de todo, en la mayoría de los casos sólo es posible hacer conjeturas, como si nadie quisiera entrar en detalles, por lo menos en lo que se refiere a aquellos años.

Sin embargo, en cada aniversario de 1492, la Historia se ha encargado de recordar los hechos, proyectando sobre ellos su luz específica, irónica o burlona, trágica o gloriosa, según la situación de cada época, modificando a cada siglo el punto de vista de los contemporáneos.

1492

En 1592, América del Sur estaba completamente conquistada y aniquilada. Su oro y su plata se habían agotado. Proliferaba la caña de azúcar, y un esclavo moría por cada tonelada de azúcar producida. En África se extinguía la dinastía Askia que, desde hacía un siglo, había llevado a la gloria al imperio de Songhai. En Japón, Hideyoshi invadía Corea a la cabeza de ciento sesenta mil hombres, primera tentativa de conquista del continente, que constituyó un fracaso total. Amsterdam, capital de las liberadas Provincias Unidas, ciudad donde triunfaba la Reforma, la que acogía a los marranos, estaba a punto de dominar la economía mercantil. A pesar de las guerras de religión, Francia continuaba poderosa. España, cuya doble fuerza económica y militar acababa de ser destruida, obligaba a la orden de los jesuitas a adoptar los estatutos de «limpieza de sangre» y a expulsar de sus filas a los «cristianos nuevos», obligándoles a modificar los nombres de sus antiguos dignatarios conversos: tuvieron que borrar la Historia para poder escribirla. El 7 de diciembre de 1592, Galileo, profesor de matemáticas en la Universidad de Padua, daba su lección inaugural haciendo girar el globo terráqueo de Behaim alrededor del Sol. En Basilea se publicaban las obras completas de un marrano portugués, nacido en 1492 y muerto en 1577, Pedro Núñez, astrónomo, matemático, cartógrafo, cosmógrafo. Michel de Montaigne dejaba de existir. Cervantes, arruinado, trabajaba en el *Quijote*. En Praga, donde reinaba Rodolfo II de Habsburgo, resurgía el movimiento mesiánico judío animado por Rabbi Loew, el *maharal* de Praga que soñaba con el Golem, el Hombre nuevo. Su alumno, David Ganz, colaboraba con Kepler y con Tycho Brahé y escribía el *Sefer Zeman David*, primera crónica sobre la historia judía universal. Nadie, según parece, celebró el descubrimiento de una América apenas poblada por algunos buscadores de oro llegados de Europa latina y por tribus agonizantes.

Un siglo más tarde, en 1692, el mundo había cambiado mucho. Francia, donde reinaba Luis XIV, continuaba siendo la primera potencia política, en la que el Estado había tomado la forma absoluta que se anunciara dos siglos atrás. Maximiliano II de Baviera se convería en gobernador de los Países Bajos españoles, junto a los que Amsterdam dominaba, ahora plenamente, la economía-mundo. Agotados el oro y la plata, América del Sur y Central se habían convertido en una reserva de miseria y de caña de azúcar. En América del Norte, algunos colonos europeos buscaban también el Paraíso terrenal para un Hombre nuevo, exterminando ante sí los desafortunados restos de las tribus indias destruidas por las enfermedades llegadas de México. Aquel año en Salem, Massachusetts, un terrible proceso de brujería iba a terminar con diecinueve ejecuciones en la horca. Nadie celebró tampoco el descubrimiento de aquella América cuya zona meridional aún llevaba el nombre de Nueva España.

CONCLUSIÓN

Después comenzaron a precisarse los conceptos que se manejarán en el futuro para hablar de 1492. En 1765, en Francia, se acuñaba el término *humanista* para designar al filántropo. En 1776, cuando las colonias inglesas de América del Norte alcanzaron su independencia y crearon la primera democracia parlamentaria, la reflexión sobre la historia del continente comenzó. En 1787, la Academia francesa propuso un concurso sobre el tema: «¿Fue la conquista de América útil o, por el contrario, perjudicial para el género humano?».[35] En 1791, Thomas Jefferson y James Madison crearon el *Distrito de Columbia* al mismo tiempo que la ciudad que un día sería Washington; he aquí que Colón regresaba a América.

Al año siguiente, 1792, Europa tenía otras cosas de qué preocuparse como para celebrar un centenario. El *dólar* se había creado, como se creó la lira en Génova tres siglos antes; Inglaterra dominaba la economía-mundo; Francia, agotada por su apoyo a las colonias de América, estaba en guerra con toda Europa. Sin embargo, triunfaba en Valmy; Rouget de l'Isle escribía *La Marsellesa*; se estrenaba la guillotina. Los judíos fueron por primera vez ciudadanos de pleno derecho. Francisco II de Austria, aquel año elegido emperador del Sacro Imperio, ignoraba que sería el último de ellos. Los principales imperios, Rusia y Turquía, firmaron una paz reforzando la alianza del Oriente europeo. En el Pendjab, Ranjit Singh subía al trono de los sikhs, engrandeciendo sensiblemente su reino: Asia volvía a estar presente en la Historia.

El Nuevo Continente comenzaba a meditar sobre su pasado: México luchaba por su independencia desde 1821; en 1826, Fenimore Cooper publicaba en Nueva York *El último mohicano*, una de las primeras demostraciones de interés de los colonos por los indios, quienes, definitivamente, se quedaron con tan ridículo nombre. En 1828, un joven inglés recién emigrado, Washington Irving, redactaba la primera biografía —idólatra— de Colón. Cuatro años más tarde escribía sobre los indios en *Las praderas del Far West* sin ver nada de las tragedias que se estaban representando en las Rocosas. Hacia 1840 otro joven nordista, Francis Mortimer, que fue a estudiar a los indios en una época en que los europeos acababan de dejar atrás San Luis, fundada por los franceses en 1764, describía por primera vez en *Camino de Oregón* los desastres de la conquista del Oeste.

Hacia 1845, el *humanismo* designaba la filosofía de finales del siglo XV. Luego aparecieron los términos *Renacimiento* y *Quattrocento*. Cuando se anunciaba la guerra de Secesión, justo antes del fin de la esclavitud, al menos oficialmente, Colón alcanzaba la cumbre de su gloria. En 1866, en plena guerra, alguien tuvo la idea de hacerlo santificar por el Vaticano como cristiano ideal (se afirmaba que usaba cilicio durante la penitencia). El proyecto fracasó en 1891, en vísperas

1492

del cuarto centenario, pero no fue a causa de su actitud ante los indios, sino porque había tenido un hijo ilegítimo, Fernando, sin el cual tendríamos ahora un san Cristóbal Colón.

En 1892, América se había convertido en el Paraíso terrenal para todos los desgraciados del mundo, pero los europeos se agotaban consolidando sus últimas colonias en África y Asia. América latina se había ganado su independencia política. Inglaterra era todopoderosa. Rusia quedaba aislada, con la revolución obrera ganando posiciones; la Internacional Socialista se organizaba en Prusia, donde Clara Zetkin fundaba el primer diario socialista femenino, *Gleischheit*. En Francia, convertida en república colonial, Zola publicaba *La Débâcle* y Verlaine las *Liturgies intimes*. Herzl se dedicaba al sionismo, Rudolph Diesel ponía a punto el primer motor de combustión interna. Fue el año del asunto Ravachol, y sobre todo, del escándalo de Panamá, que prohibió celebrar en Francia el «descubrimiento de América». Excepto en Córcega, donde el 10 de octubre se celebró el hallazgo de las ruinas de una imaginaria «casa natal» de Colón en Calvi, donde habría nacido por casualidad durante un viaje de sus padres entre España y Génova.[138]

Como compensación, el cuarto centenario se celebró en Estados Unidos, España e Italia: Génova fue el escenario de una Exposición Colombina; en Nueva York, los días 9 y 10 de octubre de 1892 se inauguró la estatua de Colón en Central Park, se organizaron numerosas ceremonias religiosas, un desfile de cuarenta mil niños y cincuenta mil soldados y una parada naval internacional con una enorme exhibición de fuegos artificiales lanzados desde el puente de Brooklyn. El presidente de Santo Domingo trató de vender a los Estados Unidos los restos de Colón por cien mil dólares.[138] Pero ya existían otros restos en Cuba desde 1796...

En España, las ceremonias fueron más modestas; la situación política no permitía nada extraordinario. El 1 de agosto una copia de la *Santa María*, remolcada por el *Joaquín Prelado* y escoltada por buques españoles, franceses e ingleses —extraña alianza de colonizadores—, partió de Cádiz, dirigiéndose hacia Huelva. En Huelva fue recibida por el ministro de Marina. El 2 de agosto, después de las corridas de toros de la tarde, la carabela, seguida de su escolta, puso proa hacia Palos, de donde debía salir para repetir el viaje del almirante. Como el sacerdote que tenía que celebrar la misa venía con retraso,[138] la partida se demoró hasta el 4 de agosto, con intercambio de telegramas entre el alcalde de Palos y el presidente de los Estados Unidos, Harrison. El 8 de octubre, el joven rey Alfonso XIII y su madre, la reina regente María Cristina, llegaron a Sevilla. Tuvieron lugar varias ceremonias en la catedral y en el Alcázar. El 9 de octubre, la familia real llegaba en tren a Cádiz. Recibimiento multitudinario, misa en la catedral y, por la noche, baile en el Ayuntamiento. El 10 de octubre el yate real y su escolta dejaban Cádiz para dirigirse a Huelva, donde la reina clausuró un Congreso de Americanistas. El 12 de octubre se inauguró un monumento en honor de Colón en el convento de La Rábida, y el 12 de octubre fue declarado fiesta nacional en España.[139] Estaba prevista una corta estancia de la familia real en Granada (tras las ceremonias propiamente dichas). A causa de una indisposición del joven Alfonso XIII se suprimió esta parte del viaje. El 3 de noviembre, conmoción en Granada; todos los preparativos para la fiesta fueron destruidos.[116]

En aquel año de 1892 hubo escasas reflexiones críticas serias sobre la América india, a la que la viruela y el alcohol, las reservas y los tratados escarnecedores, continuaban destruyendo. Tampoco las hubo sobre la esclavitud, existente de hecho aún en dos continentes. Con una excepción, el prefacio de la reedición del *Camino de Oregón*, escrito por el propio Mortimer justo en 1892, en el que decía: «El indio se ha convertido en una fea caricatura de su conquistador y aquello que le hacía romántico, terrible y detestable le ha sido arrebatado por la fuerza. Aquel que no temía a los osos ni a los indios ni al diablo, el trampero audaz y endurecido, pertenece al pasado... Puesto que no éramos profetas, nada de ello pudimos prever, pero si hubiésemos podido hacerlo, quizás algún incómodo remordimiento hubiese atenuado el ardor de nuestro alborozo».

En los años veinte, Europa estaba más interesada que nunca en el Renacimiento, en la «busca del tiempo perdido», afanándose por comprender un arte figurativo en trance de desaparición. En 1928, Morrison publicaba una biografía de Colón, considerada por muchos como referencia principal hasta hoy, en la misma línea que la precedente. Alguien, monstruo nuevo de Europa, escribía que era preciso purificar el continente, construir en él un Hombre nuevo: y una vez más, había que eliminar al judío. El Hombre nuevo fue esta vez el «ario». Un poco más al este, sería a no tardar el «comunista».

¿Y ahora? Con ocasión de este quinto centenario, Europa fustiga un tanto sus culpas y habla de «encuentro» y no de «descubrimiento». Magro progreso. Continúa orgullosa de haber impuesto una concepción de la democracia, de los derechos del hombre, de la razón, la ciencia y el progreso. No lamenta nada de sus sueños de entonces, ni tantas matanzas «necesarias», «inevitables», «involuntarias».

¿Qué debemos extraer hoy de los acontecimientos de 1492?

Ante todo, la *obsesión de pureza* de Europa, que se inventó un *pasado* (a cambio del judaísmo y el Islam), un presente (a cambio de la sífilis) y un futuro (en el Nuevo Mundo).

Después, el *triunfo de los marginados*: Behaim y Nebrija, Colón y

1492

Abravanel, Pico de la Mirándola y Ficino, hombres de ímpetu y hombres de letras, que encontraron aquello que jamás buscaron. Maquiavelo escribió: «La fortuna es una buena cosa cuando está entre las manos de un hombre deseoso de grandes logros, y cuyo espíritu y virtudes son tales que sabe reconocer las ocasiones que aquélla le depara». Todo el siglo se refleja en esta frase. Aquellos rebeldes —mercaderes, artistas, descubridores, matemáticos, filósofos— buscaron un Paraíso terrenal para los Hombres nuevos.

Finalmente, 1492 revela los *mecanismos de constitución de un continente-historia*. Para llegar a serlo, un espacio político tuvo que purificarse de su pasado, arrojar a los intrusos de su suelo, inventarse una historia, un espacio que conquistar, un Paraíso terrenal que poblar, un Hombre nuevo que forjar.

En general, los acontecimientos del año 1492, perteneciente a la vez a la Edad Media y a la modernidad, deben ser examinados con precaución a la hora de las conclusiones.

Actualmente, la situación es radicalmente nueva. Ni las dimensiones ni los envites son los mismos. 1492 nos parece una metáfora. El mundo está veinte veces más poblado, es un millón de veces más rico, dispone de un armamento mil veces mayor y de una energía inmensamente más poderosa. Los medios de comunicación, orales y escritos, son incomparablemente más rápidos, y la capacidad para la barbarie es, proporcionalmente, más gigantesca todavía. Es verdad que Europa, a causa de 1492, es hoy atlántica y no mediterránea, conquistadora y no acogedora, orgullosa de sus obras de arte y desmemoriada acerca de sus genocidios. Pero el resto del mundo, a causa de 1492, está sembrado de nombres europeos. En las nuevas tierras, se sigue esperando la forja del Hombre nuevo, la invención de una sociedad purificada de su pasado. La colonia de América se ha convertido en la primera potencia del planeta; incluso ha salvado, no hace tanto tiempo, al Viejo Mundo de sus propios monstruos.

Geopolíticamente, Europa ya no es el *continente-historia*. Como los ingleses del siglo XV, los europeos de hoy sueñan con la paz y la prosperidad económica; como los borgoñones, sueñan con la unidad federal; como los italianos, sueñan con los derechos del hombre, con el derecho a crear; como los españoles, sueñan con la gloria; como los franceses, sueñan con la grandeza. Amenazada por sus divisiones, agotada por cinco siglos de devastadoras colonizaciones, insegura por haberse olvidado del Este, Europa bascula de nuevo, no hacia el Atlántico, sino hacia el Este. Su «corazón» ya no es Amberes, Amsterdam o Londres, sino París y Berlín. Su población, proporcionalmente al resto del mundo, es dos veces menos importante que en 1492; intenta unirse para acabar con sus demonios, olvidar las naciones —conjunto de pueblos— que la componen. Pero no dispone

CONCLUSIÓN

de los medios —o no los ha encontrado aún— para verse a sí misma como *continente-historia*.

América, desde hace algunos decenios, ocupa este lugar. Así como la memoria de Europa se impuso con la imprenta, la de América se impone con el cine que permitió escribir la historia de su nacimiento, la gloriosa conquista del Far West, tan ficticia como aquella de Granada, de la que tanto se envanecieron los españoles. La América de hoy ha ido más lejos para buscar sus raíces. Ante todo, hemos asistido a un proceso de americanización de los valores de Occidente (democracia y mercado), cuyo origen europeo algunos preferirían olvidar. Por ello, el acontecimiento capital de 1992 podría ser el rechazo del mestizaje en la misma América, un rechazo marcado por la voluntad de cada cual de contar su pasado a su manera, de elegir su herencia no como habitante de un continente, sino como individuo o miembro de un grupo.

Existe una amenaza general de expulsión de «los otros» fuera del territorio o del grupo, al igual que en la Europa del siglo XV se preparó la de judíos y musulmanes. Tanto en Europa como en América, se asiste al mismo debate sobre asimilación y rechazo, sobre la incapacidad de «los otros» de integrarse en la «sociedad». Para nuestra tragedia, volvemos a los tiempos de la pureza. El pueblo corre el riesgo de no estar en ninguna parte; sólo donde expresaba, con admirable fórmula, el canciller Pot a los estados generales de Blois: en la «*universalidad de los habitantes del reino*».

Y sin embargo, el mundo es cada vez más un lugar de mestizaje, en el que se intercambian calor y frío, negro y blanco, Norte y Sur. Los mexicanos suelen decir que América es el producto de la violación de la india por un hidalgo. Así es el mundo: mestizo, impuro, extrayendo su fuerza de esta ambigüedad.

El año 1492 demuestra que no es posible desembarazarse del pasado: siempre vuelve a golpearnos el rostro. Y demuestra que influye en el porvenir, que no existe la página en blanco.

Quizá se anuncia un *nuevo continente-historia* a orillas del Pacífico. A base de dibujos animados e imágenes sintetizadas, está inventando un mundo de nómadas sin ideología, sin Paraíso terrenal. ¿Que opinarán en Tokio de Marco Polo o de Magallanes? ¿Y de Hiroshima?

Las lenguas del Norte se convierten en las armas del Sur: el español en América del Norte, el francés en el Magreb, son los modos de expresión de una nueva mixtura, de un nuevo mestizaje. Hispanización de los Estados Unidos, islamización de Europa ¿volvemos a los viejos conceptos?

Insensiblemente, el *continente-historia* se desplaza hacia el sur para conservarle en su memoria.

1492

¿Se contará algún día la historia del mundo desde la perspectiva africana? ¿Acaso sabe Europa cómo se denomina África en swahili?

¿Qué clase de mundo será posible mañana? ¿Dónde estará el nuevo Paraíso terrenal?

Temo que no esté en el Orinoco, sino en la droga —viaje hacia continentes sin proyecto— y en los laboratorios, donde la fantasía genética es la última vicisitud del sueño occidental, el punto último de una doble ambición: pureza y selección de la descendencia. Ya no es el artífice, sino el artefacto.

¿Quiénes serán los rebeldes? ¿Dónde se harán oír? ¿Transformarán el mundo sin escuchar a cuantos quieren hacerse un lugar en él?

En alguna parte existen un Colón y un Leonardo, un Nebrija y un Behaim, como existen, acechantes, los Vespucio y los Borgia, ladrones de glorias, o los Cortés y los Albuquerque, secuestradores de sueños.

Mañana comienza otro mundo. Hecho, como aquél, de azar y de furia. Un mundo que puede bascular de un mar a otro, construirse con exclusión de otros, olvidar su barbarie en la búsqueda de la pureza, destruir la humanidad en nombre del Paraíso terrenal.

A menos que sepamos hacer de esta conmemoración una ocasión para que todo el planeta venga a aceptar su historia con una meditación sobre la belleza de la diversidad, la grandeza de los rebeldes y las virtudes de la moderación.

AGRADECIMIENTOS

Este libro habría sido imposible sin la amistosa atención de Claude Durand, la exigente lectura del texto final de Denis Maraval y la ayuda de Serge Walery y Jeanne Auzenet en la puesta a punto de las referencias bibliográficas.

NOTAS BIBLIOGRÁFICAS

1. ANTONETTI, P., *Histoire de Florence*, París, Laffont.
2. ARIÉ, R., *L'Espagne musulmane au temps des Nasrides (1232-1492)*. Thèse d'État, Paris III. París, E. de Boccard, 1973.
3. ATTALI, J., *Bruits*, París, P.U.F., 1977. (Versión castellana: *Ruidos*, Cosmos, Valencia, 1978.)
4. ATTALI, J., *L'Ordre cannibale*, París, Grasset, 1979. (Versión castellana: *El orden caníbal*, Planeta, Barcelona, 1981.)
5. ATTALI, J., *Histoires du temps*, París, Fayard, 1982.
6. BENNASSAR, B. y L., *1492, un monde nouveau?* París, Perrin, 1991.
7. BENOIT, P., «Calcul, algèbre et marchandise», en SERRES, M. (bajo la dirección de), *Éléments d'histoire des sciences*, París, Bordas, 1988. (Versión castellana: «Cálculo, álgebra y mercancía», en *Elementos de historia de las ciencias*, Cátedra, Madrid, 1991.)
8. BÉRANGER, J., *Histoire de l'Empire des Habsbourg (1273-1918)*, París, Fayard, 1990.
9. BOORSTIN, D., *Les Découvreurs*, París, Seghers, 1986. (Versión castellana: *Los descubridores*, Crítica, Barcelona, 1989.)
10. BOUDET, J., *Chronologie universelle*, París, Bordas, 1988.
11. BRAUDEL, F., *La Méditerranée et le monde méditerranéen à l'époque de Philippe II*, París, Armand Colin, 1966. (Versión castellana: *El Mediterráneo y el mundo mediterráneo en tiempos de Felipe II*, Espasa Calpe, Madrid, 1988.)
12. BRAUDEL, F., *Civilisation matérielle, économie et capitalisme*, 3 vols., París, Armand Collin, 1979. (Versión castellana: *Civilización material, economía y capitalismo*, Fondo de Cultura Económica, Madrid, 1976.)
13. BRAUDEL, F. y LABROUSSE, E. (bajo la dirección de), *Histoire économique et sociale de la France*, tomo 1.
14. LE ROY LADURIE, E. y MORINEAU, M., *1450-1660, paysannerie et croissance*, tomo 2, París, P.U.F., 1977.
15. BRION, M., *Laurent le Magnifique*, París, Albin Michel, 1937.
16. CARDINI, F., *1492, l'Europe au temps de la découverte de l'Amérique*, París, Solar, 1990.
17. CARPENTIER, A., *La Harpe et l'Ombre*, París, Gallimard, 1979. (Versión castellana: *El arpa y la sombra*, Siglo XXI, Madrid, 1980.)
18. CARRIVE, P. y MANDEVILLE, B., *Passions, vices, vertus*, París, Vrin, 1980.

19. CÉLÉRIER, P., *Histoire de la navigation*, París, P.U.F., 1968.
20. CHANDEIGNE, *Lisbonne hors les murs* (1415-1580), París, Austrement, n.° 1, septiembre 1990.
21. CHASTEL, A., *Italie, 1460-1500*, Gallimard, «L'Univers des Formes», 1965. (Versión castellana: *El Renacimiento meridional. Italia 1460-1500*, Aguilar, Madrid.)
22. CHAUNU, P., *L'Expansion européenne du XIIIe au XVe siècles*, París, P.U.F., Nouvelle Clio, 1969. (Versión castellana: *La expansión europea (siglos XIII al XV)*, Labor, Barcelona, 1982.)
23. CHAUNU, P., *Conquête et exploitation des nouveaux mondes (XVIe siècle)*, París, P.U.F., Nouvelle Clio, 1969. (Versión castellana: *Conquista y explotación de los nuevos mundos (siglo XVI)*, Labor, Barcelona, 1984.)
24. CHAUNU, P., *Le temps des réformes. La crise de la Chrétienté; l'éclatement (1250-1550)*, París, Fayard, 1975.
25. CHAUNU, P., *Séville et l'Atlantique aux XVIe et XVIIe siècles*, París, Flammarion, 1977. (Versión castellana: *Sevilla y América*, Servicio de Publicaciones de la Universidad de Sevilla, Sevilla, 1983.)
26. CHAUNU, P., *Les Amériques: XVIe, XVIIe, XVIIIe siècles*, París, Armand Colin, 1976.
27. CHEVALLIER, J.J., *Histoire de la pensée politique*, 3 vols., París, Payot, 1979.
28. CHOISY, A., *Histoire de l'architecture*, 2 vols., París, Gauthier-Villars, 1899. Reedición, Génova-París, Slatkine, 1982. (Versión castellana: *Historia de la arquitectura*, Víctor Leru, Buenos Aires, 1970.)
29. CLOULAS, I., *Les Borgia*, París, Fayard, 1987.
30. CLOULAS, I., *Laurent le Magnifique*, París, Fayard, 1982.
31. CLOULAS, I., *Charles VIII et le mirage italien*, París, Albin Michel, 1986.
32. COLOMB, Christophe, *Journal*, La Découverte, nueva ed., 1991. (Versión castellana: *Diario*, Anaya, Madrid, 1991.)
33. COMMYNES DE, Philippe, *Histoire faicte et composée par...*, París, 1524.
34. CROIX, R. DE LA, *Des navires et des hommes. Histoire de la navigation*, París, Fayard, 1864.
35. DEBRAY, R., *Les visiteurs de l'aube*, París.
36. DEDIEU, J.-P., *L'Inquisition*, París, Éditions du Cerf, 1987. (Versión castellana: *La Inquisición*, Desclée de Brower, Bilbao, 1990.)
37. DELORME, J., *Thomas More*, París, 1936.
38. DELUMEAU, J., *La Civilisation de la Renaissance*, París, Arthaud, 1984. (Versión castellana: *La civilización del Renacimiento*, Juventud, Barcelona, 1977.)

39. DESCOLA, J., *Histoire d'Espagne*, París, Fayard, 1979. (Versión castellana: *Historia de España*, Juventud, Barcelona, 1967.)
40. DAUFOURCQ, C.E. y GAUTIER-DALCHÉ, J., *Histoire économique et sociale de l'Espagne chrétienne au Moyen Age*, París, Armand Colin, 1976.
41. DUMAS, J.-L., *Histoire de la pensée*, tomo 2, París, Tallandier, 1990.
42. DUMUR, G., *Histoire des spectacles*, París, La Pléiade, 1981.
43. DURAND, F., *Les Vikings*, París, P.U.F., 4.ª ed., 1985.
44. DURANT, W., *Histoire de la civilisation: La Renaissance*, París, Rencontres, 1963.
45. EHRENBERG, R., *Le Siècle des Fugger*, París, S.E.V.P.E.N., 1955.
46. FAVIER, J., *De l'or et des épices. Naissance de l'homme d'affaires au Moyen Age*, París, Fayard, 1987.
47. FAVIER, J., *Les Grandes Découvertes, d'Alexandre à Magellan*, París, Fayard, 1991.
48. FINOT, J., *Étude historique sur les relations commerciales entre la Flandre et l'Espagne au Moyen Age*, París, A. Picard et fils, 1899.
49. FLEG, E., *Anthologie juive des origines à nos jours*, París, Flammarion, 1956.
50. FOSSIER, R. (bajo la dirección de), *Le Moyen Age*, tomo 3: *Le temps des crises (1250-1520)*, París, Armand Colin, 1983. (Versión castellana: *La Edad Media*, Crítica, Barcelona, 1990.)
51. GACHARD, M., *Les monuments de la diplomatie vénitienne considérés sous le point de vue de l'Histoire moderne en général et de l'Histoire de la Belgique en particulier*, Memoria presentada en la sesión de l'Académie royale, el 7 de marzo de 1853, por M. Gachard, archivista general del reino de Bélgica.
52. GAXOTTE, P., *Histoire de l'Allemagne*, París, Flammarion, 1975.
53. GERMA, P., *Depuis quand? Ces choses de la vie quotidienne*, París, Berger-Levrault, 1936.
54. GERNET, J., *Le Monde chinois*, París, Armand Colin, 1972. (Versión castellana: *El mundo chino*, Crítica, Barcelona, 1991.)
55. GILLE, B. (bajo la dirección de), *Histoire des techniques*, París, Gallimard, La Pléiade, 1978.
56. GIRAUD, Y. y JUNG, M.R., *La Renaissance*, tomo 1 (1480-1548), París, Arthaud, 1972.
57. GODINHO, V.M., *Les découvertes, XVe-XVIe: une révolution des mentalités*, París, Autrement, serie Mémoires. Suplemento al n.º 1, 1990.
58. GORIS, J.A., *Étude sur les colonies marchandes méridionales à Anvers de 1488 à 1567. Contribution a l'histoire des débuts du capitalisme moderne*, Louvain, Uystpruyst, 1925.
59. GRUZINSKI, S. y BERNARD, C., *Histoire du nouveau monde*, tomo 1, *De la découverte à la conquête*, París, Fayard, 1991.

60. GUICCIARDINI, *L'Histoire d'Italie*, París, 1568.
61. JOSEPH HA-COHEN, *La Vallée des Pleurs*, traducción francesa, 1881.
62. HEERS, J., *Gênes au XVe siècle: civilisation méditerranéenne, grand capitalisme et capitalisme populaire*, París, Flammarion, 1971.
63. HEERS, J., *Christophe Colomb*, París, Hachette, 1981.
64. HEERS, J., *L'Occident aux XIVe et XVe siècles: aspects económiques et sociaux*, París, P.U.F., Nouvelle Clio, 4.ª ed. revisada, 1973. (Versión castellana: *Occidente en los siglos XIV y XV*, Labor, Barcelona, 1984.)
65. IANCU, D., *Les Juifs en Provence (1475-1501): De l'insertion à l'expulsion*, Institut historique de Provence, 1981.
66. KOYRÉ, A., *La révolution astronomique: Copernic, Kepler, Borelli*, París, Hermann, 1961.
67. KRIEGEL, M., «La prise d'une décision: l'expulsion des Juifs d'Espagne en 1492», en *Revue historique*, año 102, tomo CCLX, París, P.U.F., 1978.
68. KRIEGEL, M., *Les Juifs à la fin du Moyen Age dans L'Europe méditerranéenne*, París, Hachette, 1979.
69. LABANDE-MAILFERT, Y., *Charles VIII et son milieu (1470-1498). La jeunesse au pouvoir*, París, Librairie C. Klincksieck, 1975.
70. LABANDE-MAILFERT, Y., *Charles VIII*, París, Fayard, 1986.
71. LANE, F.C., *Venise, une république maritime*, París, Flammarion, 1975.
72. LARAN, M. y SAUSSAY, J., *La Russie ancienne*, París, Masson, 1975.
73. LEROY, B., *Les «Menir»: une famille sépharade à travers les siècles (XIIe-XXe)*, Burdeos, C.N.R.S., 1985.
74. LE ROY LADURIE, E., *L'État français* (tomo 3 de la *Histoire de France*), París, Hachette, 1987.
75. LÉVY, R., *Trente siècles d'Histoire de Chine*, París, P.U.F., 1967. (Versión castellana: *Treinta siglos de Historia de China*, Destino, Barcelona, 1972.)
76. LICHTENTHAELER, C., *Histoire de la médecine*, París, Fayard, 1978.
77. LOMBARD, M., *L'Islam dans sa première grandeur*, París, Flammarion, 1971.
78. LUCAS-DUBRETON, J., *La Vie quotidienne à Florence au temps des Médicis*, París, Hachette, 1958.
79. MACHIAVEL, N., *Le Prince*, París, Gallimard, 1986. (Versión castellana: *El Príncipe*, Alianza Editorial, Madrid, 1991.)
80. MADARIAGA, S. de, *Christophe Colomb*, París, 1952. (Versión castellana: *Vida del muy magnífico señor don Cristóbal Colón*, Espasa Calpe, Madrid, 1984.)

81. MAINE, R., *Nouvelle histoire de la Marine*. Tomo 1: *De la rame à la voile*, París, Éd. Maritimes et d'Outre-Mer, 1977.
82. MAHN-LOT, M., *La Découverte de l'Amérique*, París, Flammarion, «Questions d'Histoire», 1970.
83. MALO, C., *Histoire des Juifs depuis la destruction de Jérusalem jusqu'à nos jours*, París, Leroux, 1826.
84. MANTRAN, R., *Histoire de la Turquie*, París, P.U.F. (5.ª ed.), 1983.
85. MANTRAN, R. (bajo la dirección de), *Histoire de l'Empire ottoman*, París, Fayard, 1989.
86. MARGOLIN, J.-C. (bajo la dirección de), *L'Avènement des temps modernes*, París, P.U.F., «Peuples et Civilisations», 1977. (Versión castellana: *Los inicios de la Edad Moderna*, Akal, Torrejón de Ardoz, 1991.)
87. MARIÉJOL, J.-H., *L'Espagne sous Ferdinand et Isabelle*, París, Librairies-Imprimeries Réunis, 1892.
88. MAUROIS, A., *Histoire d'Angleterre*, París, Fayard, 1978. (Versión castellana: *Historia de Inglaterra*, Blume, Barcelona, 1966.)
89. MÉNDEZ BEJARANO, M., *Histoire de la Juiverie de Séville*, Madrid, Editorial Ibero-Africano-Americana, 1922.
90. MÉTRAUX, A., *Les Incas*, París, Seuil, 1962.
91. MÉTRAUX, A., *Religions et magies indiennes d'Amérique du Sud*, París, Gallimard, 1967. (Versión castellana: *Religión y magias indígenas de América del Sur*, Aguilar, Madrid, 1973.)
92. MOLLAT, M., *La Vie quotidienne des gens de mer en Atlantique (IXe-XVIe siècles)*, París, Hachette, 1983.
93. MONTAIGNE, *De la vanité*, Rivages, «Petite Bibliothèque», París, 1989. (Versión castellana: *Ensayos*, Cátedra, Madrid, 1985.)
94. MUNTZ, E., *Histoire de l'art pendant la Renaissance*, tomo 2: *Italie, l'Age d'or*, París, Hachette, 1891.
95. NEHRER, A., *David Gans (1541-1613): disciple du Maharal, assistant de Tycho Brahé et de Jean Kepler*, París, Klincksieck, 1974.
96. PAPIN, Y.-D., *Précis de chronologie de civilisation française*, París, Albin Michel, 1981.
97. PÉREZ, J., *Isabelle et Ferdinand, Rois Catholiques d'Espagne*, París, Fayard, 1988.
98. POLIAKOV, L., *Histoire de l'antisémitisme*, 3 vols. Tomo 2: *De Mahomet aux Marranes*, París, Calmann-Levy, 1961. (Versión castellana: *Historia del antisemitismo*, tomo 2: *De Mahoma a los marranos*, Métodos Vivientes, Barcelona, 1979.)
99. POSTAN, M. e HILL, C., *Histoire économique et sociale de la Grande-Bretagne*, 2 vols., París, Seuil, 1977.
100. REISCHAUER, E.-O., *Histoire du Japon et des Japonais*, 2 vols., París, Seuil, 1973.

101. RENOUARD, Y., *Histoire de Florence*, París, P.U.F. (3.ª ed.), 1974.
102. RESENDE, G. DE, *Recollection des merveilles advenues en notre temps*, 1534.
103. RIASANOVSKY, N.-V., H*istoire de la Russie*, París, Robert Laffont, 1987.
104. ROTH, C., *Histoire du peuple juif*, 2 vols., París, Stock, 1980.
105. SARDELLA, P., *Nouvelles et spéculations à Venise au début du XVIe siècle*, París, Armand Colin, 1948.
106. SCHICK, L., *Un gran homme d'affaires du début du XVIe siècle: Jacob Fugger*, París, S.E.V.P.E.N., 1957. (Versión castellana: *Jacobo Funcar (un hombre de negocios del siglo XVI)*, Aguilar Madrid, 1961.)
107. SCHWARZFUCHS, S., *Les Juifs en France*, París, Albin Michel, 1975.
108. SEPHIHA, H.-M., *L'Agonie des Judéo-Espagnols*, París, Entente, 2.ª ed., 1979.
109. SHAW, S., *Histoire de l'Empire ottoman et de la Turquie*, 2 vols., Roanne, Éditions Horvath.
110. SIRAT, C., *La Philosophie juive médiévale en pays de chrétienté*, París, C.N.R.S., 1988.
111. SOIL, H., *Abravanel, Don Isaac, sa vie et ses œuvres*, París, Gallimard, 1983.
112. SUÁREZ FERNÁNDEZ, L., *Les Juifs espagnols au Moyen Age*, París, Gallimard, 1983. (Versión castellana: *Los judíos españoles en la Edad Media*, Rialp, Madrid, 1980.)
113. TENENTI, A., *Florence à l'époque des Médicis; de la Cité à l'État*, París, Flammarion, 1968. (Versión castellana: *Florencia en la época de los Médicis*, Ediciones 62, Barcelona, 1974.)
114. THOMAS, H., *Histoire inachevée du monde*, París, Robert Laffont, 1986.
115. TODOROV, T., «Voyageurs et Indigènes», en *L'Homme de la Renaissance*, París, Seuil, 1990.
116. VINCENT, B., *1492, l'année admirable*, París, Aubier, 1991.
117. WACHTEL, N., *La vision des vaincus. Les Indiens du Pérou devant la conquête espagnole*, París, Gallimard, 1971. (Versión castellana: *Vencidos: los indios del Perú frente a la conquista española*, Alianza Editorial, Madrid, 1976.)
118. WALERY, S., «Communication et accumulation du capital: pour une perspective de longue durée», en *Quaderni*, Université Paris-IX Dauphine, n.º 12, invierno 1990/1991.
119. WARBURG, A., *Essais florentins*, Klincksieck, 1990.
120. WICKERSHEIMER, E., *La Syphilis à Genève à la fin du XVe siècle*, comunicación de 1926.
121. WICKERSHEIMER, E., *Dictionnaire biographique des médecins du Moyen Age*, Génova, reimpresión 1979.

122. YOVEL, Y., *Spinoza and Other Heretics*, 2 vols., Princeton University Press, 1989.

COLECTIVOS Y ANÓNIMOS

123. *L'Amérique en 1492; portrait d'un continent*, París, Larousse, 1991.
124. *Colloque international d'histoire de la médecine médiévale*, 1985. MOLLAT DU JOURDIN, M., «Hygiène et santé dans les voyages de découvertes».
125. BIRABEN, J.-N., *Hygiène et santé publique en France au Moyen Age*.
126. Comité científico internacional para la redacción de una *Historia General de África* (UNESCO). *Historia general de África*, tomo 4.°: «África entre los siglos XII y XVI», Madrid, Tecnos, 1985.
127. *Histoire de l'Europe* (bajo la dirección de Carpentier, J. y Lebrun, F.), París, Seuil, 1990.
128. *Histoire de la famille*, 2 vols., Armand Colin, 1986. (Versión castellana: *Historia de la familia*, Alianza Editorial, Madrid, 1988.)
129. *Le Monde de Jacques Cartier. L'Aventure au XVIe siècle*, Berger Levrault, París, 1989.
130. *Histoire des femmes en Occident* (bajo la dirección de Duby, G. y Perrot, M.), tomo 2: *Le Moyen Age*, París, Plon, 1991. (Versión castellana: *Historia de las mujeres: una historia propia*, Crítica, Barcelona, 1990.)
131. *L'Homme de la Renaissance* (bajo la dirección de Garin, E.), París, Seuil, 1990.
132. *L'Italie de la Renaissance; un monde en mutation (1378-1494)* (coordinación de Cloulas, I.), París, Fayard, 1990.
133. Banco de datos Blaise-Line de la British Library.
134. *Lisbonne hors les murs (1415-1580). L'invention du monde par les navigateurs portugais*, París, Autrement, serie «Mémoires», n.° 1, septiembre 1990.
135. *Voies océanes*, Bibliothèque Nationale, París, 1991.
136. *Tolède*, París, Autrement, serie «Mémoires», n.° 3, 1991.
137. *Arawak, histoire des Antilles*, SERMON, Tchou.

PERIÓDICOS

138. *Cahiers français*, n.° 244, «L'invention de l'Europe».
139. *Le Siècle*, año 1892.
140. *Le Temps*, año 1892.

ÍNDICE ALFABÉTICO

A

ABBACO, Paolo del, 53.
ABBA DEL MEDIGO (Elie ben Moise), 44.
ABRAVANEL, Isaac, 45, 146, 148, 150, 151, 153, 160, 167, 176, 237, 260.
ACOSTA, Uriel, 242.
ADAM DE BREMEN, 106.
ADAM, Guillermo, 110.
AGUADO, Juan, 196.
AGUILAR, Jerónimo de, 210.
AGUSTÍN, san, 32, 199.
AHUITZOLT, 78.
ALBERTI, Leo Battista, 19, 60.
ALBERTO V DE HABSBURGO, 95.
ALBRET, casa de, 93.
ALBRET, señor de, 92.
ALBUQUERQUE, Alfonso de, 203, 262.
ALEJANDRO MAGNO, 104.
ALEJANDRO VI, papa, v. *Borgia, Rodrigo*.
ALFONSO V DE ARAGÓN, 28, 29, 87, 94.
ALFONSO VII DE CASTILLA, 39.
ALFONSO IV DE PORTUGAL, 110, 134.
ALFONSO V DE PORTUGAL, 93, 115, 117, 118, 119, 121, 258, 259.
ALFONSO XIII DE ESPAÑA, 258, 259.
ALGUADEZ, Meir, 43.
ALÍ BER, Sonni, 9, 80, 130, 171, 209, 255.
ALMOHADES, dinastía de los, 39.
AMBOISE, Georges d', 91, 251.
AMBROSIO, rey, 106.
AMBROSIO, san, 199.
ANGELO, Jacopo, 112.
ANGLERÍA, Pedro Mártir de, 52, 192, 195, 220.
ANGULEMA, conde de, 92.
ANJOU, familia de, 248.
ANJOU, Luis de, 81.
AN-NASIR, 33.
ANA DE BEAUJEU, 91, 92, 93, 126.
ANA DE BRETAÑA, 20, 92, 93, 129, 136, 141, 166, 170, 174, 248, 250, 255.
ANTEQUERA, familia de, 93.
ARETINO, Pietro Bacci, llamado el, 153.
ARIOSTO, Ludovico Ariosto, llamado el, 22, 130, 233.
ARISTÓTELES, 104, 228.
ARNOLFINI, familia, 58, 98.
ARTURO, rey, 108.
ASKIA, dinastía de los, 171.
AVEIRO, João Alfonso d', 123.
AVERLINO, 19.
AVIS, dinastía de, 93.
AXAYAXCATL, 78.
AYLLI, Pierre d', 112, 119, 121.
AZAMBUZA, Diego de, 120.

B

BACCI, Pietro, v. *Aretino*.
BACON, Roger, 49.
BALBOA, Vasco Núñez de, 202.
BALDING, Jerónimo, 24.
BANU ABD al BARR, 175.
BARBARIGO, Agostino, 86, 129, 136.
BARBARIGO, Marco, 86, 129.
BARBO, Ludovico, 32.

BARBO, Pietro, v. *Paulo II.*
BATAILLE, Georges, 214.
BAUDRICOURT, Jean de, 90.
BAYEZID II, 82, 129, 158, 232, 238, 252.
BEATRIZ, compañera de Colón, v. *Harana.*
BEAUNE-SEMBLANÇAY, 253.
BEHAIM, Martin, 9, 54, 120, 122, 123, 130, 131, 160, 161, 192, 228, 255, 256, 259, 262.
BELLOY, Pierre de, 254.
BEMBO, Pietro, 21, 22.
BENEDICTO XII, 110.
BENEDICTO XIII, 29, 42.
BENTHAM, Jeremy, 254.
BERARDI, Juanoto, 123, 152.
BERNÁLDEZ, Andrés, 162, 166.
BERTOLDO, 82.
BESSARION, cardenal, 48.
BETHENCOURT, Juan de, 112.
BETHENCOURT, Maciot de, 112.
BÈZE, Théodore de, 254.
BIANCA MARÍA, hija de Ludovico el Moro, 142, 143.
BIANCO, Andrea, 114.
BJORN, 105, 106.
BLANCA DE SABOYA, 157.
BOABDIL, 35, 36, 133, 134, 135, 208.
BOBADILLA, Francisco de, 201, 202.
BOCCACCIO, Giovanni, 21, 50.
BODIN, Juan, 254.
BOECIO (Anicius Manlius Severinus Boetius), 9, 170.
BONIFACIO VII, 243.
BONIFACIO VIII, 109.
BONJORN, Bonet, 41.
BORBÓN, Gabriela de, 21.
BORBONES, familia de los, 91, 92, 100, 249.
BORGHI, Piero, 54.
BORGIA, familia, 2, 29, 31, 162, 171, 243, 248, 262.

BORGIA, Alfonso, CALIXTO III, 29, 34, 81.
BORGIA, César, 30, 169, 171, 243, 244, 249, 250, 251.
BORGIA, Juan, 171, 248.
BORGIA, Lucrecia, 30, 169, 248.
BORGIA, Luis Juan, 29.
BORGIA, Pedro Luis, 29.
BORGIA, Rodrigo, ALEJANDRO VI, 24, 29, 30, 31, 32, 141, 162, 164, 167, 169, 171, 183, 192, 229, 248, 249, 251, 255.
BOTTICELLI, Sandro, 31, 98, 130.
BOYARDO, Matteo Maria, 22.
BRAGANZA, duque de, 122.
BRAHÉ, Tycho, 256.
BRAMANTE, Donato di Angelo, 19.
BRAUDEL, Fernand, 17, 65.
BRESSE, Monseñor de, 157.
BRIÇONNET, Guillaume, 62, 152, 155.
BRUNELLESCHI, Filippo, 19, 60, 100.
BUDE, Guillaume, 52.
BURCKHARDT, Jakob, 99.

C

CABALLERÍA, Alfonso de la, 44, 146, 153, 159, 160.
CABALLERÍA, Pedro de la, 45.
CABOT, Juan y Sebastián, 197.
CABRAL, Pedro Álvarez, 187, 200, 202, 207, 208.
CA' DA MOSTO, Alvise de, 116, 117.
CALIXTO III, v. *Borgia, Alfonso.*
CALÓNIMOS DE LUCCA, 38.
CALVINO, Juan, 244.
CÃO, Diego, 212.
CAPAC, Huáscar y Atahualpa, 212.

ÍNDICE ALFABÉTICO

CAPAC, Huayna (llamado el Inca), 212.
CAPELLO, Francesco, 136.
CÁRDENAS, Gutiérrez de, 133.
CARLOMAGNO, 38, 83, 95.
CARLOS V, 111, 207, 211, 212, 213, 218, 223, 225, 248, 251, 253.
CARLOS VII, 17, 62, 88, 100.
CARLOS VIII, 20, 24, 30, 87, 88, 90, 91, 92, 93, 100, 126, 129, 136, 138, 143, 147, 152, 155, 156, 161, 162, 163, 164, 170, 179, 181, 183, 184, 187, 224, 229, 232, 237, 243, 247, 248, 249, 250, 251, 255.
CARLOS DE ORLEANS, 92.
CARLOS DE SABOYA, 157.
CARLOS EL TEMERARIO, 88, 89, 90.
CARLOS ORLANDO, delfín de Francia, 177.
CARPACCIO, 82.
CARPI, Berengario da, 228.
CARPINO, Giovanni da Pian, 67.
CARTIER, familia, 58.
CARTIER, Jacques, 187, 215.
CASIMIRO III, 40.
CASIMIRO IV DE POLONIA, 9, 95, 124, 129, 130, 159, 252, 255.
CASTIGLIONE, Baltasar, 231.
CASTRIOTA, Jorge, llamado SKANDERBERG, 81.
CATALINA DE NAVARRA, 42.
CATO, Angiolo, 24.
CATTANEI, Vannozza, 30.
CAVALLI, Antonio di, 62.
CAXTON, 48, 208.
CENTURIONI, familia, 58, 78, 118, 120, 123.
CENTURIONI, Ludovico, 120.
CERTAIN, Jehan, 54.
CERVANTES, Miguel de, 256.
CIBÒ, Giovanni Battista, v. *Inocencio VIII.*

CIBÒ, Francesco, 138, 151.
CICERÓN, 52.
CIRO, 183.
CISNEROS, Francisco Jiménez de, 94, 209, 239.
CITTADIN, Antonio, 24.
CLAUDIA DE FRANCIA, 251.
CLEMENTE V, papa, 110.
COBRILLO, 215.
CŒUR, Jacques, 62.
COLET, John, 52, 244.
COLOMBO, Domenico, 116.
COLOMBO, Susana, 116.
COLÓN, Bartolomé, 97, 119, 126, 138, 152, 196, 219.
COLÓN, Cristóbal, 30, 107, 111, 115, 116, 117, 118, 119, 120, 121, 122, 123, 124, 125, 126, 130, 135, 136, 137, 138, 139, 141, 145, 146, 149, 151, 152, 153, 154, 155, 156, 157, 158, 160, 161, 163, 164, 167, 168, 169, 170, 173, 174, 175, 177, 178, 179, 180, 181, 182, 183, 184, 187, 189, 190, 191, 192, 193, 194, 195, 198-206, 208, 210, 212, 217, 219, 220, 221, 223, 227, 228, 230, 239, 240, 255, 257-259, 262.
COLÓN, Diego, 120, 152.
COLÓN, Fernando, 118, 126, 193.
COLONNA, familia, 29.
COMMYNES, Philippe de, 83, 87, 89, 90, 91, 129, 147, 152, 187.
CONSTANTINO, emperador, 28, 30.
CONTARINI, Zaccaria, 136.
COOPER, Fenimore, 257.
COPÉRNICO, Nicolás, 111, 131, 228.
COQUILLE, Guy, 254.
CÓRDOBA, Fernández de, 36.
CORNARO, Catalina, 82.

CORTE-REAL, Gaspar y Miguel, 200.
CORTÉS, Hernán, 78, 122, 209, 211, 217, 220, 251, 262.
CORVINO, Matías, 81, 82, 95, 129, 158.
COSA, Juan de la, 158, 164, 184, 201.
COSTA, Soeiro, 117.
COVILHA, Pedro da, 124, 125.
CRATES DE MALOS, 105.
CRESCAS, Hasdai, 242.
CRESQUES, Yehuda, 41, 111, 113.
CRISTIAN II DE DINAMARCA, 95.
CRISTÓBAL III DE DINAMARCA, 115.
CRUCE, Emerico, 254.

Ch

CHANCA, Diego, 193.
CHASTELAIN, Georges, 187.
CHAUNU, Pierre, 48, 103.
CHENG-HO, 76.
CHILLINI, Alejandro, 24.
CHUQUET, Nicolás, 54.

D

DANTE ALIGHIERI, Durante, 83.
DARDI DE PISA, 53.
DATI, Giuliano, 191.
DATINI, familia, 62.
DATINI, Francesco di Marco, 62.
DAVIZI, Bernardo, 233.
DEI, Benedetto, 19, 69, 117.
DELUMEAU, Jean, 23.
DEZA, Diego de, 124, 126, 149, 240.
DIAS, Diniz, 114.
DIAS, Vicente, 116.

DÍAZ, Bartolomé, 115, 124, 125, 130, 158, 161, 189, 190, 197, 198, 200, 208, 221.
DÍAZ, Diego, 200.
DÍAZ DE SOLÍS, Juan, 202.
DIESEL, Rudolph, 258.
DI NEGRO, familia, 118.
DI NEGRO, Paolo, 120.
DJEM, príncipe, 82, 249, 250.
DOLET, Mathieu, 181.
DONATELLO, Donato di Niccoló di Betto Bardi, llamado, 98.
DONDI, 59.
DORIA, Tedisio, 109.
DUFAY, Guillermo, 100.
DUNOIS, Jean de, 91.
DUPLESSIS-MORNAY, 254.
DURERO, Alberto, 101, 131, 145, 206, 232.

E

EANES, Gil, 113.
EDUARDO IV DE INGLATERRA, 49, 89, 94, 168.
EDUARDO V DE INGLATERRA, 94.
ELCANO, Juan Sebastián, 204.
ENCINA, Juan del, 130, 184, 241.
ENRIQUE II DE FRANCIA, 231.
ENRIQUE DE NAVARRA, Enrique IV, 241.
ENRIQUE III DE CASTILLA, 112.
ENRIQUE IV DE CASTILLA, 44, 94.
ENRIQUE EL NAVEGANTE, 95, 112, 113, 114, 115, 117, 120, 126, 190, 223.
ENRIQUE IV DE INGLATERRA, 94.
ENRIQUE V DE INGLATERRA, 94.
ENRIQUE VI DE INGLATERRA, 94.
ENRIQUE VII TUDOR, 72, 95, 126, 130, 170, 174, 175, 177, 179, 181, 184.
ENRIQUE VIII, 222, 244.

ÍNDICE ALFABÉTICO

ENRÍQUEZ, Pedro, 135.
ERASMO, 27, 49, 52, 131, 153, 227, 231, 238, 240, 243, 244, 253.
ERATÓSTENES DE CIRENE, 104.
ERIK EL ROJO, 105, 106.
ESCOBAR, Pedro, 117.
ESDRAS, 122.
ESQUERDES, mariscal d', 248.
ESTE, Hércules d', 100, 130, 143.
ESTOUTEVILLE, Guillaume d', 22, 29, 30.
EUDOXIO DE CNIDO, 104.
EUTIMENES, 104.
EYMERICH, Nicolás, 43.

F

FAVIER, Jean, 61.
FÉLIX V, antipapa, 29.
FEDERICO II, 232.
FEDERICO III DE HABSBURGO, 89, 94, 129, 158.
FELIPE II AUGUSTO, 39.
FELIPE II DE ESPAÑA, 207, 213, 218, 225, 247, 251.
FELIPE IV EL HERMOSO, 81, 90, 142, 196, 248, 251.
FELIPE EL ATREVIDO, 88.
FELIPE EL BUENO, 88, 89.
FELIPE EL HERMOSO, 40.
FERNANDO I DE ARAGÓN, 93, 97.
FERNANDO II DE ARAGÓN, 31, 35, 36, 43, 44, 45, 52, 81, 88, 89, 93, 94, 123, 124, 130, 133, 134, 135, 139, 142, 145, 146, 147, 149, 154, 155, 159, 160, 162, 163, 167, 177, 178, 181, 182, 183, 203, 210, 237, 248, 250, 251.
FERNÁNDEZ, médico, 138.
FERNÁNDEZ, Álvaro, 115.
FERRANTE DE NÁPOLES, 82, 87, 88, 92, 129, 137, 138, 152, 248.

FERRANTE II, llamado Ferrandino, 249.
FERRER, Jaume, 111.
FERRER, Vicente, 29, 40, 42.
FICINO, Marsilio, 50, 51, 52, 130, 146, 149, 151, 260.
FICHET, Guillaume, 52.
FILARETI, Antonio di Pietro Avalino, llamado, 19.
FOIX, condes de, 93.
FONSECA, Juan Rodríguez de, 191, 193, 196, 201.
FONTANA, Giovanni, 60.
FOSCARINI, Alvise, 150.
FOSSE, Eugène de la, 120, 191.
FRANCISCO I, 92, 207, 215, 224, 232.
FRANCISCO II DE BRETAÑA, 92.
FRANCISCO II DE AUSTRIA, 257.
FRANCISCO JOSÉ, emperador, 247.
FRANCO, Matteo, 151.
FRASCATOR, Jerónimo, 230.
FREUD, Sigmund, 241.
FREYDIS, 106.
FUGGER, familia, 58, 59, 224.
FUGGER, Jacobo, 62, 63.
FUST, Johann, 47.

G

GAFFURIO, Franchino, 130, 131.
GAFRAN AB AEDAN, 106.
GAGUIN, Robert, 52.
GALENO, Claudio, 229.
GALILEO, Galilei, 256.
GALLUF, Eleázar, v. *Sánchez, Juan*.
GAMA, Vasco de, 125, 197, 198, 200, 201, 255.
GANZ, David, 256.
GEERTSZ, v. *Erasmo*.
GENGIS KHAN, 108.
GENSFLEISCH, Johannes, v. *Gutenberg*.

GERALDI, Antonio, 123.
GERALDINI, Alejandro, 123, 126.
GHERARDI, Paolo, 53.
GHIRLANDAIO, Domenico di Tommaso Bigordi, llamado, 31, 98, 101.
GIBBON, Josef, 170.
GIOVANNI, Bartoldo de, 98.
GIUSTINIANI, Leonardo, 64.
GÓMEZ, Diego, 117.
GÓMEZ, Fernão, 117.
GONÇALVES BALDAIA, Alfonso, 114.
GONÇALVEZ DA CAMARA, João, 118, 124.
GONZAGA, familia, 70.
GORCINO, 24.
GREGORIO VII, 33.
GRIMALDI, familia, 70.
GROOTE, Geert, 32.
GUERRERO, Francisco, 210.
GUICCIARDINI, Francesco, 84, 85, 86, 164, 187.
GUTENBERG, Johannes Gensfleisch, llamado, 47.
GUTIÉRREZ, 178.
GUZMÁN, Enrique de, 123.
GUZMÁN, duques de Medina Sidonia, 117.

H

HABBUS, 38.
HABSBURGO, dinastía, 95, 247, 248.
HA-COHEN, Josef Rabbi, 38, 148, 169, 238.
HA-LEVI, Salomón, 41; v. también *Santa Fe, Jerónimo de.*
HA-NASSI, Josef, v. *Mendes, João.*
HARANA, Beatriz Enríquez de, 123, 124, 126, 149.
HARRISON, 258.
HARVEY, William, 229.
HECATEO DE MILETO, 104.

HEERS, Jacques, 116.
HERZL, Theodor, 258.
HIDEYOSHI, 256.
HIMILCON, 104.
HIYYA HA-NASSI, Abraham ben, 53.
HOHENZOLLERN, Alberto de, 252.
HOMEN, Andreas, 207.
HORACIO (Quintus Horatius Flaccus), 52.
HUESCA, Abraham de, 45.
HUNYADI, Jan, 95.
HUSS, Juan, 32.

I

IBN LABI, Benveniste, 43.
IBN MAJID, 69, 198.
IBN NAGRELA, Samuel, 38.
IBN SANTO, Levi, 159.
INOCENCIO IV, papa, 109.
INOCENCIO VIII, papa, 19, 24, 31, 32, 82, 92, 97, 100, 129, 130, 138, 151, 162.
IRVING, Washington, 257.
ISAAC, Heinrich, 100.
ISABEL DE CASTILLA, 30, 31, 35, 36, 43, 44, 45, 52, 88, 93, 94, 120, 123, 124, 133, 134, 135, 145, 146, 147, 149, 154, 155, 159, 160, 162, 163, 167, 177, 178, 182, 196, 210, 248.
ISABEL DE NÁPOLES, 87.
ISABEL DE YORK, 95.
ISAÍAS, 193.
IVÁN I KALIKA, 95.
IVAN III, 96, 129, 252.

J

JACOBO IV DE ESCOCIA, 168.
JAGELLON, dinastía, 95.

JEFFERSON, Thomas, 257.
JOSQUIN DES PRÉS, 97, 100.
JUAN I DE CASTILLA, 41.
JUAN II DE ARAGÓN, 87, 88, 93.
JUAN I DE PORTUGAL, 93, 112, 120.
JUAN II DE PORTUGAL, 45, 93, 119, 120, 121, 122, 125, 126, 141, 161, 190, 192, 194, 197, 202, 203, 236.
JUAN II EL BUENO, 88.
JUAN SIN MIEDO, 88.
JUAN XXII, papa, 110.
JUANA DE ARCO, 29.
JUANA, infanta de Aragón, 196, 248, 251.
JUANA, llamada LA BELTRANEJA, 94.
JUBIÉ, Renaud, 161.
JULIO II, papa, 31, 164, 244, 251.

K

KANT, Emmanuel, 254.
KEMPIS, Tomás de, 32.
KEPLER, 256.
KHAN, Gran, 179, 191, 195, 197.
KIRCHBERG-WEISSENHORN, condes de, v. *Fugger*.
KRÄMER, Heinrich, 24.
KRYESER, Konrad, 59.

L

LA BOÉTIE, Étienne de, 231.
LADISLAO VI JAGELLON, 95.
LANCASTER, casa de, 94, 95.
LANGUET, Hubert, 254.
LA NOUE, François de, 254.
LÁÑEZ, Diego de, 240.
LA PALICE, señor de, 92.
LASCARIS, Juan, 141, 142.

LAS CASAS, Bartolomé de, 129, 173, 181, 193, 212, 213, 214.
LASSELINE, Jehanne, conde de, 230.
LA TREMOILLE, mariscal de, 21.
LEFÈVRE D'ÉTAPLES, Jacques, 32, 52.
LEIF EL AFORTUNADO, 105, 106.
LEÓN, Moisés de, 40.
LEÓN EL AFRICANO, 68.
LEONICERO, Niccolò, 229.
LEONOR DE PORTUGAL, 95.
LEPAGE, Jeanne, 231.
LEVANTO, Giuliano da, 109.
LEVET, Pierre, 22.
LÉVI-STRAUSS, Claude, 213.
LEZZE, Michele da, 222.
LHÔPITAL, Michel de, 254.
LICHTENBERGER, Johannes, 27, 130, 183, 244.
LIPPI, Filippino, 31, 101.
LOEW, Rabbi, 256.
LOMBARD, Maurice, 107.
LORQUI, Josué, 41, 42.
LOYOLA, Ignacio de, 240, 245.
LUCERO, 240.
LUD, Gauthier, 206.
LUDOVICO EL MORO, Ludovico Maria Sforza, llamado, 31, 87, 97, 129, 130, 142, 143, 152, 155, 156, 171, 174, 227, 249, 250.
LUFT, Hans, 244.
LUGO, Juan de, 153.
LUIS IX, 39, 109.
LUIS XI, 18, 59, 83, 88, 89, 90, 100, 250.
LUIS XII, Francisco de Orleans, luego, 232, 250, 251.
LUIS XIV, 248, 256.
LUIS DE ORLEANS, 24, 91, 92, 93, 248.
LUISA DE SABOYA, 92.
LUNA, Pedro de, v. *Benedicto XIII*.

279

LUPPES, Antoine de, 241.
LUTERO, Martín, 9, 131, 183, 207, 244.

M

MADARIAGA, Salvador de, 116.
MADAWAG AB OWAIN GWYNED, 106.
MADISON, James, 257.
MAGALHAES, Fernão de, v. *Magallanes, Fernando*.
MAGALLANES, Fernando de, 203, 261.
MAHOMET II, 80, 81, 82.
MAILLIARD, Jehan, 182, 183.
MAIMÓNIDES, 39, 41, 242.
MALATESTA, príncipes, 128.
MALFANTE, Antonio, 115.
MALOCELLO, Lanzaroto, 109, 112.
MANCO, 212.
MANDEVILLE, Jean de, 111, 119.
MANSA MUZA, 68.
MANTEGNA, Andrea, 19, 101, 131.
MANUCCIO, Aldo, 48.
MANUEL I DE PORTUGAL, 197, 237.
MAQUIAVELO, Nicolás, 84, 85, 130, 131, 146, 187, 253, 260.
MARCIO, Galeotto, 24.
MARCHENA, Antonio de, 123, 126.
MARCHIONNI, Bartolomeo, 200.
MARGARIT, Pedro, 195.
MARGARITA DE AUSTRIA, 90, 93.
MARGARITA DE NAVARRA, 231.
MARÍA DE BORGOÑA, 89, 90, 142.
MARÍA CRISTINA DE ESPAÑA, 258.
MARÍA ENRÍQUEZ DE ARAGÓN, 248.
MARIGNOLI, Giovanni, 110.
MAROT, Clément, 22.
MAROT, Jean, 22.
MARTELLUS, Henricus, 126.
MARTÍN V, papa, 28, 29.

MARTÍNEZ, Fernando, 41.
MARTINS, Fernão, 119.
MARX, Karl, 241.
MASI, Bartolomeo, 150.
MATTEO, Francesco, 145.
MAURO, Fra, 117.
MAUSS, Marcel, 213, 214.
MAXIMILIANO I DE AUSTRIA, 24, 62, 72, 89, 90, 91, 92, 95, 100, 129, 130, 142, 143, 158, 168, 179, 183, 196, 244, 248, 250, 251, 256.
MECKLEMBURGO, príncipes de, 163.
MÉDICIS, familia de los, 19, 31, 50, 58, 62, 73, 98, 117, 130, 138, 163, 183, 199.
MÉDICIS, Catalina, 174.
MÉDICIS, Cosme, 50, 51, 232.
MÉDICIS, Juan de, 171, 244.
MÉDICIS, Juliano de, 31, 86, 174.
MÉDICIS, Lorenzo I, llamado el Magnífico, 9, 51, 82, 86, 88, 97, 98, 99, 100, 129, 130, 137, 138, 141, 142, 145, 146, 149, 150, 151, 174, 205, 232, 255.
MÉDICIS, Lorenzo II de, 174.
MÉDICIS, Pedro de, 86, 145, 146, 150, 151, 171, 174, 205, 249.
MELANIO, san, 182.
MENDES, João, 238.
MENDOZA, Antonio de, 211.
MENDOZA, cardenal, 123, 124, 134, 135.
MENIR, Josef ben, 41.
MERCATOR, 207.
MERDYYN, 106.
MESSINA, Antonello de, 98, 101.
MIDDLEBURG, Pablo de, 9, 27, 130, 183, 244.
MIGUEL ÁNGEL, Michelangelo Buonarotti, llamado, 98, 131, 132.

MING, dinastía, 75.
MOCTEZUMA II, 211.
MOERBEKE, Job Huerter de, 123.
MOLINET, Jean, 187.
MOLKO, Salomón, 238.
MOLYARTE, Miguel, 122.
MONIZ, Gil, 115, 120.
MONTAIGNE, Michel de, 241, 243, 256.
MONTE CORVINO, Giovanni da, 109, 110.
MONTESINOS, Antonio de, 210.
MONTFERRAT, marqués de, 157.
MONTPENSIER, Gilbert de, 250.
MORO, Tomás, 206, 239, 244, 253.
MORRISON, 259.
MORTIMER, Francis, 257, 259.
MUHAMMAD AL-AHMAR, 34.
MÜNZER, Hieronymus, 194.

N

NABUCODONOSOR, 37, 153.
NASSAU, Adolfo de, 47.
NASSI, Josef, 341.
NAVAJERO, Andrea, 134.
NAXOS, duque de, v. *Mendes, João*.
NEBRIJA, Antonio de, 9, 49, 130, 131, 142, 143, 208, 259, 262.
NICOLÁS IV, papa, 109.
NICOLÁS V, papa, 29, 43, 80, 81, 95.
NICOLÁS DE CALABRIA, 89.
NIEBLA, conde de, 112.
NIÑO, Juan, 157, 164.
NITHARD, 83.
NOLI, Antonio, Bartolomeo y Raffaello, 58, 114.
NÚÑEZ, Pedro, 242, 256.
NÚÑEZ, Violante, 122.

O

OCKEGHEM, Johannes, 100.
OGODEI, 108.
OJEDA, Alonso de, 199.
OKKAM, Guillermo de, 43.
ORESME, Nicolás, 59.
OROBIO DE CASTRO, Baltasar, 342.
ORSINI, familia, 29, 87.
OVIDIO, 52.

P

PABLO II, papa, 19, 30, 32.
PABLO III, papa, 213, 232.
PACIOLI, Lucca, 55, 151, 156.
PACHACUTEC, 78.
PACHECO, familia, 58.
PAIVA, Alfonso de, 125.
PALEÓLOGO, Constantino, 80.
PAZZI, familia, 82, 86.
PEDRO I DE PORTUGAL, 93.
PEDRO EL CRUEL de Castilla, 40.
PEIRA, Francisco, 43.
PENN, William, 254.
PEREIRA, Duarte Pacheco, 199, 200, 202.
PEREIRA, Isaac de, 242.
PERESTRELO, Bartolomé, 120.
PERESTRELO, Felipa, 120.
PÉREZ, Juan, 123, 138, 156.
PÉREZ CORONEL, Fernando, v. *Señor, Abraham*.
PERUGINO, 31.
PERUZZI, familia, 62.
PERZA, Apolonio de, 110.
PESSANHA, Manuel, 110, 119.
PETRARCA, 21, 50.
PIAN CARPINO, Giovanni da, 67, 109.
PICCOLOMINI, Enea Silvio, v. *Pío II*.

1492

PICO DE LA MIRÁNDOLA, Giovanni, 50, 51, 130, 149, 260.
PIERO DELLA FRANCESCA, 9, 54, 98, 101, 179, 232.
PIEVORANTI, 19.
PIGELLI, familia, 62.
PINELLO, Francisco, 152.
PINZÓN, Juan Martín, 164.
PINZÓN, Martín Alonso, 138, 153, 157, 164, 167, 169, 174, 175, 177, 182, 190, 229.
PINZÓN, Vicente Yáñez, 164, 168.
PÍO II, papa, 30, 34, 81, 95, 121.
PITEAS, 104.
PIZARRO, 203, 209, 212, 217, 219, 251.
PLATÓN, 50, 51, 52.
PLAUTO, 233.
PLINIO, 112, 121.
POLICIANO, Angiolo, 21, 50, 51, 100, 151.
POLO, Maffeo, 67, 109.
POLO, Marco, 67, 76, 109, 119, 121, 160, 179, 187, 204, 261.
POLO, Niccolo, 67, 109.
POLLAIOLO, Antonio Benci, llamado del, 98, 101.
PORTINARI, familia, 62, 98.
POT, Philippe, 91, 253, 261.
PRADO, Juan de, 242.
PRESTE JUAN, 107, 108, 110, 115, 187.
PRINCE, Thomas, 159.
PTOLOMEO, 112, 119, 206.
PULCI, Luigi, 50.
PULGAR, Hernando del, 94.

R

RADEWIN, 32.
RAFAEL, 98, 131.
RAGON, Jean, 231.
RAVACHOL, 258.
RÁVENA, Pedro de, 48.
RAYMOND, Étienne, 110.
RECAREDO, 37.
REGIOMONTANUS, Johannes Muller, llamado, 54, 160.
RENATO DE ANJOU, 87, 88, 89, 118.
RENATO II DE LORENA, 206.
RESENDE, García de, 187.
RIBEROL, v. *Riparolio*.
RICARDO DE YORK, 94, 168.
RICARDO III DE INGLATERRA, 94.
RINGMANN, Mathias, 206.
RIPAROLIO, 152.
ROBERTET, Florimond, 253.
ROBLES, Juan de, 133.
RODOLFO II DE HABSBURGO, 256.
RODRÍGUEZ, Sebastián, 138.
ROMPIANI, Antonio, 55.
RONSARD, Pierre de, 197.
ROSSETTI, Biagio, 130.
ROUGET DE L'ISLE, 257.
ROVERE, familia Della, 31, 162, 248.
ROVERE, Francesco della, v. *Sixto IV*.
ROVERE, Juliano, v. *Julio II*.
RUBROUCK, Guillermo de, 67, 107.
RUCCELAI, Giovanni, 233.
RUYSBROECK, Jan, 32.

Q

QUINTANILLA, Alonso de, 123.
QUINTERO, Cristóbal, 157.

S

SAHAGUN, 129, 214.
SAINT-PIERRE, abad de, 254.

ÍNDICE ALFABÉTICO

SÁNCHEZ, marinero, 178.
SÁNCHEZ, Gabriel, 44, 126.
SÁNCHEZ, Juan, 41.
SÁNCHEZ RAMÍREZ, 33.
SANCHO VII DE CASTILLA, 39.
SANTA FE, Francisco de, 45.
SANTA FE, Jerónimo de, 41.
SANTA MARÍA, Pablo de, 41.
SANTÁNGEL, Luis de, 44, 126, 138, 139, 145, 149, 152, 153, 155, 198, 201, 240.
SANTAREM, João de, 117, 144.
SANZIO, 131.
SARAKOLLO MOHAMED TURÉ, 171.
SARTRE, Jean-Paul, 204.
SASSETI, Francesco, 98.
SAVONAROLA, 31, 86, 145, 146, 150, 183, 243, 249, 250, 255.
SCHEDEL, Hartmann, 192.
SCHELO, Isaac, 44, 238.
SCHÖFFER, 47.
SCHÖNER, Johannes, 207.
SCHÖNGAUER, Martin, 131, 145.
SEFNI, Karl, 106.
SEGISMUNDO I, 252.
SEGISMUNDO DEL TIROL, 62, 100.
SELIM II, 238, 252.
SEÑOR, Abraham, 44, 146, 153, 159, 176, 241.
SEPÚLVEDA, Canónigo de Córdoba, 213.
SERLIO, Sebastiano, 233.
SERNIGI, Girolamo, 200.
SERRES, Michel, 255.
SERVIN, Louis, 254.
SEVERAC, Jordan de, 83.
SFORZA, familia, 19, 60, 100, 129, 248, 252.
SFORZA, Ascanio, 31, 171.
SFORZA, Elisabetta, 157.
SFORZA, Francesco Maria, 87.
SFORZA, Galeazzo Maria, 87.
SFORZA, Gian Galeazzo, 87.
SFORZA, Giovanni, 248.
SFORZA, Ludovico, v. *Ludovico el Moro*.
SHESET, Isaac ben, 41.
SILÍCEO, Juan Martínez, 240.
SILVESTRE II, papa, 30.
SINGH, Ranjit, 257.
SISEBUTO, 37.
SIXTO IV, papa, 30, 31, 43, 164.
SKANDERBERG, v. *Castriota, Jorge*.
SOLARIO, Andrea, 232.
SPINOLA, familia, 70, 118.
SPINOLA, Nicolo, 109.
SPINOZA, Baruch, 51, 241, 242, 243.
SPRENGER, Jacob, 24.
STANDICK, Jan, 32.
STANDONCK, 231.
STROZZI, Paolo, 112.
SULLY, 254.

T

TALAVERA, Hernando de, 44, 94, 124, 126, 137, 139, 145, 146, 160, 209, 240.
TAMERLÁN, 67.
TELLES, Fernão, 119, 124.
TENDILLA, conde de, 134, 135, 146.
TERENCIO, 52, 233.
TERESA DE ÁVILA, santa, 240.
TIZOC, 78.
TOMÁS BECKET, santo, 28.
TOMÁS DE AQUINO, santo, 32, 39, 43.
TORELLA, Gaspar, 24.
TORQUEMADA, Tomás de, 43, 44, 142, 143, 145, 146, 239.
TORRES, Antonio de, 193, 194.
TORRUTIEL, Abraham ben Salomón de, 168.
TOSCANELLI, Paolo del Pozzo, 118, 119, 121, 123, 173.
TOUR D'AUVERGNE, Madeleine de la, 174.

Tov de Joigny, Yom, 38.
Trastámara, familia, 93.
Trastámara, Enrique de, 40.
Trevisano, Ludovico, 30.
Triana, Rodrigo de, 178.
Trissino, Gian Giorgio Trissino, llamado el, 233.
Tristão, Nuño, 114, 115.
Tritemio, Giovanni, 130.
Tudor, dinastía, 181.
Tulaytulli, 168.

Villena, marqués de, 58.
Villon, François, 22.
Vinci, Leonardo de, 19, 55, 60, 82, 97, 98, 101, 130, 143, 156, 207, 227, 228, 229, 232, 262.
Virgilio, 52.
Visconti, familia, 87, 156.
Vitrubio, 100.
Vivaldi, hermanos, 109, 117.
Vives, Juan Luis, 228.
Vizinho, Josef, 122.

U

Ulmo, Ferdinand d', 124.
Urbano II, papa, 33, 38.
Usodimare, Antoniotto, 116, 117.

V

Valdemar, dinastía, 95.
Valturio, 60.
Valla, Lorenzo, 28.
Van der Goes, Hugo, 98.
Van Eyck, Jan, 49, 98.
Vary, Guillaume de, 62.
Vasari, Giovanni da, 60.
Vernia, Nicoletto, 51.
Veroli, Sulpicio da, 100.
Verrazano, Andrea da, 215.
Vesalio, 229.
Vesc, Étienne de, 152, 155.
Vesconte, Pietro, 110.
Vespucci, Simonetta, 98.
Vespucio, Américo, 98, 130, 163, 187, 197, 199, 200, 202, 205, 206, 207, 227, 244, 253, 255, 262.
Villa Dei, Alejandro de, 48, 130.
Villalobos, 207.
Ville, Antoine de, 161, 163.

W

Waldseemüller, Martin, 206.
Warbeck, Perkin, 168.
Warburg, Aby, 101.
Winthrop, John, 215.
Witt, Jan de, 242.
Wolgemut, Michael, 145.

Y

Yehiel, Rabbi, 39.
York, casa de, 94.
Yovel, Yoshua, 241.
Yuan, dinastía, 75.
Yung Lo, 176.
Yupanqui, Túpac, 79.

Z

Zacuto, Abraham, 44, 122.
Zafra, Fernando de, 36, 133, 175, 208.
Zagal, el, 35, 36.
Zetkin, Clara, 258.
Zeví, Sabattaï, 238.
Zola, Emilio, 258.

ÍNDICE

PRIMERA PARTE

Inventar Europa

1. El triunfo de la vida 17
   Nacer, 17 — *Vivir*, 19 — *Amar*, 20 — *Educar*, 22 — *Cuidar*, 23 — *Morir*, 25

2. El declive de la fe 27
   Creer, 27 — *Excluir*, 32 — *Expulsar*, 37

3. El despertar de la libertad 47
   Leer, 47 — *Pensar*, 49 — *Calcular*, 52

4. El reino del dinero 57
   Cultivar, 57 — *Fabricar*, 58 — *Cambiar*, 60 — *Transportar*, 63 — *Comerciar*, 65 — *Dominar*, 69

5. Los primeros pasos de la ley 75
   Reinar, 75 — *Gobernar*, 91

6. El despertar del Renacimiento 97
   Creer, 97 — *Festejar*, 99

7. América por azar, Oriente por necesidad 103
   Atreverse, 103 — *Soñar*, 107 — *Intentar*, 109 — *Rodear*, 112 — *Triunfar*, 118

SEGUNDA PARTE

1492

Enero	133
Febrero	141
Marzo	145
Abril	149
Mayo	155
Junio	159
Julio	163
Agosto	167
Septiembre	173

1492

Octubre 177
Noviembre 181
Diciembre 183

TERCERA PARTE

Inventar la historia

1. La lógica de la propiedad 189
   Representar, 189 — *Bautizar*, 204 — *Colonizar*, 208

2. La fuerza del progreso 217
   Pagar, 217 — *Mezclar*, 218 — *Crecer*, 221

3. Los rostros de la burguesía 227
   Desacralizar, 227 — *Dominar*, 229 — *Figurar*, 232

4. Los vértigos de la ambigüedad 235
   Purificar, 235 — *Dudar*, 239 — *Reformar*, 243

5. La hora de los nacionalismos 247
   Disputar, 247 — *Reunir*, 252

Conclusión 255
Notas bibliográficas 265
Índice alfabético 273